U0129184

現當代西洋文學批評綜述

張雙英 著

文史哲出版社印行

國家圖書館出版品預行編目資料

現當代西洋文學批評綜述 / 張雙英著.-- 初
版 --臺北市：文史哲，民 102.09
頁；公分

參考書目：頁
ISBN 978-986-314-141-9（平裝）

1.西洋文學 2.文學評論

870.2   102017352

現當代西洋文學批評綜述

著　　者：張　　　雙　　　英
出 版 者：文 史 哲 出 版 社
http://www.lapen.com.tw
e-mail：lapen@ms74.hinet.net
登記證字號：行政院新聞局版臺業字五三三七號
發 行 人：彭　　　正　　　雄
發 行 所：文 史 哲 出 版 社
印 刷 者：文 史 哲 出 版 社
臺北市羅斯福路一段七十二巷四號
郵政劃撥帳號：一六一八〇一七五
電話886-2-23511028 • 傳真886-2-23965656

實價新臺幣四〇〇元

中華民國一〇二年（2013）九月初版

自 序

　　這本書的篇幅不大，但撰寫時間卻十分漫長，過程也頗為曲折。

　　在 40 多年前，也就是 20 世紀 70 年代時，大學裡的中國文學系與中國文學研究所教學的範圍非常廣泛，包括中國傳統的「四部」文獻，即：「經、史、子、集」，以及「小學」（包括「文字學」、「聲韻學」與「訓詁學」）、「目錄學」、「輯佚學」、「校勘學」和「版本學」等，可說涵蓋了絕大部分中國傳統文化的精華。當時，「文學」被劃歸為「四部」中的「集部」，而且，主要功能似乎只被定位在可提供個人怡情養性，或讓文人書寫志意而已。換句話說，若以角色扮演的方式來描述，則當「文學」與能夠經世濟民的「經學」、鑑往知來的「史學」與傳承文化思想的「子學」並列時，它不過是一朵陪襯於許多鮮豔紅花之旁的綠葉罷了！因此，筆者雖然對「中國文學」的研究與教育擁有一些抱負，也在中國文學系與中國文學研究所裡努力學習了七年，但其結果似乎是對「國學」了解不少，而在「文學」的認識上卻「模糊不清」！

　　為了學習比較有系統的文學研究方法，筆者於 1978 年秋

到美國深造。在那一全新而陌生的環境裡，因有教授的指導與同學的切磋，使筆者逐漸對「文學」有了比較清楚的認識。尤其在進入博士班攻讀之後，正好遇到西洋文學批評發展的高峰期，故而乃以「中、西文學批評」為主攻領域之一。於是在指導教授的引領下，按部就班地閱讀各種西洋文學批評論述，並在學習緊湊的數年之中，自中、西文學批評裡學習到一些心得。

1984 年夏末，筆者從美國取得博士學位後，有幸回到母校的中國文學系任教。經過了 10 多年的教學與研究，筆者察覺到中文學界正興起一股希望藉助西洋文學批評來拓寬文學研究視野的風氣，同時，也感受到有越來越多的中文系學生和年輕時的自己一樣，懷有探索西方文學研究方法的強烈意願。於是乃決定一方面在系裡開授此類課程，另一方面也擬定計畫，將自己長年以來在這一領域的研究心得撰述成書，希望可提供更多愛好文學的年輕人參考，並請中文學界的先進指正。

然而大約自 10 年前開始，主管高等教育的機關突然訂出一套指標瑣碎，規格制式，而且完全採取量化方式來考評的制度，嚴格要求所有的大學教授，不論資格深淺，名望高低，也不管屬於何種學門，性質如何，都必須一體適用，接受這套制度的定期評鑑。自此，不僅大學教授的學術研究自由大受限制，更因這一制度在研究成果上只計算發表於期刊上的論文篇數，並且武斷地認為，所有的研究成果都只能具有三到五年的價值，而把可以產生更長期的影響和擁有恆常性價值的專書著作完全排除在外，於是，學術研究的方式從此也

被導向可以在短期之內即見成效的框框裡。

筆者願意不憚辭煩地寫下這一景況，並非想一吐內心的悶氣，而是因為它與「現當代的西方文學批評」領域會出現生氣蓬勃、多采多姿的景象，有頗為巧合的關連性！出現在本書裡的每一種西方文學批評，當然都有非常豐富的內涵與深刻的意義；不過，同樣值得我們深思的其實還有另外一個問題，就是它們雖然都屬於「文學批評」，但若自起源上而言，卻都來自不同的學門，譬如「詮釋學文學批評」來自哲學，「原型批評」來自文化人類學、「心理分析文學批評」來自心理學，「文學社會學」來自社會學，「符號學文學批評」來自語言學等等。換句話說，如果我們把關注點放在何以會有這麼多西方文學批評出現於 20、21 世紀的話，應該不難發現它們都是「各個學門」在科技主導一切的時代風潮侵逼下，為了能「與科技對話」，或努力「對抗科技」而產生的。然而它們的共同期待卻只有一個，就是希望使自己的學門能夠更加深刻、更有系統、與更具實效之時，也可讓學術研究、社會生活或價值體系等避免走向「單一化」，而擁有「多元」的豐富景象和內涵。「文學」真的比較幸運！作為一種以「人性」、「語文」和「美學」為三腳支柱的學門，它果然成功地把各種學門的這些努力和結晶都收納進來，而創造出如此繽紛多姿而活力四射的「現當代西方文學批評」！

十數年來，筆者雖然對我們會有如此的高教環境而感慨萬千，但在現實環境中，卻不得不撥出時間去撰寫單篇論文，而使本書的完成日期一再拖延。事實上，更讓筆者深感麻煩

的是，本書的不同章節因撰寫時間相隔過久，所以出現了體
例不一的情形！筆者幾經思考後，終於以既然出版本書的主
要目的是希望「讀者」能獲得助益，則「讀者能輕易讀懂」
當然是最起碼的要求；而本書的「主要讀者」既設定爲大學
生，所以乃自兩年前開始，便著手簡化各章節的行文方式，
除了將書裡的引文與註腳完全刪除，而改在每一節之後附上
少數值得參考的書目來交代論述的依據外，更大量縮減各章
節的篇幅。筆者希望這樣的表述方式，可以使讀者免除閱讀
上的干擾，縮短閱讀每一種文學批評的時間，並且輕易讀懂。

　　身爲「中國文學系」的教授，教的是「中國文學批評」，
卻出版這樣一本「西洋文學批評」的書，看來似乎有點不務正
業！然而，如果這一熱忱與努力可以帶給喜愛文學的青年學子
們一些幫助，讓大家能夠了解「現當代西洋文學批評」的全貌，
那也算具有些許正面意義吧！

　　在本書即將付梓之時，筆者要特別感謝文史哲出版社的
支持，願意在多年前爲筆者出版《文學概論》之後，再替筆
者出版這一本書。當然，筆者此時最想致上由衷謝意的對象
是內人，因爲在這一個看似完成無期的撰寫過程中，每當筆
者遭逢挫折、干擾而致煩躁焦慮，甚至因而輟筆時，都因有
她的提醒和鼓勵，才使筆者拾回毅力，重新執筆。因此，若
這本書真的能有一些貢獻，筆者希望將這些成果都獻給她。

淡江大學中國文學系教授

張雙英 謹書於臺北　2013 年 6 月

現當代西洋文學批評綜述

目　　次

第一章 導　　論

一、「現當代西洋文學批評」的
　　繁富樣態及其內在意蘊

　　人類的歷史自有紀元以來，若以「百年」爲一個計算單位來看，在 20、21 世紀（本書稱之爲「現當代」）裡出現、並且引起深遠影響的「西洋文學批評」，其數量之多不但可說前所未有，而且也可以有未來不可能再出現的推論。這樣說的原因，主要是基於促使它們出現的重要背景和條件，也就是在這一百年中的社會狀況與世局變化，其速度之快、幅度之大，以及發展方向之迂迴與曲折，實具有「空前絕後」的特質。除此之外，我們若再以「每一項文學批評」作爲觀察面，也不難發現它們不但都各自擁有獨立且複雜的系統，同時，它們所出現的地方或國家、出現的時代或背景、以及

被它們影響過的地點和時間等等，也都不完全相同。然而，正是這些原因，才會造成喜愛文學的讀者們產生「現當代西洋文學批評」因為非常複雜，所以很難對它們全盤了解的印象。

　　不過，當我們深入這個讓人眼花撩亂的現當代西洋文學批評的外貌之下去觀察，其實並不難發現這時期的西洋文學批評數目雖多，但其內卻含有兩大共同點：一是它們的論述多具有頗為鮮明的「跨國性」特質，二是它們的性質常帶有「多種學術領域」的色彩。更具體地說，這種在文學批評裡突然出現「跨國性」與「跨領域」的潮流之國家確實不少，如：英國、法國、德國、瑞典、捷克、奧地利、美國、……等國便都有這種現象；同時，在這一時期中出現的文學批評，如形式主義、新批評、結構主義、解構主義、原型批評、現象學、詮釋學、心理分析、女性主義、馬克思主義、社會學或後殖民主義、新歷史主義、後現代主義等等，其理論根源大多是來自於非屬文學的其他專業學術領域，如語言學、哲學、心理學、政治學與社會學等等。

　　雖然迄今為止，這些五彩繽紛的文學批評在文學領域中所引起的利弊得失如何尚無法驟下斷語，但其背後卻隱含有不少深層意蘊值得我們進行深入的探討，例如：（一）這些屬於「文學」的批評會採用其他專業學術之論述的主要原因何在？（二）這些文學批評各自在何時出現於何地？同時，它們會出現的原因又何在？（三）這類跨國、跨領域性的文學批評，在成果上與以前只使用一種方法、並只專注於一個

國家的文學批評有那些重要的異同與優劣之處？（四）它們能夠在文學領域裡颳起風起雲湧之勢的主要原因又是什麼？（五）這一趨勢是否也含有值得我們加以深思的文學、文化或時代、社會上的意義？（六）在這一世紀中，到底總共出現了那些影響力巨大的「文學批評」（有很多人習慣將它們稱爲「文學理論」，也有很多人將它們視爲「文學研究法」，本書則不主張必須如此嚴格地區分它們）？而它們之間是否也含有直接或間接的關係？……等等。

　　總之，出現於 20、21 世紀的西洋「文學批評」不但數量眾多，而且都各有自己的特定內容、性質、意義和影響力，所以絕非幾篇論文所能說明清楚。本文即基於這種認知，而選擇了將它們綜合起來，以「文學世界」爲觀照面，來勾勒出這一時期西洋文學批評的主要貢獻。

二、五種與「人」有關的「世界」及它們之間的關係

　　我們若以「世界」（world）── 即一種由時間與空間交融而成的領域─爲立足點來看，則「人」於其內所能佔有的「時空範圍」，不僅在時間上顯得非常短暫，在空間上也非常渺小。然而，「人類」在悠長的時間歷史中，卻能夠藉著

累積他們無數代先人的智慧、知識和經驗的結晶，並以團體合作爲求生與發展的主要方法，因而乃超越了在體能上遠比人類強壯的其他「物類」，成爲主導地球發展方向的領導者──「萬物之靈」。

　　我們如果再進一步以「人類生活的內涵」作爲切入面來觀察，則「人類」之所以能夠超越其他「物類」的原因，除了如前所述的能夠以較高的智慧、累積的知識和經驗、團體合作的方式、……等等作爲生活的主要動力之外，具有敏銳而豐富的感情、理性的認知和判斷力、天馬行空的想像力，以及常常陷入矛盾和衝突的心理稟賦等等也是主要的原因。而如果我們再把焦點轉移到「人與文學的關係」上的話，則「感情、理智、想像和心理衝突」等四項因素，便應該可視爲「人的生活」中最爲特殊的根本性質了。

　　事實上，當我們以「人與文學的關係」爲立足點，並把觀察面擴大到包籠了「人」和「文學」在內的「世界」時，底下的「五種」彼此交融而難分的「世界」：「現實世界」、「人的內心世界」、「語言世界」、「文學作品內的世界」和「文學世界」等，將會逐漸清晰地顯現出來。由於「文學批評」屬於其中的「文學世界」之內，所以想正確地了解「20、21世紀西洋文學批評」及其貢獻，若能以這五種「世界」的範圍和特色，以及它們相互之間的「關係」如何來做爲說明的基礎，應可收事半功倍之效。因此，筆者乃選擇了此一方向來進行本書的論述。

（一）「人」與「現實世界」

　　從「範圍」與「關係」兩個面向來看，「人」當然是活在「現實世界」中的；而在這個「現實世界」裡面，除了「人」以外，還包含了許多蟲、魚、鳥、獸、山、海、林、雲、和天、地等形形色色的物與象。不過，像這樣描述的「世界」，其實只是一個因不含「時間」、所以無法展現出「生命意涵」的靜態式「空間世界」，或者說只是一幅內容非常駁雜的靜態畫面而已。因此，我們若要使這個靜態的「空間世界」擁有生命，就必須讓這個「空間世界」至少擁有一段「時間」，使這一個「世界」裡面的種種物與象可以藉著他們的連續動作或姿態來證明自己是活的，是有生命的。換言之，只有包含「時間」在內的「空間世界」，才能使其內的物與象能夠在那段時間裡藉著彼此之間的各種互動來展現出複雜而動態的現象。事實上，也只有這樣含有「時間」與「空間」交融作用的「世界」，才能夠算是「有生命的世界」。

　　當然，除了物與象之外，「現實世界」中還有許多經常被忽略，但卻是不可或缺的組成分子，譬如空氣、聲音和氣味等等。它們雖然無形可見，然而卻能夠使得這個「活動的世界」之內涵更加立體，更加豐富。

　　如果我們再把焦點集中到「範圍」上，而且將觀察的「範圍」縮得更小，並以更有系統的方式來觀察的話，則我們似乎可以得到如此的理解：「現實世界」中不但有許多「物」

類，而且每一「物」類也都包含了許多「小類」，譬如動態的「獸」類中便包括了「牛」類或「貓」類等，「魚」類中也包括有「鯨魚」類或「鯊魚」類等；又譬如靜態的「植物」類中也包括了「樹木」類或「花」類等，……。而這些「小類」，其實也都擁有它們自己的獨特「小世界」。至於「人」類，當然也屬於一種「動態」的「物」類，因此也擁有屬於自己的「人的世界」。據此，我們若從「彼此之間的關係」上來看，則這個「人的世界」當然是屬於「現實世界」裡的一部份；只不過「它」的範圍顯然要比「現實世界」小得太多了。

（二）「現實世界」與「人的內心世界」

　　「人」與「現實世界」在「範圍」的大小和彼此的「關係」上雖然可以有如前所述的理解，不過，當我們把觀察的焦點集中到這兩者之間的「關係」時，將會發現它們之間的關係不但不單純，而且是非常複雜的。我們底下就以「人」為立足點，來描述我們所觀察到的情形。

　　在以「人」作為基點觀看「現實世界」上，首先出現的問題，就是「每一個人」對這個大家所面對的「同一個現實世界」，竟然會有不同的理解和感受。因此，我們當然必須問清楚：「產生這種情況的原因到底是什麼？」一般說來，最關鍵的原因就是「人類」天生即擁有非常特殊且複雜的「心理」。這個「心理」因為無形可見，所以並不太容易讓人理解和掌握；但在影響「人」的力量上，「它」卻又擁有決定

性的能耐。

　　前曾述及，組成人類「心理」的要素頗爲複雜，除了有天生的「才智」與「性格」之外，還有以理性爲基礎，讓人能夠了解事物的「概念」，既細膩又豐沛，且往往能主導人們言行的「感情」，以及性質變化多端、且範圍又無所限制的「想像」等。這些要素，不僅時時糾結在一起，難以截然分割，而且在人們每一次與外在世界產生互動時，還會將這些互動的狀況和結果累積成「經驗」，作爲人們下一次認識和感受外在世界的「基本背景」。據此，以這樣一個由每個人所獨有的天生稟賦和與眾不同的後天經驗所會合而成的「基本背景」爲立足點，去理解和感受「現實世界」，即使這個「現實世界」並沒有不同，但其結果卻不可能與其他人相同。而正因爲這個緣故，「它」才會被稱爲「每個人的主觀看法」。

　　在此，我們或可藉著把「聯想」或「想像」與「隱喻」或「象徵」連結起來，對這一「主觀看法」稍作解釋。舉個例子說，當眼前出現了一幅一朵紅花長在一片如茵的綠草中之畫面時，有人在看到之後，可能會把「花」「聯想」到自己心中那位美麗出眾的「她」，因而使其內心之中產生出非常「快樂的感覺」；但也可能會有人在看到這幅畫面後，把它「想像」成「一朵紅花孤零零地被包圍在一片廣大的綠草」中，因而在心中浮現了一股對「紅花」的「憐憫」之意。又例如有許多坐在教室內上課的學生，內心之中正感覺無聊時，突然看到一隻「鳥」在教室的窗外「飛翔」，這時，可

能有些學生會將「鳥」的自由飛翔姿態視為行動不被拘束的「自由」的「隱喻」；但也可能會有學生為此而大發悲憫之心，因為他把那隻鳥看作身旁沒有伴侶的「孤獨」的「象徵」？類似這種情況，在我們實際生活的經驗中可說所在多有。但重要的是這種情況突顯了一件事實：同一個外在的物象，不論它當時所呈現的是靜態或動態，在人們用感官跟它接觸之後，它在不同的人們心中所引發出來的，往往是不同的理解和感受－雖然，它在實際上乃是同一個物象。因此，我們在必須承認不同的人對同一個物象會產生不同的理解和感受之事實下，應該可以據此做出一個頗為合理的推論，那就是：「人」的「內心世界」與「現實世界」是不相同的。更具體地說，「人的內心世界」不但在內容上比「現實世界」要來得更加豐富，而且在範圍的涵蓋面上也遠比「現實世界」要廣大許多。

事實上，我們還可以把觀察面稍加擴大，來考察「人」對他所處的「現實世界」之看法到底有何特色。

如前所述，每個「人」在他天生的獨特稟賦與後天的環境影響交相作用下，對任何事物必然都會有異於他人的「主觀看法」，而這也就是哲學領域裡所稱的「前理解」（pre-understanding，也被稱為「先見」或「成見」）。以這個「主觀的前理解」作為基礎，當一個人想了解他所處的「現實世界」時，雖然他所接觸到的「現實世界」和其他人所置身的「現實世界」其實是同一個，但在他原有的「主觀的前理解」影響下，他對這個「世界」的觀察方式，將會像是戴著一付

已經染上自己的強烈心理色彩的有色眼鏡來塗染這個「現實世界」一般。結果，他以自己的方式所「著色出來的世界」，當然就會成為一個充滿「他個人」的經驗、情感和價值觀的「主觀世界」；而這樣的「世界」，與「原來的現實世界」當然不可能完全相同。換句話說，他以這樣的基礎和方式所勾勒出來的「現實世界」，乃是一個已經帶有他自己個人的期待和感受等「心理內涵的世界」了。這樣的一種「世界」，也就是他的「內心世界」——或者說是在某個時間和地點上，他的內心對「現實世界」的畫像。

　　據此，每個人的「內心世界」不但和他人的「內心世界」有異，和他自己所處的「現實世界」也不可能完全相同。而「內心世界」與「現實世界」的不同，也並非只發生在「外貌」而已。為了說明這一點，我們底下再以「人和文學」作為觀察面，來對「內心世界」和「現實世界」在「範圍」上的關係進行更深一層的論述。

　　由於「現實世界」中所充滿的，是各種生命樣態的繁複活動，因而出現在我們眼前的「世界」，儼然是由一幅幅聲、光、氣、味兼備，且含有許多外貌與樣態各不相同的「畫面」所串接而成的「動態圖畫」。而根據前面的論述，我們知道任何「生命」之所以能夠順利展演出來，乃是因為有「時間」和「空間」的結合才能完成的。更具體地說，就是任何「生命」在「現實世界」中，「必然」都是以「固定的空間」為範圍，同時「必須依照時間的先後」順序來呈現。但是，「人」的「內心世界」卻與「現實世界」頗不相同；首先是在「人

的內心世界」中，不同的「時間」並不一定非依照它們原來的先後順序出現不可，「時間」出現的次序，在其內不但可以突破邏輯關係而前後顛倒，也可以自由地跳躍或移動。其次是在「人的內心世界」裡，不同的「空間」不僅可以同時出現，也可以突破邏輯的約束，顛倒在事實上出現的先後次序。這兩種「時間和空間」都可以「不受拘束」的情況，實際上乃是所有的「人」內心之中都會出現的現象；而其主要成因，則是建立在每個人的心理要素中都含有「想像力」的緣故。因為「人」的「想像力」最為突出的特質，就是能夠突破「時間」和「空間」的邏輯限制，讓「人」可以隨著自己的「想像」，天馬行空般地遨游於宇宙萬象之間。換句話說，「人」的「內心世界」因擁有「想像力」，所以可突破「現實世界」在「時間」上的邏輯限制和「空間」上的事實限制。據此，「人的內心世界」既然在「範圍」上可以包籠過去與未來的「時間」，同時也可以上窮碧落下黃泉，突破「現實世界」的「空間」限制，所以它的「範圍」當然比「現實世界」要大得多了。

（三）「人」、「現實世界」與「語言世界」

　　一般而言，「人」藉以了解「現實世界」的主要感官，至少有眼睛、耳朵、鼻子、舌頭和皮膚等五項，分別經由其視覺、聽覺、嗅覺、味覺和觸覺等管道讓人達成認識外在事

物的目的。[1]

　　從所能涉及的距離和涵蓋的範圍而言，在這五項感官的功能中，「味覺」和「觸覺」因必須以舌頭和身體（皮膚）去接觸「現實世界」中的氣味和物象，所以能夠涉及的距離和涵蓋的範圍便非常有限；而這一個限制，則使它們在幫助人們對「現實世界」的了解上，只能達到十分有限的功能。至於「嗅覺」，雖然可以讓人們掙脫必須與發出氣味的實物接觸的限制，但因它所能延伸出的距離和範圍仍然是有局限的，所以對人們在了解「現實世界」上所能夠提供的助益也不甚大。但是「視覺」就不同了，因為「眼睛」不但可以讓人直接看到「現實世界」中的其他人、事、景、物等的外在形貌，並且可以觀察到他們之間的互動關係，所以使人對「現實世界」的了解能夠兼具有深度和廣度的優點。除此之外，「眼睛」還可以讓人經由「閱讀」圖畫和文字對「世界」的紀錄和描述，而對「用文字與圖畫所描述與繪畫出來的世界」也能獲得相當程度的了解。因此，將「眼睛」視為「人」之所以能夠了解「現實世界」的內涵與外貌的最主要感官，並把「視覺」稱為「人」與「現實世界」之間的最重要溝通管道，應該具有非常堅強的說服力。

　　不過，如果從「如何才能夠讓人達到真正了解現實世界」

1　錢鍾書曾指出，人的眼、耳、舌、鼻、身等器官雖各有功能，但在實際運作時卻是不分計界限。因此乃提出了有名的「通感」之說，而為詩人作詩與讀者讀詩的情況提供了更寬廣與深入的想像與聯想空間。請見錢氏《七綴集》，頁 65-66。上海：上海古籍出版社；1994。

的角度來看，我們將會立刻發現前一段文字的說法還不算完整。因為，它忽略了另一項「人」在對「現實世界」進行理解和感受時，也佔有非常重要地位的「耳朵」之「聽覺」功能。我們都知道，「現實世界」中除了有形可見的人、事、景、物等之外，還包括一種雖然無形可見，但對人們的生活卻非常重要的聲音，包括大自然的風雨之聲、各種蟲鳴鳥啼，以及「人類」所發出來的複雜聲音，例如說話與歌唱等等。尤其是當我們把探討的課題限定在「人想要了解世界」上時，現實生活中的經驗或是語言學的理論都告訴我們，能夠讓「人」達到此一目標的最重要媒介，乃是「人的語言」；而人們了解語言的，就是依靠「耳朵」的「聽覺」能力。

　　這一點，我們實有必要進一步加以申論。首先是「人」在「現實世界」中活動時，雖然接觸的對象既多且雜，但若從「人想要了解世界」的角度來看，則和「人」的關係最密切，且又擁有巨大的影響力的，絕對是「其他人」，因為「人與其他人的互動」乃是「人在實世界中活動」的最主要內涵。

　　其次是「人與其他人的互動」必以「有效」為目的，而若要使彼此的互動有效，則必須以「已經了解」對方的意思為前提。雖然，「人與其他人」的互動方式多是先用「眼睛」去看「其他人」的外貌和動作，只是，若僅以「人」的「眼睛」所看到的「其他人的外貌和動作」作為依據，則頂多只能達到「約略判斷出其他人」是屬於怎麼樣的人，以及「他（們）」當時的動作「可能是想做什麼」的程度，而無法依靠它來達成「已經真正了解他（們）」當時的動作背後到底

含有什麼更為深刻的動機或目的。因此，想要真正了解對方意思，除了必須透過「眼睛」的「視覺」來觀察對方的「動作」之外，同時也必須利用「耳朵」的「聽覺」來傾聽對方所說的「話」。這是因為「耳朵」可以直接聽到對方將自己的心意明確表達出來的心聲─話語，所以當然可以作為了解對方內心意思的主要依據。當然，如果「眼睛」所看到的是用來描述對方心聲的「文字」時，也是能夠達到了解對方的意思的。

據此，「語言」和「文字」應該可說是「人」與「人」之間彼此溝通、互動的最主要媒介。為了緊扣本書所要探討的課題，底下再針對「語言」（為了行文方便，底下都將以「語言」來代表「語文」）與「人」的關係進一步加以申論。

由於任何「無意識」的動作都不具任何意義，所以筆者在此也將不討論這類動作。至於在「有意識」的領域裡，「人」的表情和動作都會被視為某種「意識之下」的結果；只是，若當事人不用「語言」將它們「說」出來的話，則我們將無法只憑眼睛所看到的畫面來確定其真正的含意。前面提到過，任何「人」「都有其主觀的看法」，因此對於同一個畫面，尤其是在一段時間內的連續動態畫面，每個人在看到之後，必都會在自己的「前理解」和自己與這一畫面的特定關係之雙重影響下，產生與他人不同的理解。譬如說，當「某人」看到「我們一起出現」時，突然表現出驚訝的神情，而未說出任何話。於是，不同的「旁觀者」對這位「某人為何會出現這樣的表情」可能會有如下的不同「猜測」：（一）有的「旁觀者」會猜，可能是因為這位「某人」原本認為「我

們」已經分手了吧？（二）也有別的「旁觀者」可能會猜，或許因為這位「某人」在不久以前才聽說「我們」已離開這個地方了吧？（三）當然，也可能會有其他「旁觀者」會猜，也許因為這位「某人」沒想到，「我們」既然做了對不起這位「某人」的事，竟然還敢在此地逗留；……等等。然而，到底那一種「旁觀者」所「猜測」的結果才是正確的答案呢？事實上，只要這位身為表情發出者的「某人」不「說」出「他」會有這種表情的真正原因，則「他」心理頭的答案是什麼，任何「旁觀者」的想法都只能算是「猜測」而已。這例子一方面說明了人的動作背後都會有未曾表現出來的意思，另一方面也點出了只要當事人並未把「他心中的意思」用「語言」表達出來，則他的動作背後到底是甚麼意思是不可能會有確定答案的。

　　除此之外，人們的「內心世界」不但含有他們與生俱來的獨特思想和感情，也包括了他們自己歷來對外在世界的了解和體會，因此，當人們將「他們的內心世界」用「語言」表達出來時，這個「語言」其實「已經是一種」將外在世界的現象融入到他們的思想和感情中，然後再將其表達出來的「綜合體」了。而就「人與人」之間的互動關係而言，這個代表「綜合體」的「語言」基本上擁有兩項主要的功能：其一，「它」是表達者心中的情感和想法的外現，表達者必須藉著「它」，才能將自己的情感和想法清楚地傳達出來；其二，「它」是表達者與他人溝通的最重要媒介，他人必須藉著「它」，才能了解表達者真正的情感或想法。

　　據此，「語言」不但是人們藉以表達自我，也是了解他人的最重要媒介。事實上，人們在「現實世界」中可說是隨時隨地與「語言」相依相伴的；說得更深入些，人們簡直可說是活在「語言世界」之中的。這個「語言世界」，在內容上具有四項非常突出的特色。其一，原來屬於「現實世界」中的人、事、景、物等，當出現在「語言世界」裡面時，因已被敷染上「說話者」的主觀色彩，所以與其原來的面貌與含意已經有了差異。其二，「說話者」內心之中「無形可見」的思想和感情等抽象活動，常常在「他」所說的「語言」中被「他」用比喻的方式所選出來的「具體物象」所取代。其三，這個「語言世界」必然會含有空間和時間因素，但其內的時間與空間卻可突破「現實世界」內的邏輯與順序之限制，而依「說話者」的需要隨時出現。其四，這個「語言世界」在範圍上不但包括了「現實世界」，而且也涵蓋了無所不包的「想像世界」。總之，從內容上的特色來說，這個「語言世界」可說同時具有立體、靈活、無所限制與無所不包等特色，因而與「現實世界」有非常大的差異，也比「現實世界」的範圍要大得多。

（四）「文學作品內的世界」與「語言世界」

　　讀者接觸文學，通常最先碰觸到的乃是「文學作品」。從作品的外在形式來說，讀者所碰觸到的「文學作品」，其外形可能是屬於適合將事件敘述出來的「小說」體，或屬於

適合讓作者發表感懷和見解的「散文」體，也有可能是屬於適合讓作者以吟詠的方式來抒發深刻或強烈情思和想像的「詩歌」體，或是適合讓劇中人自行出來呈現自我或和別人如何互動的「戲劇」體，……等等。這些「文學作品」的外在形式之所以會呈現出不同的「類型」，乃是因為作家們在確立自己的創作目標後，為了使心中想要表達出來的內容能夠以自己認為最能代表它們的題材，並用最適合的方式來表現，同時在經過一段漫長的時間之嘗試與試驗後，才逐漸形塑出來，而且被許多人所接受的結果。它們在後來被學界稱為「文類」——指在外型結構、題材內容或語言風格上等具有同樣特色的作品。

不過，無論「文學作品」的外在形式如何，它們都是以「語言」來作為其表達媒介的。只是，我們能否就可因此而把「文學作品」內所描述的「世界」等同於用「語言世界」呢？答案當然不是！我們可從「語言」、「結構」和「美學要素」等三方面來說明其原因：

先從「語言」上來說明。「文學作品」的傳達媒介雖然是「語言」，但「它」所使用的卻非那種以用法簡單，意思明確為表達目標的「日常生活式的語文」，而是一種非常講究修辭技巧的運用，以達到吸引人、感動人、讓人印象深刻、甚至造成人們從內心到言行因受其影響而產生改變等等效果的「文學語言」。當然，能達成這些效果的修辭技巧很多，譬如「意象的運用」，就可以有效地使抽象的情感和思想具體而鮮明地呈現出來，而達到讓讀者明確地了解其意蘊，甚

且被其所吸引而產生深刻感受的效果。又譬如「比喻技巧的使用」，可以藉著物象雖在此而其含意卻在彼的表現方式，使讀者在不知不覺中被這種婉轉與含蓄的表達技巧所引導，甚至在心理毫無設防之下就接受其觀點了。又如「發揮文詞的多義性功能」，藉由擴大文詞的指涉範圍，來造成文詞的含意由明確逐漸轉為模稜的結果，因而不僅可以達成使讀者為了瞭解文詞的真正意思而努力拓寬自己的想像空間之效果，也可以引發出讀者為了猜測文詞的真正意思而對其產生興趣。……等等。

其次再來談「結構」。每個人在日常生活中與他人「閒聊」時，因沒有固定的主題，故而所說的「話語」多無法具備一個首尾貫串的完整結構。至於發生在兩人之間的「辯論」，雖有一定的主題，卻因在過程中常會有間斷的情況，而使這類種辯論的「話語」也多未能含有完整的結構。但「文學作品」則不同，因為它們不僅都有特定的主題，也含有為了讓此一主題能夠成功地顯現出來的結構設計。這種為了不同的表現目的而形成的特殊結構設計，在經過漫長時間的形塑之後，終於造成了如前所述的適合抒情的「詩歌」體結構、適合描寫的「散文」體結構、適合敘事的「小說」體結構、以及適合讓劇中人自己出來呈現自我的「戲劇」體結構等「文類」。換言之，這些不同的「文類」在形體上會互不相同，顯然是因為它們係由不同的結構所架設出來所致。或許，我們還可以更進一步從詢問「文類」形體的表象來提出另一種說明。以出現迄今還不到一百年的我國「新詩」為例來看，

「新詩作品」在外形上的兩大共同特色，應該就是「白話文」與「分行排列」。而針對其中的「分行排列」特色，我們似乎可以問：組成一首新詩的那許多詩行，為何是以這樣的先後順序來排列呢？由於一首「新詩」既然就是一篇「文學作品」，那麼「它」的結構也必定是一個完整體。因此，我們相信詩中的詩行會以這般的順序來排列，絕對是有原因的。雖然，不同的作者在個性、寫作目的、寫作經驗與寫作技巧等都與其他作者不同，以至於使我們無法將這一現象歸納出一個共同原因。但我們仍可以「作者」為立足點來推測，這樣的詩行順序可能是：作者為了使詩行的意思能夠前後貫串，或可能是作者為了想盡量將詩歌中含意相關的意象組合在一起，又或者是作者為了使詩歌的主題能夠逐步顯現，抑或可能是作者為了要營造出詩歌的聲韻律動而安排成的，……等等。總之，任何一篇「文學作品」，不論其外在形體如何，該外形之下必定隱含著一個由創作者精心設計出來的完整結構；而該結構，乃是作者希望藉由「它」來達成其創作此一詩歌的目的所設計出來的。

　　最後來談「美學要素」。有心的讀者在閱讀「文學作品」時，多不會只以了解「作品」的「語言」所透露的內容梗概為最高目標，而大都會期望自己能夠從對「作品」的「了解」層次提升到「欣賞」層次，甚至再提升到「解釋和評價」的層次。換言之，具有深度的對「文學作品」的讀法，既不會只以「文學作品的語言」為主要的閱讀對象，更不會只以「了解作品的大致內容」為閱讀的終點。深入的閱讀方式，乃是

一種把「閱讀文學作品」當作是一個自己心中的「美學活動過程和結果」。在這種閱讀方式的閱讀過程中，讀者的內心狀態乃是一直處於波動之中的：有的時候，「它」是受到故事所感動；有的時候，「它」乃是被情節一步步所牽引；也有些時後，「它」是受到語詞和場面的張力所震撼；但也有不少時候，「它」是在移情作用之下產生了聯想或想像。總之，這樣的閱讀方式，乃是讀者不停地在經歷「新經驗」的過程，所以他的心神狀態當然一直處於起伏不定之中的。而當他閱讀完「文學作品」時，他也在同時得到了非常豐富的收穫，包括：眼界開闊了，胸懷拓寬了，對人性的體會更深了，也對世界了解更多了，……等等。尤其最讓人滿意的結果是，他的心靈被淨化了，精神也因而昇華了 —— 這就是「美學」效果對讀者產生的影響。因此，「文學作品」所擁有的這種影響力，當然不是一般「日常語言」所能比擬的。

上列三項特質既然是「文學作品」的必要條件，則「文學作品內所描述出來的世界」在性質上與「語言世界」自然就有區別了。因為這個「世界」雖然也是用「語言」所建構出來的，但卻也是一個包含了作者的精心設計，充滿著藝術技巧，以及處處含有言外之意等特質的「世界」。換言之，它不僅是一個由「語言」所建構而成的「世界」，而且是一個充滿美學效果的「世界」。據此，則這一個「文學作品內的世界」當然與「語言世界」不可能完全相同。

至於在內容所觸及的範圍上，「文學作品所描述的世界」雖然可以上窮碧落下黃泉，無拘無束，無所不包，它可以選

擇描述人、其他動物、植物、甚至神魔、鬼怪，或是將數種混在一起，但到最後，仍然會形成一個它自己所特有的「世界」。這個「世界」，在範圍上即使不能說已經全部涵蓋住，但卻可以說已觸及到前面所提到的「現實世界」、「人的內心世界」和「語言世界」了。

（五）「文學作品」、「文學世界」與「文學批評」

　　筆者所指的第五個世界就是「文學世界」。據前所述，我們應可確定每一篇「文學作品」不僅都有自己的特定外型，在內容上也都擁有一個自己所描寫出來的「世界」。只是，把古往今來所有的「文學作品」之內容加起來就是「文學世界」嗎？當然不是。因為，「文學世界」的範圍與內容都是無法限制的，而這不只因為「文學世界」裡所包含的「組成要素」之一，也就是「文學作品所描述的內容」已具有難以明確限制的性質，而是還包括有「作者」、「讀者」、「環境背景」與「時代潮流」等其他重要且不可少的組成要素。更重要的是這些要素的每一項，其內涵與範圍也都無法加以明確地限制。

　　這一複雜的情形稍後再論。我們在此先以比較淺顯的方式來說明「文學世界」的「組成要素」這一點。一般而言，「文學作品」乃是「讀者」在接觸「文學」領域時最直接的對象。當「讀者」想了解某一篇「文學作品」時，擁有了解該「作品」的語言能力顯然是首要條件。只不過，若「讀者」

想進一步自該「作品」中取得更高層次的收穫，如體會、欣賞、甚至於對「作品」提出自己的解釋和批評等的話，則「讀者」除了須具備的前述的語言能力外，還得要擁有其他條件才行，譬如：一定程度的文學知識，對該「作品」的「作者」之性格、習慣與經歷都有若干程度的了解，以及對「作者」的「創作動機」、創作時的「環境背景」與「時代潮流」等也能有較全面的認識，…等等。換言之，了解「文學作品」的內容雖然不難，但若想達到真正全盤而深入地了解、體會、欣賞、解釋與批評「文學作品」，卻不是一件容易的事情。

這些組成要素既然對「文學世界」如此重要，所以有必要對它們更進一步地說明。「作者」指的是「文學作品」的創造者。這個「創作者」最重要的地方在於如果沒有「他」，則「文學作品」將無從產生；而「他」最為突出的特色，則是使「他」所創作出來的「文學作品」之內，處處充滿「他」的個人色彩，諸如：觀念、想法、情感、經驗、用語的習慣和佈局的技巧等等。因此，若想對「文學作品」進行兼具深度與周延性的解讀，創作出「作品」的「作者」當然是我們必須了解的對象。

至於「文學作品」的「讀者」，則是指「作品」的「閱讀者」。引起「作者」創作「文學作品」的動機之原因當然很多，其中，受到「讀者」的刺激、或是被「讀者」引發出其內心的情感或想法等，則佔有甚高的比率。另外，「作者」會決定要創作那一種內容與形式的「文學作品」，也常常是建立在「他」與「讀者」的關係上，譬如：「創作者」為了

把心中的愛意傳達給其特定的「讀者」－「他的戀人」，於是乃寫出「情書」給「她」；或者是為了想念自己的「家人」，而寫出充滿思念情懷的「家信」；當然也有可能為了博得「眾人」的喜愛或贏取「大家」的肯定，因而乃刻意創作出可以暢銷的「作品」，……等等。這些情況指出，「讀者」在「作者」創作「文學作品」上實頗具影響力。當然，我們也不否認有剛好相反的情形，就是也有許多「讀者」會受到「文學作品」的影響；而且，當「作品」的影響力大為增加時，其影響層面有時甚至會擴大到整個社會和時代。

有關「環境與時代」（西洋文學批評界多將其稱為「宇宙」universe）的重要性，我們可從範圍、性質和功能等不同角度來看。在範圍上，首先是「作者」在實際生活時，即置身於「時代與環境」裡面。其次是所有的「讀者」也都被包括在「它」的範圍之中。另外就是「作品」被「創作」的過程、出版和「讀者」的「閱讀」過程與影響等，也是都在「時代與環境」的範圍裡面進行的。因此，「作者」、「作品」和「讀者」等三項重要的元素，可以說全都屬於「時代與環境」的範圍之內。

至於在性質和功能上，有些「作品」的創作，就是為了要批判「社會」上的不公義現象；而這類作品的創作手法，不但可促使「這類作品」成為「批判類」或「諷刺類」的作品，而且也會使「這類作品」產生警示人們的功能。同樣的，也有一些「作品」是為了要反應「時代與社會」的「現實狀況」，或為了留下當時當地的真正「紀錄」而寫的，因而乃

使「這些作品」不僅被稱為「寫實類」作品,而且,也可能具備了紀錄事實與提供訊息的功能。

因此,若從組成的要素來看,「文學世界」裡最重要的元素,應該可歸納為「文學作品」、「創作者」、「讀者」與「時代和環境」四項。

然而這四項,也正是當我們把「文學」視為一門學術上的專業學科時,在「文學批評」(有人稱之為「文學理論」)的研究上非常受到矚目的要素。以 20、21 世紀西洋文學研究領域中非常受到矚目的「文學批評」學科為例,凡是從宏觀的角度來探討這門學科的主要研究方法之一,便都是採取先將「文學世界」的內涵歸納成「文學作品」、「作者」、「讀者」和「宇宙」等四項兼具代表性與關鍵性的「重要元素」,然後再藉著分別對各個「要素」,以及不同的「要素」之間有何關係來論述的。換言之,「文學批評」乃是「文學世界」裡的一項有關「文學研究」的領域。

三、「現當代西洋文學批評」的貢獻

近代以來,「科學」研究的成果不僅提升了人類的生活水準與文明層次,「它」所發明的新武器也已經由戰爭而巨幅地改變了世界的局勢與人類的生活方式。在進入 20 世紀

後，「科學的方法」更成為各個專業領域因應不斷出現的各種需求之有效「方法」與「價值」的代名詞。事實上，各專業領域也正是在這一趨勢主導下，都各自發展出在「範圍」上重視「體系」、在「方法」上強調「系統」的新理論。「科學」，幾乎已在這股新的學術浪潮中被提高到無限上綱的地位。

「文學」原本屬於「人文」領域，向來所講究的是視角多元、內容豐富的研究方式和成果，以及經由「美學」而達成的和諧境界和人人都擁有包容的心胸之理想。但在進入 20 世紀後，它也在這個以「科學」為尚的學術風潮衝撞下，不得不走向「範圍」儘可能「體系化」與「研究方法」儘量「系統化」的路徑。這一個走向的力道，可從不少人將「文學批評」改稱為「文學理論」得到印證。這一趨勢對「文學批評」的影響當然正、負面都有，唯因本書的目的是希望指出其貢獻，故底下將只討論出現於 20、21 世紀中的「文學批評」對「文學世界」的正面影響。

在這一時期中出現的「文學批評」數量非常多，但卻幾乎找不到一個純粹是從文學領域發展而來；相反的，竟然都是來自其他學術領域的觀念或學說。這或許是因為其他學術領域在此時期非常發達之故。但更真確的理由是，在此一有如風起雲湧，各有專屬領域的「文學批評」現象中，似乎有「它們」的來源雖各異，但卻都有與「人」關係密切的特質。不過值得注意的是，在它們被引入文學領域後，都曾被其引入文學領域者加以修改或轉化的現象，而這顯示了並非每一項被引入的「學說或觀念」都能完全適用於「文學」；事實上，

確也發生過因引用方式不恰當而出現批評文學（作品）的過程
與結果顯得牽強或怪異的情形。

底下，筆者乃採取宏觀的視角，並以前述提到的四項組
成要素爲基，將「20、21 世紀西洋文學批評」分成四個系統，
來勾勒出「它們」的主要貢獻。

（一）在「文學作品」上的貢獻

出現於 20、21 世紀中的諸多「西洋文學批評」中，以「文
學作品」爲討論重心的大約有「形式主義」、「新批評」、
「結構主義」、「符號學」與「解構主義」等。

俄國的「形式主義」（Formalism）最主要的貢獻，在提
出「文學作品」乃是「文學」的中心課題，而「文學作品」
則須建基在「語言」之上。更具體地說，「文學作品」所使
用的表達媒介必須與人們在日常生活中所使用的「日常語言」
不同，而須使用「文學的語言」，也就是經過精心設計，因
而能打斷人們的習慣性思考的「語言」，如此才能使作品具
有「文學性」。[2]

美國的「新批評」（New Criticism）（某些學者，如朱
剛，主張此派應可包括英國的某些批評家）更是認爲只有「文
學作品」才是「文學」。所謂「文學作品」，不僅是一個「自
給自足」，不假他求的「個體」，而且是一個「有機的結構」。

---

2 請參考朱剛《20 世紀西方文藝文化批評理論》，頁 14-35。臺北：揚智
　文化。2002。

當「它」一被創作出來之後，便具有自己「獨立」的生命；此後，不但與其「創作者」無關，也與「讀者」沒有關係。因此，文學批評的課題就是以科學的方法去分析「作品」的特色，例如詩的意象、反諷、張力等。[3]

　　「結構主義」（Structuralism）（後來包括「符號學」Semiotics）主張「語言」是一種「符號」，而由於「符號」必含有「象徵」的意涵，所以「語言」（與「符號」所指涉的「事物」之間，其實有很大的距離，絕非一對一的關係；而這兩者之間，則是必須依靠「聯想」才能聯繫起來。這種一個「符號」含有多種可能的「意涵」之現象，當運用到「文學作品」上時，就是先把「文學作品」視為由許多「部分」組成的「結構系統」，然後分別對每個組成「部分」進行個別分析、理解，接著再將「部分」放回其在「結構」中的原來位置，最後再重新對整個「結構系統」進行分析、了與評價等。據此，「文學作品」雖然是一個完整的「結構系統」，但卻不可能只含有一種意涵、解釋與評價。[4]

　　「解構主義」（Deconstruction）（包括「後結構主義」Post-Structuralism）先從哲學層次上反對「唯道中心主義」（又稱「邏格斯中心主義」Logocentrism）與「二元對立論」（binary opposition），然後主張「作品」的媒介 ——「語文」

---

3 請參拙著《文學概論》，頁 402-403。臺北：文史哲出版社。2004。
4 「符號學」部分，請參考高辛勇《形名學與敘事理論》，頁 231-236。臺北：聯經出版社。1987。「結構主義」部分，請參考朱剛。同註 2，頁 149-161。

具有不斷衍生出歧異意思之根本性質。於是，含有作者個人的藝術創構特色之「文學作品」乃被稱「文本」（text）——內容任由人們去解釋的一堆含意開放的語言。而且以此為基，或主張文學文本具有自我解構的特質，或寫作就是一種使文本不確定的行動，或任何閱讀都是一種誤讀，或文學的批評也是一種創作的方式，…等等。最後的結果就是「文本」必然是「多義」的。[5]

　　這幾種文學批評都是以「文學作品」為探討的重心。綜合來看，它們可說是從「語言」入手，而將文學的研究焦點從「作者」轉到「作品」上。於是，不僅「文學的定義」因而獲得了具體而明確的答案，在有關「文學作品」的實際批評上，也因而出現了不少有效的方法。發展到最後，這一系列的文學批評則把探討的重心轉到有關「文學作品」具有多種意義上，而將擁有藝術性性質的「文學作批」變成含意開放的「文本」。至此，不但「文學作品」（或「文本」）的內容所能包籠的範圍被巨幅拓寬，其意涵可能觸及的高度與深度也被大幅提升了。

（二）在「作者」上的貢獻

　　在現當代「西洋文學批評」中，以「作者」為探討論核

---

5 「解構主義」部分，請參廖炳惠《解構批評論集・導言》，頁 1-19。臺北：東大圖書公司。1985。「後結構主義」部分，請參楊大春《後結構主義・文本的產生》，頁 145-188。臺北：楊智文化。1996。

心的有「心理分析」、「原型批評」（含「神話批評」）、「現象學」等。

　　「心理分析」（Psychoanalysis）（也稱為「精神分析」）學說將人的心理由深到淺區分成「潛意識」（也稱為「無意識」或「下意識」）、「前意識」和「意識」三層。「潛意識」是人的全部行動與心理活動的內驅力，因此屬於人的本能衝動；「它」不會管時機，也不會顧後果，只要求滿足自己的慾望。「它」也可稱為「本我」或「原我」。這個「本我」在實際生活中經常遭到壓抑或打擊，於是也常常進行修正，而提升為「前意識」，也叫做「自我」。這個「自我」從現實中學到甚麼是「可以」或「不可以」的判準，然後依照這些判准來限制或駕馭「本我」，以等待恰當的時機讓「本我」得到滿足。至於「意識」則是人有目的、有自覺的心理活動；因「它」符合社會的道德或規範，所以用語言或行動表達出來後不會有不良的結果，因而也稱為「超我」。這一學說運用到文學上時，其重心係在「潛意識」上。「它」把「作家」創作的原因認定是為了滿足其「內心的慾望」或抒發其「內心的壓抑」，而「文學作品」就是「作家」這種「心理活動」所展現出來的過程與結果。由於「潛意識」不但力量強大，而且難以捉摸，所以文學乃充滿無窮的活力與各種可能性。[6]

　　「現象學文學批評」（Phenomenological Criticism）在

---

6 請參劉俊〈精神分析學與中國文學批評〉，收於朱棟霖、陳信元編《中國文學新思維》，上，頁37-53。嘉義：南華大學出版社。2000。

討論文學時，主張「文本」（或「文學作品」）乃是「作家」內心中的「意識活動」之紀錄；或者說，「文本」乃是「作家」內心之中的「意識之意向性活動」的結果。這是因為「現象學」的學說主張人類對於現實世界的認識，其實是以自己的「主觀」作為基礎的。因此，人類心中對現實世界的了解，其實並非現實世界的原貌，而是一個已經被自己的主觀色彩所敷染過的世界。這個世界不論是在形狀上、色彩上或其含義上，已經與原來的現實世界有了很大的差異。當它被運用到文學上時，「文本」乃被視為「作家」對外在世界的一種「意識上的記錄」，因此乃含有非常鮮明的「作者之主觀色彩」。除此之外，「現象學文學批評」也還進一步主張，這一個「作者的意識上的記錄」也是一件允許每一位「讀者」依照自己的「意識」去對「它」進行「第二次經驗」的「文本」。[7]

「原型」即是「原始基本型式」。提出「原型批評」（Archetypal Criticism）的學者認為，早期的人類，不論居住地有異與或種族有別，在他們的傳統文化、典儀或習俗，如巫術、宗教之中，都會常常出現若干普遍相同的表達模式，就是在許多文學類型，如神話；也都可發現含有不少相同的敘述結構或意象。前者如：因受難而死亡，但後來又復活的模式；而這一模式則可視為原始人類對自然節令和生物更迭的模仿之象徵。後者如：宇宙創造的神話、帝王或英雄乃是

---

7 請參杜夫潤〈文學批評與現象學〉，收於鄭樹森編《現象學與文學批評》，頁 159-179。臺北：東大圖書公司。1988。

神子的神話；而這些神或顯然含有人類希望與造物者有密切
關聯的普遍心理之象徵。總之，這種現象所反映出的，應該
是早期人類所普遍存在的一些原始的基本表達型態。由於在
這類批評中，「神話」占有極高的比例，所以有不少學者將
「神話批評」也歸入「原型批評」之中。大致說來，「原型
批評」主要在指出「文學作品」既然含有人類共通的心理，
以致使（原本沒有接觸過的「作者」）在表達模式（即「作
品」）上於不自覺間出現了相同或類似的情況。據此，當然
不可能會有任何一篇「文學作品」是可以完全單獨存在的。
換言之，所有的「文學作品」必然都會與其他「文學作品」
有或多或少的關聯性，如屬於同一項文類之中，或選擇了類
似的題材等等。[8]

　　這幾種文學批評的基礎顯然都是建立在人類「心理」（或
「精神」）活動的分析結果上。其中，有些批評家主張「文
學作品」乃是其「作者」「內心中的活動」—尤其是「壓抑」
的部份，如「慾望」—之結果。但也有人將這種心理活動的
範圍從「個人」擴大到「群體」，於是「文學作品」中的敘
事模式乃成為「人類共同心裡」的反映。另外，也有批評家
將人類這種心理活動從「無法控制」或「自然而然」轉成「含
有作者的意向性」上，因而主張「文學作品」必含有作者個
人的主觀性。總之，由於將人類的「內心活動」具體而微地
展現出來，這類文學批評不僅讓我們了解「作者」創作「作

---

8 請參徐志強〈原型批評與中國文學批評〉，同前註，頁 159-179。

品」的原因及「作品」與其「作者的心理（或「精神」）」之關係，也讓我們能據以了解和判斷「作品中的人物」之言行是否合理。

（三）在「讀者」上的貢獻

在現當代「西洋文學批評」中，以「讀者」為探討論核心的有「詮釋學」、「接受美學」、「讀者反應理論」等。

不論是來自希伯來傳統的解經學或古希臘神話的示喻，早期的「詮釋學」（Hermeneutics）都以傳遞神或聖經的訊息給予人類為主要內涵。19 世紀起，它被運用到「人文」領域，強調「理解」乃是一種「讀者」透過心理與文法去「再經驗」「作者」的心智過程；同時，提出了「詮釋循環」的說法，認為既可由讀書想要了解的對象之「全盤」理解導入對其組成「部分」的理解，也可因對「部分」的理解而回來對「全盤」取得更深入的了解。而且，這樣的動作不僅可以，也應該要來回移動。據此，每當完成一次這種「循環」，就會對此一對象產生一種「新的理解」。當這一學說被援用到文學上時，這種「詮釋循環」除了被具體化為「作品整體與各個詞語」、「作品與作者的心理」及「作品與它所屬的種類與類型」等三種相互依賴的關係外，因詮釋學者認為「作品」係「作者」生命歷史的一部分，所以也強調「讀者」應依照自己的過去所累積的「經驗視域」（即「前理解」），藉著接觸「作品」去尋找其中所含的「期待視域」，以達到

這兩種「視域」被「融合」了的層次。至此，別人（指「作者」）的生命經驗便經由「作品」而被帶入自己（指「讀者」）的心靈中，進而產生共鳴了。[9]

　　「接受美學」又稱為「接受理論」（Reception Theory）。這一派文學理論家承繼了現象學與詮釋學的若干基本觀念，例如「讀者」都會有「前理解」，「文學作品」的義意是「讀者」解釋出來的等等，然後分別從兩條路線提出他們的文學論述。路線一的批評者把重心放在「讀者」上，而被稱為「接受研究」。它們主張任何「文學作品」都具有「歷史性」，因為任何「文學作品」在被創作出來時，都曾被「當時的讀者」接受過；而且，隨著時間的推移，更出現了「作品」在不同的時代被接受的情況並不相同的情形。這一路線發展下來，乃形成了兼顧「歷史」與「社會」的「文學接受史」論述。路線二的批評者則以「活動的文本」為重心，而被稱為「效應研究」。它們主張「作品」的內部必定含有一些意義未定或空白之處；而正是這些地方對「讀者」產生了吸引、召喚等力量，使「讀者」從那裏面去尋找「作品」的意義。因此，「文學作品」實可視為一種「召喚結構」；而在這一「結構」上所出現的許多意義「不確定」或「空白」之處，則吸引了「讀者」以自身的經驗和看法去自行解釋或加以填補，最後，「讀者」乃因而「建構」出一個由自己所創造，

9 請參吳義勳〈闡釋學與中國文學批評〉，收於朱棟霖、陳信元編《中國文學新思維》，下，頁 403-431。嘉義：南華大學出版社。2000。

而與「原作品」有別的新意義。[10]

　　「讀者反應理論」（Theory of Reader-Response）又稱爲
「讀者反應批評」（Reader-Response Criticism）。這一派批
評家的論點頗爲分歧，但都主張文學的重心應該從「作品」
（或「文本」）的內容或形式轉到「讀者」對「作品」的「反
應」上。他們認爲，文學乃是一種活動的過程，所以當「文
學作品」本身獨立時，它並無能力去自我呈現與展延其敘述、
結構、內涵、風格或人物等所含有的意義，而這些意義，只
有「讀者」親自去經歷與體驗才可能創造出來。換句話說，
「作品」的意義實取決於「讀者」個人對「它」的創性解釋。
不過，想要對「作品」提出創造性解釋的「讀者」則需要具
備一些條件，譬如說，「他」本身必須是一個「理想的讀者」，
也就是除了擁有自己過去的所有經驗和學識，尤其是對文學
的形式、內涵與傳統等的了解之「文學的能力」外，也須遵
循「解釋共同體」── 即讀者們所共同擁有的，一套制約他
們的思維和感知方式的解釋策略與規範─去解釋作品；如
此，才能賦予「作品」新的意義。[11]

　　這幾種文學批評的重心雖然有別，但基本上都在強調「讀
者」於文學活動中的重要性。對它們而言，「讀者」閱讀「文
本」前的文學知識與過去的經驗已不再是一種「主觀的成
見」，而是爲何能夠對同一個「文本」提出與別人不同的解

---

10 請參金元浦〈接受美學與中國文學批評〉，收於朱棟零、陳信元編《中
　國文學新思維》，上，頁 34-59。嘉義：南華大學出版社。2000。
11 請參龍協濤〈讀者反應理論概說〉，收於龍氏《讀者反應理論》，頁
　4-26。臺北：揚智文化。2000。

釋之「美學經驗」。通常，「讀者」就是用它和當時的「解釋共同體」結合起來做為基礎，經由不斷地反覆接觸「文本」的過程，最後才從「文本」中提煉出自己的創造性解釋。這就是「讀者」為何能擁有自行「解釋」與「創造」「作品」（此時稱為「文本」）的內涵與意義之原因。據此，原本被認為只能受「作品」所影響的「讀者」不但在文學活動中的地位大為提升，文學的內涵也因此被大幅拓寬與加深了。

（四）在「時代與環境」上的貢獻

在現當代「西洋文學批評」中，以「時代與環境」為探討論核心的有「新馬克思主義」、「文學社會學」、「對話批評」、「女性主義」、「後殖民主義」、「新歷史主義」與「後現代主義」等。

「馬克思主義」（Marxist Criticism）主要是想建立一套規律來解釋整個社會和歷史現象，於是乃以物質條件為基而提出了辯證法。20 世紀初被蘇聯運用到文學上時，文學被視為一種「意識形態」，而且須配合國家與黨的政策來達成反映社會階級間的矛盾。但自 40 年代起，在歐洲出現了「新馬克思主義」（Neo-Marxist Criticism）。由於這一新思潮所思考的對象已不再只是共產主義社會的蘇聯，而包含了以資本主義為主的西方國家，因此其主要內涵也出現了明顯的不同。在文學上，它主張不應該只是被動地反映社會現實中的意識形態，而應在社會中屬於自己的生產與接受的規則裡，

自主性地用典型性與總體性的方式來反映當代社會的意識形態。據此，文學乃可超越必須由「社會—經濟」為唯一條件的限制，而使其範圍擴大到可以包含作者的特色、藝術的性質與文化的潮流等等的複雜因素。在這一修正趨勢的影響下，文學所呈現出來的新形貌包括了單向化的社會變複雜了、階級鬥爭的主軸轉到對社會的批判上、類型化的人物也因重視心理的刻畫而較為深刻、作品的結構和語言也含有高度的藝術技巧等等。[12]

「文學社會學」（La Sociologie Littéraire）於 19 世紀初便出現於法國，主要在強調時代、風俗與政治、社會制度和文學的關係。到 1950 年之後，波爾多學派的學者艾斯葛比（又譯埃斯卡皮）主張應以統計數字來呈現文學在社會上是如何被生產、流通與消費的，然後再依此來推論文學的實際效用。這種方法雖具科學性，所得的結果也甚具體，但卻只觸及到文學的表層，而無法深入文學的本質與意義。基於此一原因，高德曼乃提出「發生論結構主義」（原稱為「文學的辯證社會學」），主張文學必須兼顧社會和歷史。他認為，「作品」乃「作家」心中世界觀的外現，故可視為「作家的精神結構」。由於此一「結構」的組成要素，也就是作家的精神世界，與當時的「社會與歷史」屬於一種辯證關係，所以只能維持一個短暫的時間而已；因「作家」必然會以這樣的辯證結果為基，不斷再與外在世界的「社會與歷史」形成辯證關係，去

---

12 請參 K. M. Newton, *Twenty Century Literary Theory*, Pp.158-186. New York: St. Martin's Press. 1997.

造成一個個新的辯證結果。由「作家」與「社會與歷史」依辯證關係來形成的文學，當然也就具有生生不息的特色了。[13]

　　「對話批評」（Dialogism）係由蘇聯文學理論家巴赫金於 20 世紀 20、30 年代所提出。當時，歐洲的文學批評若非特別重視文學的內在規律，就是強調歷史、社會對文學具有絕對主導性。但巴赫金卻主張這兩者間的關係應該是「對話」，而非「對立」。只是因他的論點並無法見容於當時蘇聯的政治與社會局勢，故他這一觀點一直到 20 世紀 70、80 年代才在西洋文學批評界重見天日，並引起鉅大的影響。巴赫金的「對話批評」的重點有：（一）文學研究的主要對象並不是作品的「語言」特色或結構，而是其「審美對象」；也就是文學作品中每一個與他人「對話」的人。他們的主體性，就是經由彼此間不斷往返互動的的「對話」所塑造出來的。（二）人與人之間的思想和情感要溝通便須「對話」，它是由「說話者」、「話語」與「聽話者」三個要素所組成。文藝領域裡的「話語」和會隨著社會的實際語境中所發生的情況而改變的「日常生活語言」有別，因它須避免受到實際的社會語境控制，而依其藝術上的需要來將「日常生活語言」的「語調」放大，使其具有藝術性。因此，乃是一種「藝術性語言」。（三）巴赫金曾以俄國小說家杜思妥也夫斯基（Feoder M. Dostoevsky）的小說為例，認為他的作品所表現出的是「作者」和「作品中的主角」之地位並非「主」與「從」，

---

13 請參何金蘭〈文學社會學在法國的起源與發展〉，收於《淡江學報》，
　　29 期，頁 17-28。1990。

而是各具主體性的平等「對話」關係。兩者透過對話，形成了互為主體的關連性，使作品呈現為「雙聲部」，甚至是「多聲部」的「複調小說」。（四）小說既屬於民間大眾的文化與文學形式，所以也應可掙脫束縛，而像狂歡的嘉年華節慶般，允許盡情狂歡，釋放心靈，百無禁忌，使人人都說自己的話語，展現自己的主體意識；因而乃具有擺脫權威，崇尚自由與平等的深刻意涵。[14]

　　「女性主義」（Feminist Criticism）若自其內容的繁富與流派的紛雜而言，實可視為一個源自於政治領域的文化現象。在文學領域裡，從賽門‧波娃於 20 世紀 50 年代指出，歷來的「女性特質」係由男性以人類的共性為基礎所描繪出來的，因此並不是「真女性」之後，「女性」乃成為熱門的研究課題。1970 年，凱特‧米蕾提出了「性別」議題，將女性的心靈形容為男性意識的殖民地，而「文學」也成為一種「父權集體潛意識」的紀錄了。其後，伊蓮‧蕭瓦特於 1981 年大力批判傳統文學史中所容納的其實只有「男性可接受的女性作家」，同時將「女性主義」分為：模仿男性（1840-1880）、向男性爭權（1880-1920）與女性中心（1920 之後）等三階段之後，有關「女性主義」的論述不但越來越多，方向也越來越分歧。不過，若從文學領域來看，它們仍可大致歸納為幾條路徑：一、重視「性別研究」者，主張「女性」文學的作品應該與男性文學有不同的主題、風格、結構與語言等。

---

14 「對話批評」部分，請參張雙英譯〈對話批評〉。收於張雙英、黃景進聯合編譯《當代文學理論》。臺北：合森文化事業有限公司。1991。

二、傾向「社會主義」者，認為女性也是社會裡的一種階級，所以女性文學作品在形式與風格上並無法與女性所偏重的題材和意識形態分離；至於在批評上，則主張須與當代的道德、文化與經濟情況相結合。三、重視「心理分析」者，主張「女性」絕非男性主流世界中的「他者」，而是「全部」；在作法上，先以具有女性潛意識的、意涵豐富的「語言」來與以解釋性為主、且充滿象徵內涵的男性語言做區隔，然後再用它來顛覆父權主義系統中的次序、規則[15]

　　「後殖民批評」（Post-Colonial Criticism）在 1970 年才出現。在第二次世界大戰後，被西方強權殖民的國家紛紛獨立；因它們不屬於西方資本主義國家和國際共產國家，所以多被稱為第三世界。由於西方強權長期以來藉著強大的軍事與經濟力量到處成功地侵略、殖民，因而形成了一種以「歐洲」為世界「中心」，而第三世界則不僅位於世界的「邊緣」，屬於「他者」位置，且其文化中也充滿了「落後」、「野蠻」、「殘暴」、「不人道」等特質的觀點。不幸的是，第三世界國家在獨立後，因經濟尚未開發，政治也多不穩定，所以並無法完全擺脫西方的影響；而為了使自己能夠成為現代化國家，也努力地去學習西方的文明。但在學習中，卻無法不受到西方那種世界觀的影響，甚至於也認同自己的文化是落後和野蠻的說法。因此，自 1970 年的末期開始，「後殖民批評」乃深刻地指出，西方人心中所認知的世界，其實是一種見解

---

15 請參 K. M. Newton, *Twenty Century Literary Theory,* Pp.196-238. New York: St. Martin' Press. 1997.

偏差、心胸和視野狹隘,而且充滿了驕傲姿態的幻想世界;
而且,他們那種鄙視和排斥他國文化的態度,不但將使西方
文化的內涵因拒絕與其他文化交流而日愈貧瘠、衰弱,也容
易與其他國家產生誤解而引發嚴重的衝突。在文學領域裡,
「後殖民批評」首先強調文學與文化要「去中心化」,並擁
有成長的本質與包容的力量,同時,應尊重每一個文學傳統,
肯定文學的多元性。[16]

　　「新歷史主義」(New Historicism)大抵確立於 1982 年。
以「新歷史主義」為基的「新歷史主義文學批評」家們,不
但反對「傳統歷史主義文學批評」因認為文學文本乃客觀的
歷史現象,而使「文學文本」的完成時間、手稿、版本、內
容等成為文學批評的重要課題,也反對把文學文本的「創作
者」看作必要的研究對象,以及將文學文本視為歷史與社會
的一種反映等觀點,因此,提出一種以「實踐」為核心觀念,
將「歷史」視為「文學」的論述。這一派文學批評家的理論
依據,主要採自幾位學者的觀點,譬如傅柯(Michel Foucault)
的「知識考古學」與「知識系譜學」,反對所謂合法、連續、
統一的歷史觀點,主張透過局部的微小話語分析,來反抗權
威話語的整體性;又如紀爾茲(Clifford Geertz)的文化人類
學,將「文化」與「文學文本」結合為一,並強調須從微小
的地方入手,再進行細膩的分析,以提出普遍性的解釋;又
如李歐塔(Jean-francois Lyotard)所主張的「歷史」的「大

---

16 同前註,頁 283-300。

敘述」（a grand narrative）已經崩解，所以應該重視「小敘述」的論點等。在這一派文學批評家中，以懷特（Hayden White）和格林布拉特（Stephen Greenblatt）最具代表性。懷特認為，歷史根本是編撰、纂修出來的，是在諸多互相衝突的解釋策略中不斷做出選擇的結果；而其選擇的標準，則常是道德或美學上的考慮超過認識上的考慮。因此，「歷史」乃是一種思辨哲學的編撰，並且含有強烈的詩人的想像與虛構的性質，甚至可說是一種虛構的形式，故而和「文學」中希望以反映事實為目的之「小說」並無差別。格林布拉特則是「新歷史主義」一詞的創造者，他認為所謂「歷史」的內涵，乃是由位於「歷史現實」與「意識形態」之間的「社會能量」，透過不停的「協商」（negotiation）或「交換」（exchange）所形成，因此，「歷史」和「文學」並無不同，都是一個本身在不斷地變化與更新的思維和認知活動的「認識場」（episteme）。此外，因傳統的「歷史纂修」（historiography）係以連續性和統一性為基，當然含有專斷和暴力性質，所以應該把向來被它所忽略的軼聞、不為人所知的情事、或因屬於斷裂與變化性質而刻意被排除的特殊歷史事件等，都納入所謂的「大歷史」之中。至於在文學領域裡，「批評家」應該是解釋者，是一位把文學視為文化的組成部分，故而希望打破文學與社會、文學與歷史間的隔閡，而在作品、作家與讀者間架設出可以讓三者間彼此互相溝通、往返的橋梁的人。同時，「作家」也是一位的內心常會產生人格與意識形態相衝突的人，所以他所創作的「文學作品」也常與社會意

識形態有不一致的狀況；因此，他應將自己變成社會的「他者」，以弱勢者的身分對社會進行批判，使自己和作品成為有能力拆解「權威話語的權力」之「文化詩學」。[17]

　　「現代主義」（Modernism）約發生於 19 世紀的歐洲。當時，在工業至上與理性為尊的影響下，歐洲各國原有的社會制度紛紛解體，傳統道德的價值觀也逐漸崩解，人們也因而產生了「人到底是甚麼？」以及「其價值何在？」等困惑。此時在文學領域裡所出現的法國象徵主義和英國唯美主義，便都是以對現實世界的虛幻性提出質疑為根本精神，同時也都主張用具有藝術性的「作品」來抓住「美」的事物，希望能藉此超越短暫的生命。到了 1920 年代，更形成一股作家們努力掙脫統束縛，盡情發揮創意的文學風潮 ——「現代主義」。這一主義表現在「文學作品」上，乃以抒發作者內心對混亂社會（尤其是指「都市」）的徬徨心理為題材，以含混的詞意、斷裂的語法與顛覆傳統的形式為表達方式，以及以「疏離」與「異化」為風格等特色。第二次世界大戰之後，歐美地區又出現了一波比「現代主義」的「前衛」風格更加極端的「後現代主義」（Post-Modernism）思潮。它主張文學應該要完全甩掉傳統、全數拋棄形式、以及講究作品的細節應清楚而含意則宜模糊不清等。更具體地說，它強調：「文學作品」不一定非有主題不可，甚至可以只是一種遊戲；表達方式上也更廣泛地使用拼貼與諧擬的技巧；題材上則不再

---

17 「新歷史主義」部分，請參張京媛主編《新歷史主義與文學批評》。北京：北京大學出版社，1993。

反對都市，但卻特別偏重在刻畫其多重的面貌等。當然，這兩種「主義」的最大差異爲「現代主義」是屬於社會菁英在表達其中心思維，而「後現代主義」則是一種反對精英的通俗、離散且多元的思維。[18]

這幾種文學批評的內涵雖然有別，但都是在強調「文學」和「時代與環境」的關係。它們的論述，除了使「文學」的內涵更爲豐富與深刻外，更使「文學」在時間與空間中找到明確的位置，而避免「文學」成爲只是存活於真空中的幻想。

四、本書的論述架構

現當代「西洋文學批評」不僅數目繁多，而且流派紛雜，因此，像本書這麼小的篇幅當然無法將它們全數涵蓋，並且細論。不過，居於它們對文學研究實在非常重要，所以筆者仍希望可以在有限的篇幅之內，採用全面性的觀照爲視角，並依照它們之間的內在關聯性來規劃本書的架構。筆者希望這一處理方式不僅可清楚地將 20、21 世紀西洋文學批評的全貌呈現出來，也可勾玄提要式地說明每一種被收入書內的文學批評之論述重心與特色。

---

18 請參劉亮雅〈擺盪在現代與後現代之間 —— 朱天文近期作品中的國族、世代、性別、情慾問題〉，收於《中外文學》，1987・02。

　　換句話說，本書所論述的「範疇」乃是前面所指稱的「文學世界」；而在討論方式上，則將依循如後的步驟：首先，以「組成」這一「範疇」的四項「主要元素」，也就是「文學作品」、「作者」、「讀者」及「時代與環境」等爲全書的論述主軸。其次，再把 20、21 世紀中出現的各種重要文學批評，依照其論述的「重心所在」分別放入這四項「主要元素」的範圍中，而以一章的篇幅來討論每一項「主要元素」的內涵；因此，便將全書的主體區分爲四章。最後，再以每一種「文學批評」擁有一節篇幅，在該篇幅裡摘要說明該「文學批評」的主要內涵，包括它們出現的背景、主要論述者、最重要的批評內容，以及其特色與影響等。筆者如此設計的原因，乃是不只希望讀者們閱讀完書中的每一種「文學批評」後，都能了解該「文學批評」的主要內容。但更期待讀者們在讀完全書之後，也能夠掌握「現當代西方文學批評」的全貌，並且更進一步地以「文學」爲立足點，來思考當代人應該如何與被「科技」所主導的時代與環境聰明地「對話」。

第二章　以「文學作品」爲
探討中心的文學批評

　　本章作爲本書的論述起點，探討的對象當然是「文學世界」的根本，也就是以「文學作品」爲其論述中心的幾種「文學批評」。大致說來，這些「文學批評」不僅把「文學作品」視爲「文學世界」的中心，而且也經由深入探討其意蘊，對有關「文學」的定義與特性、內涵與形式、功能和目標等問題都提出了新見解，並且也達到廓清和深化文學意涵的貢獻。當然，屬於這一路線的文學批評家或是文學批評學派，其實都各自有其出現的背景、特定的目的以及探討的中心，但毫無疑問地，他們的先後出現，已在自然而然之中用一條專注探討「文學作品」的論述軸線方式，把「文學作品」在「文學世界」裡的基礎性位置顯現出來了。

　　據此，本章所要討論的文學批評，依照其出現的時間先後，將有「形式主義」、「新批評」、「結構主義」、「符號學」及「解構主義」（與「後結構主義」）等五種，而以每一節來涵蓋一種「文學批評」的方式來進行討論。

第一節　俄國「形式主義」（Formalism）文學批評

　　大約在 1910-1930 年出現、並流行於俄國的「形式主義」文學批評，不僅可說是 20 世紀「最早」出現的文學批評，且在對後來的文學批評界，特別是在「方法論」與「科學精神」上，也具有非常深遠的影響。但令人印象更爲深刻的是，這一文學批評跟在同一世紀中出現的許多含有「泛文化色彩的文學批評」相較之下，不論是在起源上，或是在探討的中心課題上，都具有「與文學的關係」比較密切之特色，所以其文學的純度顯然高了很多。底下，筆者將以時空背景和文學主張爲兩大項，來說明它的主要特色。

一、時空背景

　　從宏觀的方式來看，「形式主義」文學批評之所以會出現於 20 世紀初的俄國，主要是由於帝俄當時已陷入困窘的大環境中所致。因此，想了解此一文學批評，尤其是它的起因，便須對帝俄當時所面臨的情勢擁有若干程度的認識。

　　在 19 世紀末時，因帝俄的領導者長期失政，導致全國的經濟落入了極爲困難的處境。然而即使是在這一情況中，它

體制上階級分明的傳統，在保護其貴族與富人階級仍然持續享受奢侈與浪費的生活之時，卻未能同時照顧到佔有其國內絕大多數的人口比例的平民與窮人，致使他們的日子越來越陷入窘境。於是，整個社會乃逐漸浮現著一股動盪不安的氣氛。除此之外，帝俄又先面臨了日俄戰爭（1904-1905）中的大敗，不但使其人民的民族自尊心大受傷害，更使其經濟情況愈加惡化；接著又被捲入第一次世界大戰（1914-1918）中，使俄國人死傷慘重。這些來自國內，外的種種不利因素同時匯合在一起，乃引爆了 1917 年的「十月革命」。最後，造成了沙皇被罷黜，帝俄體制被推翻，而布爾什唯克黨則在俄國建立了世界上第一個社會主義國家的結果。

　　至於在人文思潮上，曾對俄國「形式主義」文學批評的出現產生影響的歐洲文藝論述，約有以下數項：

　　（一）英國的王爾德（Oscar Wilde, 1854-1900）在努力追求「藝術」和「美」時，因體悟出「藝術的美」應聚焦於「為藝術而藝術」的觀念上，因此乃提出其有名的「唯美主義」。此一文藝觀念所提出的藝術「永恆性」，對「形式主義」文學批評中有關「文學的根本性質」，可說影響頗大。

　　（二）德國的柏格森（Henri Bergson, 1895-1941）在研究喜劇時發現，文藝所表現的其實是隱藏於功利主義之下的「自我」；而這個「自我」，只有靠「直覺」（intuition）才可能表現出來。此外，他還主張「文藝」的本質乃在其不可能「重新演出」，所以「文藝創作」的真正關鍵就是必須「不停地創新」。柏氏這一被學界稱為「直覺主義」的「文

藝觀」，在「文藝作品」必須具有「創新」的觀念上，對「形式主義」文學批評顯然也產生了啓發性的影響。

（三）**在哲學界裡，當時對康德**（Immanel Kant, 1724-1804）的哲學論述提出了強而有力的新主張的有朗格的生理學派、柯享的馬堡學派以及文德爾班的弗萊堡學派等。這些新學說雖各有重心，但其共同點則是同樣在強調「人」的「主體性」之重要，因而被合稱爲「新康德主義」（Neo Kantianism）。這一主義中所重視的「人的主體性」，對「形式主義」文學批評之所以會主張文藝的目的乃是使人們對世界重新產生感覺上，顯然也具有指導性般的重大影響。

（四）**在語言學方面，瑞典學者索緒爾**（Ferdinand de Saussure, 1857-1913）首先指出，「語言」的研究應該先把重心從以前重視如何將「語言」在歷史上的變化歸納出原則，轉到重視「語言」在實際被使用時的狀況上，也就是把研究的關注面從「歷時性」（diachronic）轉移到「共時性」（synchronic）上。以此爲基，索氏提出的第二項見解是，「語言」其實包含了兩個層面，一是任何「語言」在靜態時，其自身確實都擁有一個完整的系統，稱爲「語言」（langue），其二是當「語言」被使用時，它必會呈現出另一種運用時的系統，稱爲「言語」（parole）。索氏的第三項重要論點是，「語言」中的語詞、甚至是語句，不論是在本質或是實際運用上，都必須被區別出「能指」（the signifier）、「所指」（the signified）與「指涉」（reference）的不同。索氏上述的語言學理論，對「形式主義」文學批評之所以能夠扎實地

從「語言」的角度出發，而提出它以「文學性」和「文學作品的形式」為基礎的論述，在理論上的幫助當然是顯而易見的。

（五）19世紀出現於法國的「象徵主義」所強調的重點之一是，任何「物象」在其看似單一的外在形象之下，其實都含有許多種意涵，包括來自它在漫長的傳統上所累積的各種意蘊，以及由不同的人對它產生的個別體會和了解。這一主張的提出，在「形式主義」文學批評析辯有關「文學」異於其他「藝術」的「文學形象性」上，也有實質上的幫助。

除以上數項之外，使得俄國在20世紀初能夠出現「形式主義」文學批評的文藝論述基礎當然應該還有不少，但大致說來，應以上述幾項最為重要。而其中最值得令人注意之處，乃是上列幾項歐洲文藝思潮似乎可以被歸納出兩個傾向。一是含有刻意淡化，甚至於進一步懷疑各國、以至於整個歐洲的「大傳統」之傾向。二是強調發揮「個人才華」與追求「永恆美感」。由於這兩項文藝論述的共同特色恰好迎合了當時內心之中正在懷疑俄國的傳統價值，並且正在尋找可以拿來抗拒當時歐洲的政治、經濟與文化等影響力的俄國知識份子之心意，所以才引發出俄國的不少知識份子選取了「與傳統斷裂」的立場，而把重心放在努力「開創」未來的「新」文藝理論，以及創作「新」的文藝作品上。最後，以跨越傳統，創新文藝為核心理念的「形式主義」文學批評，終於在這些背景之下出現了。

大致上看來，早期的「形式主義」文學批評可說是以整個「藝術」為探討對象，所以在範圍上比較廣泛。不過，在

不久之後，「它」便把關注的焦點集中到「文學」領域了。總括來說，「它」普遍被學界認為是一種以「語言」為切入點，試圖經由對「文學」的性質、特色、功能、甚至其發展規律等的「重新界定」，來使「文學批評」符合科學精神的「文學科學」。

二、文學主張

任何文學批評必然都具備有如後的兩項基本特質：其一，任何一種文學批評或理論，從出現、成熟到逐漸消退，整個過程必然都是持續了一段或長或短的時間。其二，在該時間中，它的論述內容並非從一開始便已經定型，而且自此以後就一直維持不變，而是一直都在變動之中的。同樣的，「形式主義」文學批評當然也具有這兩項特質。

從歷史的事實來看，「形式主義」文學批評的發展情況，在時間上大約延續了三十多年；但更緊要的是，其觸及的空間範圍有俄國和捷克兩國。

由於這一文學批評的論述內容基本上係由當時俄國的「彼得堡詩歌語言研究會」和「莫斯科語言學學會」的成員先、後所提出 —— 雖然兩者所關注的重心並不相同：前者以「詩歌」為探討的主要對象，希望藉著釐析「詩歌」的「語言」與其他語言之間的差異，來確定「文學」的基本特質；而後者的關注重心則為「語言」，希望從眾多的「文學作品」中來探究出其「語言」的「結構」特色何在 —— 所以，筆者底下的討論，

也將以這兩個研究學會的若干成員所提出的論述爲依據。

　　這一文學批評的主要論述核心，大約可從以下幾個面向來勾勒：

（一）以「功能」爲基礎的「感知」美學觀

　　「彼得堡詩歌語言研究會」的重要成員什克羅夫斯基（Viktor B. Shklovsky, 1893-1984）因深深感受到當時的俄國人不僅普遍對任何事物表現得漠不關心，而且對社會的窘況與未來的發展也都毫無反應，因此，乃希望藉著「文藝」作爲工具，企圖經由它來刺激國人的感覺，喚醒他們的熱情。然而，什氏爲何會有如此的希望與行動呢？這就涉及到他的美學信念了。顯然，對什氏而言，可以恢復人們對外在事物的感覺乃是「文藝」的重要功能之一。因此，若從這個角度來推論，什氏的文藝美學觀實含有非常強烈的文藝實用論色彩。

　　什氏展現他這一文藝美學觀的方式，主要是從人們接觸「文藝」作品的目的來作爲切入點的。他首先指出，人們接觸「文藝」作品的目的，通常與他們接觸一般性事物的目的並不相同。人們接觸一般事物時，多是爲了想「了解」該事物的形式或內涵是什麼？或者是它擁有什麼功用等。因此，基本上都是以「理智」爲出發點，而以「認識該對象」爲結果。但是，人們接觸「文藝」作品的主要目的則不在「了解該作品」到底是什麼？而是希望「自己」在「與該作品接觸的過程中」，能夠「體會」到哪些「感知」的經驗。因此，人們除了需要運用自己的「理性」外，同時也需要將自己所

獨有的「感性」融入這一接觸的過程中，才可能達成這樣的目的行。這一種把文藝的重心從「被了解的對象」轉移到「想了解該對象的人」的觀念，顯然與「新康德主義」所強調的重視「人的主體性」之主張頗有雷同之處。

什氏所呈現出來的這種文藝觀，如果我們從比較宏觀的角度來觀察，應該可以將它聯想到與當時流行於歐洲文壇的「象徵主義」的關係。因爲我們都知道，「象徵主義」的重要主張之一，就是認爲「文藝作品」的「內涵」經常可超越其外在形式所呈現出來的「表象」。這一種主張的依據，乃是建立在「文藝作品的內涵」是一個從各個不同的面向去切入該作品，然後再聚焦於其外形與內容上的某些部分，並在瞬息之間將它的某些特徵會合在一起，然後才得出來的結晶。以這樣的方式來接觸文藝作品，結果當然是文藝作品所呈現出來的「象徵涵義」，常常會超出該作品的形貌、甚至其內容之外了。

不過值得注意的是，什氏這一文藝美學觀與這樣的「象徵主義」觀點雖然類似，卻也有一些差別。因爲什氏的觀點已細膩地涵蓋到人們在接觸「文藝」作品時，不僅會有「態度」上或是偏重作品的內容，或是偏重作品的形式之差異，在觀察作品的「角度」上也會有彼此有別的情形，同時，任何人在進行這種接觸時，也必然都會以自己所歸屬的漫長歷史文化之積澱做爲「立足點」，所以同一件「文藝」作品被不同的人，以及在不同的時間與地點接觸時，就會出現不同的理解與評價了。據此，既然任何一件「文藝」作品都會出

現不同的理解與評價，則人們接觸「文藝」作品的最高目的，便不應該是在「它」到底是什麼了。正是基於這樣的認知，什氏才會主張人們接觸「文藝」作品的重心，乃在他們自己接觸「它」的整個過程中所獲得的「感知」是什麼上。

什氏把這種觀念運用到「文學」上時，就成了極力強調：讀者閱讀「文學作品」的主要目的，並非在「了解文學作品是什麼」，而是他自己在閱讀「作品」的過程中獲得哪些「感知」了。

（二）文學的定義：具有「文學性」的作品

前面提到過，「文學」的範圍十分龐大，不僅內容包羅萬象，而且在外形上也非常繁雜多樣，因此，對「它」提出解釋與說明的人雖然歷來所在多有，但其結果卻是眾說紛紜，莫衷一是。對於這個棘手的問題，什氏所採取的態度為直接面對它；不過，在回答的方式上，他卻從此問題的「負面答案是什麼」來切入，也就是著力於說明「什麼不是文學」。

首先，什氏精確地以「文學」範圍中具體可見的「文學作品」來作為討論的主要對象；然後，再以「它」的表達媒介「語言」來作為切入點。他明白地宣稱，「文學」實為一種「語言的藝術」；因為它的根本－「文學作品」－所使用的「語言」，乃是一種經過藝術的手法所鍛鍊出來的「文學語言」。而凡是擁有「文學語言」的作品，就可被稱為具有「文學性」（literariness）的作品，也就是「文學作品」。相反的，凡未具備「文學性」的「作品」，當然就不屬於「文

學」，也不能被稱爲「文學作品」了。

　　爲了使他這一說法擁有足夠的說服力，什氏採取了「比較的方式」來說明其理由。他先把「語言」區分爲「文學語言」與「非文學語言」兩種；但令人訝異的是，他並未立即說明「何謂文學語言？」而把說明的重點轉到解釋「何謂非文學語言」上。他指出，所謂「非文學語言」，就是人們在日常生活中所使用的語言。這種語言的主要目的，除了讓人們能夠用它來清楚地表達出自己內心之中的感情與意思之外，也可以使人們利用它來和別人進行順暢的溝通。而就在這樣的要求驅使下，它便在自然而然中形成了如後的兩項鮮明特色：選擇以「簡單的外在形式」來表達，並使「表達的意思儘量明確」。很明顯的，前者的功能在可以使人容易掌握它，而後者的功用，則在能夠使人明確地了解它的意思。

　　但是，「文學語言」的主要目的則與此完全不同。什氏強調，「文學語言」的最高目標，必須被定位在：如何使「文學作品」能夠做到引起讀者的注意上。而爲了達成這一目標，他認爲最大的關鍵就是：如何使用「語言」。更具體地說，就是努力設法讓讀者在閱讀「文學作品」時，因常常被作品中的「語言」所困擾，所以乃引發出心裡面「不習慣」的感覺。什氏對此並進一步指出，最容易使讀者出現這種「感覺」的方法，在「詩」類方面，至少可從三個層次來入手：一是在「詞語層次」上，可以刻意地扭曲或顛倒作品中的詞語與句子的正常次序；二是在「語義層次」上，可以設法將作品中的詞語之含意儘量濃縮或重疊；三是在「語音層次」上，

可以對作品中的詞語之音韻予以強化或弱化的設計，……等
等。至於在「小說」類方面，則可以對其敘述觀點、故事背
景、人物、情節、對話及語調、……等方面，採用與傳統不
同的方法來設計，而讓讀者在閱讀時，可以產生「陌生」的
感覺。

　　這一觀點，就是什氏有名的「陌生化」（estrangement，
de-familiarization）理論：凡「文學作品」，都必須擁有與「日
常語言」迥不相同的「文學語言」；所以作者的首要工作，
就是努在他的「作品」中安排和設計出許多「扭曲、重疊、
顛倒、濃縮、強化與鬆弛」等與日常生活語言迥不相同的語
言，讓讀者在閱讀「作品」時，對其內的這些語言和許多有
關人、事、景、物等的刻劃與描述等，產生了或是難以理解，
或是感到怪異之類的「陌生」感。換言之，「文學作品」就是
藉著這樣的「語言」在讀者的思考和感覺上不停地製造困擾和
阻礙，因而引發讀者對「文學作品」想更深入了解的好奇心，
於是，讀者內心之中已經失去了的「感覺」，就在作品這種新
奇的語文不斷刺激和衝撞之下恢復了生機，並開始活潑起來。

　　讓讀者感到「陌生」的語言，如果換個角度來描述，應
該也可以說成「新奇」的語言，因為它們的主要功能之一，
都是可以引發出讀者的好奇心。這一強調語言必須極力創新
的觀點，從文藝理論的發展歷史來看，很難說與柏格森所主
張的文藝作品必須「不停地創新」之觀念沒有關聯。

　　什氏會提出這一文學主張顯然不難理解。首先是因為他
相信「文學作品」的主要功能之一，就是在使閱讀「它」的

讀者在閱讀的過程中，能夠獲得「感知」；而任何「文學作品」之所以無法讓讀者產生「感覺」，則是因爲「它」在表達技巧上出現了「過度自動化」（over-automatization）的缺點。也就是說，「文學作品」的表現方式因爲過於平常，缺少新奇的技巧，所以無法在讀者的心裡面引起任何感覺。如此，又如何能夠更進一步地讓讀者產生感動或感慨呢？其次是因爲讓其國人恢復已經失去了許久的「感覺」乃是什氏的理想，因此，他才會有借助「文學作品」可以使「它」的讀者從閱讀的過程中獲得「感知」的功能，來恢復讀者的「感覺」的想法與行動。

我們如果從歐洲文學理論的發展角度來考察，「形式主義」文學批評這一個論點與我們前面所提的瑞典學者索緒爾（Ferdinand de Saussure, 1857-1913）在 20 世紀初所創發的語言學可說頗有關聯。在索氏所提出的「共時性」（synchronic）觀點中，「語言」不但包括了在靜態時擁有完整系統的「語言」（langue），也包含了「被使用時」的另一種「言語」（parole）系統。兩人的論述對照之下，我們不難發現什氏以「語言」作爲基礎所提出來的文學觀，基本上就是將「語言」區分爲人們在實際生活中所「使用」的「非文學語言」和「文學語言」。而這兩種「語言」，在範圍上顯然是屬於索緒爾所提出的「言語」系統之內。因此，什氏的這一文學理論，在索緒爾的「言語」系統支撐下，便擁有學理上的說服力了。

（三）「文學性」內涵的擴大：「文學語言」與 「時代和社會」的關係

　　「彼得堡詩歌語言研究會」的另一位重要人物艾亨鮑姆即以「文學語言」為據，宣稱俄國的這種「形式主義」文學批評實可稱為一種「文學科學」，因為它所研究的對象與範圍甚為明確，就是有別於其他材料的「文學材料」，而不須依靠任何其他學科。「莫斯科語言學學會」的重要成員雅克慎（Roman Jacobson, 1890-1982）也有相同的看法；他認為，「文學科學」的對象不是「文學」，而是「文學性」，也就是使「作品」可以真正成為「文學作品」的重要因素。

　　不過，另一「莫斯科語言學學會」的成員姆卡洛夫斯基（Jan Mukarovsky, 1891-1975）可能已經感覺到，「陌生化」的語言主張似乎出現了促使「文學語言」與「日常語言」陷入絕對「對立」的趨勢，所以乃提出更加週延的解釋。他認為，日常生活中所使用的「標準語言」（standard language），其實是「詩歌（文學）語言」（poetic language）之所以能夠顯現出其特色的基本前提。也就是說，文學作家為了要避免其「文學作品」因使用太多「過於自動化」的「日常語言」，而使其讀者無法產生任何感覺，所以乃在其作品中刻意地將這種「日常語言」加以扭曲、變形，讓其在讀者心中產生「陌生化」的效果。姆氏在此想強調的是，這種擁有「陌生化」效果的「文學語言」，我們絕不能因為「它」的外貌與「日常語言」不同，就把「它」看成是「另一種」與「日常語言」

相對立的「特殊語言」，因爲「它」的根基就是「日常語言」，
兩者之間的關係根本無法切割；事實上，我們甚至可以說，
如果沒有「日常語言」，「文學語言」就沒有存在的可能了。

如果我們再進一步來看，姆氏與受到俄國政治情勢的逼
迫，因而在 1920 年移居到捷克，並於 1926 年在布拉格創立
「布拉格語言學會」的雅克慎兩人，對什氏的「陌生化」論
點，便以「語言」爲基，而提出了一些頗爲相近、但卻更爲
深刻的如下說法：

1.「前置／後置」（foreground／background）之說

這一說法周延地指出，「語文」雖然是「文學」必不可
少的表達媒介，但它除了文學所需要的「審美」功能之外，
在其他領域，譬如：廣告和宣傳等，也有它們所需要的特殊
「審美」功能。除此之外，它當然也擁有文學領域中的寫實
作品所最需要的以把意思表達清楚爲主的「指涉」功能，以
及人們在日常生活中使用它來表達或與別人溝通時所需要的
「指涉」功能，……等等。當作家在創作時，他當然會以自
己的特定目的和現實環境的需要爲基，把這些不同功能的語
言安排成一個能夠達到其創作目標的「等級序列」
（hierarchical order）。這些位於不同等級的語言在作品中的
重要性雖然有異，但是它們卻是「同時存在」的。尤其更值
得我們注意的是，當創作的目的與當時的環境結合起來，因
而決定了這些不同功能的語言在作品中的「等級序列」後，
其中的最重要功能就會被推到作品的最前面位置 ——「前
置」，而其他的功能則是或扮演著陪襯者的腳色，或是被安排

爲佈景一般，都被放到作品中的後面位置 ——「後置」上了。

　　當雅克慎把這一個「前置／後置」論點運用到「文學作品」上時，他還特別將「文學作品」形容爲一個「結構體系」，並且強調這一個「結構體系」是由許多「部分」組合而成的。在這個「結構體系」，譬如是一首詩歌中，其各個組成部分，如意象、節奏等，雖然會因爲在作品中的重要性不同而處於「前置」與「後置」的不同位置上，但它們之間的關係卻是彼此需要，互相關聯的。

2.「主導因素」（the dominant）之說

　　雅氏與姆氏兩人除了主張文學作品的各個組成部分之間有「等級序列」的關係，以及這些組成份子因在作品中的重要性不同而可區分爲「前置／後置」的關係外，他們還曾用「主導因素」一詞來描述「文學作品」在「結構體系」上的特色。雅克慎認爲，任何「文學作品」都會含有一個聚焦的部分；而由於此一聚焦部分在作品中擁有可以掌控、決定、或者甚至於改變作品內其他部分的力量，因此可被稱爲「主導因素」。姆卡洛夫斯基也認爲，如果把「文學作品」視爲一個金字塔形的「結構體系」，則此體系中必會有一個位於塔尖的「主導因素」；這一「主導因素」不但決定了此體系內各個組成部分之間的關係如何，而且也控制著它們彼此如何來互相作用的力量。因此，「文學作品」乃是一個不斷變化，但又能維持住一個相當穩定狀態的動態「結構體系」。

　　總之，不論是「前置／後置」之說，或是「主導因素」的主張，基本上都是把被觀察的對象看成一個「結構體系」，

然後再進一步討論組成此一「結構體系」的部份與部分之間的關係。因此，它們當然可以被用來分析「文學作品」本身的特色與效果。然而，如果我們把觀察的範圍擴大，這兩個論述其實也能夠用來討論「文學作品」及其「外在的時代與社會」之關係。而若我們如此做的話，以「文學性」來定義「文學」範圍的觀念就會便被大大地拓寬了。

（四）文學史的理論

　　「彼得堡詩歌語言研究會」所提出來的「文學性」可說建基於語言的「陌生化」（defamiliarization）設計上。不過，這一論述也含有以下難以自圓其說的一些問題：

　　譬如說，「被陌生化的文學語言」如果要成立，顯然必須以同時也存在著一種與其相對立，而且不但系統明確，同時也普遍流行的「日常生活語言」爲先決條件。

　　然而實際的情況卻是，任何一個社會不但都包括了許多不同的領域或不同的階級的人，而這些人所使用的語言也將會有屬於他們獨有的方式與特色，而且在各種不同的場合裡，如國際外交、演講教學或寒喧聊天等，也會因爲那些場合的特殊需求而形成其獨特的語言。換言之，不管是任何時代或任何地方，在實際的社會生活中根本不可能發生只有一種標準的日常生活語言之情況。除此之外，任何「日常生活語言」也必然會隨著時代與環境的改變，而在內容與用法上都不斷在調整，所以其根本性質之一可說就是「變動不拘」。

　　據此，「被陌生化的文學語言」所要對立的「語言」，

其特色不但式在範圍上無法被固定，而且在用法與含意上也很難被確定。事實上，我們甚至可以說，任何社會裡面都不可能出現「只有一種」「日常生活語言」的情形。既然如此，則與之對立的所謂「陌生化的文學語言」，顯然也將和「日常生活語言」一樣，無法擁有固定的形式，因而也就不會有固定的標準了。

又譬如說，即使出現了被認為與當時的「日常生活語言」不同的「陌生化語言」，但當「它」被使用過許多次，或者因為時間久了而被大家所熟悉，……等等之後，也必定會出現「過度自動化」的情況，而無法再被視為大家會仍然感到「陌生」的語言。因此，即使是有所謂「陌生化的語言」，「它」也只能持續一段頗為有限的時間長度而已。

「形式主義」文學批評，尤其是什氏所主張的「陌生化」理論之所以會導致前述這類問題的發生，主要是因為「它」的基礎乃建立在「固定」且「靜態」的時空範圍之上。這一根本性質，促使「它」不僅忽略了同一環境中其實還有許多其他因素存在，因而造成自己處於「孤立」的狀態，而且也使「它」無法體察到任何因素，包括自己與外在環境在內，都具有不停變動的性質，於是終使自己陷入無法跨越出時空範圍限制的窘境。

我們在前面介紹什氏與姆氏的「主導因素」之說時，曾指出此一主導因素雖然主要是用來分析「文學作品」內各個組成部分之間的關係，但細觀他們的論述，其實也已觸及到「文學語言」與「非文學語言」之間的關係。他們認為，「陌

生化的語言」當然具有百分之百的「文學性」，可以在讀者心中引發出感覺，因而在「文學作品」中處於「主導因素」的位置。然而只要時間一久，它的「陌生化」效果必將會隨著時間的改變而逐漸減弱，最後終將消失，於是它也就不再是「文學語言」了。這個時候，又有了新的「日常生活語言」，而新的文學作家也會針對它而再創造出另外一種與此一新的「日常生活語言」相對立的「陌生化語言」。據此，什氏與姆氏所提的「主導因素」之說，顯然已把「形式主義」文學批評的「陌生化」理論從「靜態」與「固定」的性質，轉變到可以隨時間與空間而變化的「動態」性論述了。當然，這樣的論述也已經把討論的範圍擴及到「文學作品」與其外在的時空因素，也就是「時代與社會」的關係了

　　什克羅夫斯基後來也針對「形式主義」文學批評因過於「靜態」，以至於失去靈活論述的缺失，而在依然堅持以「文學」爲論述範疇的前提下，提出了他的「文學史」觀念。他認爲，任何時代都會有許多種「文學形式」同時並存；但其中只有一種「形式」能夠擁有當時最大的文學功能，所以乃居於最高峰的位置上。此時，其他的「文學形式」並未消失，而是以較不明顯的形貌分散在此高峰位置下的不同地點。當時間逐漸轉移，這個文學權威的文學功能也隨之逐漸減弱後，其他的「文學形式」又競相起來向它挑戰。最後，它的高峰位置將由一個在眾多「文學形式」的激烈競爭中脫穎而出的「新文學形式」所取代。於是，一個由新的文學權威所主導的時代又開始了；而在同時，原來的文學權威和其他在

這次競爭中未能成為鰲頭的「文學形式」，又將再度位居於此高峰之下，等待另一個機會的來臨。

不過，另一位「彼得堡詩歌語言研究會」的成員迪尼亞諾夫（Yury Tynyanov, 1894-1943）在這一點上則表達得更為清楚。他先指出，每一個時代都會有許多不同的「文學體系」來共構出一個文學的「共時性」層面；而若其中有任何一個與文學有關的因素發生變化，則這一「共時」層面上的各個「文學體系」與整個文學世界都將會產生變動。接著他更指出，文學歷史的流程並不是前、後代「文學形式」的「繼承」，而是不同的「文學形式」在競爭之後，由一個獲得最後勝利的「文學形式」所取代。因此，前、後兩代之間的「文學形式」之關係，其實是「斷裂」的。

總之，他們的這些說法終於使得因為過於強調「明確」而陷入「靜態」困境中的早期「形式主義」文學批評，終於能夠提出自己的「文學史」論。不過，這種論述所呈現出來的「文學史觀」，則可以形容為以「文學形式」為範圍的「文學形式史」。

三、小　結

自 20 世紀 30 年代開始，「形式主義」文學批評便遭受到許多批判。有人以「它」過於迷信「語言」而譏諷「它」為「語言的牢房」。也有人以「它」忽略了時代和社會的關係，所以批評「它」視野狹隘，立論單薄。更有人以「它」

的「主觀」性太強，因而有「唯心論」的缺失。……等等。
這些指摘當然不能說沒有依據，但我們卻不能因此而忽略
「它」在 20 世紀文學批評史上所擁有的開創性地位，以及
「它」對後來許多文學批評的影響，前者如：嘗試釐清「文學」
定義的努力，後者如：把科學精神帶入文學研究的領域等。

主要參考書目：

Erlich, Victor &Tzvetan Todorov, *Russian Formalism: History-Doctrine*, New Heaven : Yale University, 1981.

Leith, Vincent B., ed. *The Norton Anthology of Theory and Criticism,* New York: W. W. Norton &Company, 2001

Lemon, Lee T. and Marion J. Reis, tr. *Russian Formalist Criticism: Four Essays,* Lincoln : University of Nebraska, 1965.

Wellek, Rene, *The Attack on Literature and Other Essays,* Brighton : Harvester Press, 1982.

張錦忠著：《形式主義》。臺北：文建會，2010。

魏家駿著：〈論俄國形式主義的文學觀〉。收於《北京社會科學》，1994 年 1 期。

第二節 美國「新批評」(New Criticism, 又稱為「英美形式主義」)

「新批評」(New Criticism) 這個術語雖然是美國文學批評家史賓贛 (Joel Elias Spingarn, 1875-1939) 在 1911 年所創，但一直要到另一位美國文學批評家蘭色姆 (John Crowe Ransom, 1888-1974) 在 1941 年出版《新批評》(*New Criticism*) 一書後，才被美國的文學界採用來稱呼美國這個文學批評學派和這一學派的文學主張。綜合來看，這一文學批評學派的共同主張為：「文學作品」乃是一個客觀而獨立的藝術品，不需依靠任何人或物即能自我存在。因此，人們若想了解「它」的話，應該把關注的範圍限定在「它」本身，從「它」的語言結構、文學意象和象徵含意等去考察「它」在文藝上的意涵與特色即可，而不應去理會「它」所有的外圍因素，諸如：作者的身分、寫作的意圖、時代與社會的背景和影響等。

底下，筆者仍將依這本書的體例，以其時空背景和文學主張為兩大項，來說明它的主要特色。

一、時空背景

美國自 1776 年建國以後，由於開發最早的地方是在現今

東北部的新英格蘭（New England）地區，所以該地的文化與
文學水準也一直比其他地區高。到了 20 世紀初期，美國文學
界的重心雖然仍舊是在和歐洲來往頻繁的東北部，但其他地
區，如：紐約、芝加哥等新興的大城市，在文化上的地位也
漸形重要。譬如以波士頓（Boston）為中心的東北部，因為
一直與歐洲保持來往，所以其文學批評在此時的主流可說就
是以延續歐洲以古希臘、羅馬文化為典範的古典主義和以英
國大批評家阿諾德（Mathew Arnold, 1822-1888）為代表的新
古典主義。

　　不過，自 19 與 20 世紀之交起，美國的文學界也逐漸興
起另一種與前述文學批評不同的傾向。根據《新批評》一書
的作者蘭色姆的看法，在 20 世紀初期的美國文學批評界中，
艾略特（T. S. Eliot, 1888-1965）、李察滋（I. A. Richards,
1893-1979）、燕卜遜（William Empson, 1906-1984）等文學
批評家在文學論述與實際批評上不僅彼此有相近之處，而且
和前人的觀點與方法也有頗大的差異，因此實可稱為「新批
評」。不過，由於這三位文學批評家都與英國有不淺的淵源，
所以後來的文學研究者常會把歐洲與美國合觀，而將英國的
休姆（T. E. Hulme, 1883-1917）、美國的龐德（Ezra Pounds,
1885-1972）一起列入美國「新批評」的範圍內。除此之外，
如果我們從淵源的角度來看，美國的「新批評」至少還受到
漢尼克（James G. Huneker）與史賓諾的影響；漢氏有心地把
許多比美國更為前進的歐洲文學思潮，尤其是有關創新文學
形式的觀念等等引入美國，而史氏則強調美國的文學界應該

學習歐州的文學思潮，尤其應重視對作品本身進行深度的審美考察；…等。

　　雖然有人在討論「新批評」學派時，主張依照時間的先後將其分為數期，譬如：起始期（1910-1930），成形期（1930-1945），鼎盛期（1945-1957）之類。但筆者一向認為，任何文學批評學派必然都持續有一段時間，而且在這段時間中，其主張也一定不停地變動，所以藉由「分期」的方式來勾勒文學批評學派，反而常會造成使人誤會該學派曾經中斷過的印象。因此，筆者以下的論述方式，將依照這一文學批評學派中的重要批評家在提出論述時的先後為順序。

二、文學主張

（一）艾略特（Thomas Stearns Eliot, 1888-1965）

　　艾略特於 1917 年發表著名的〈傳統與個人才具〉（Tradition and the Individual Talent）。他主張，好的詩人必然擁有強烈的歷史觀。這一歷史觀使他不僅可以看到「過去中的過去」，而且也看到了「過去中的現在」。這種說法頗具說服力，因為，任何「時間」確實都會過去，而成為「歷史」；但任何「時間」卻也都曾經是「現在」。

　　艾氏繼續指出，如果以文學歷史所顯現出來的事實為據，則所謂每一代詩人中被認為不朽者，其共同的條件就是因為他們曾表現出與他們前輩詩人不同之處。據此，詩人所

應注意的，乃是必須在情感和理智之間作出抉擇，放棄個人的感情，設法讓自己在傳統中能夠顯現出自己的特徵－這就是艾氏的「個性泯滅論」（extinction of personality）。這樣的「非個性化」（de-personalization），因爲「感情」已經死了，所以擁有「接近科學的狀態」的優點，使文學研究可以成爲獨立研究的領域。

艾氏又指出，過去的經驗告訴我們，詩人並沒有讓「自己」留下來，他所留下的是「作品」。由於「作品」是一種「語言的創造」，因此詩人所要表達的，並不是自己的「個性」，而是某種特別的「媒介」（medium）。這一「媒介」是文本，是語言本身；「它」是詩人以特別的方式把個人的感覺和經驗組合而成的。

（二）李察滋（Ivor Armstrong Richards, 1893-1979, 又譯為「瑞恰慈」、「理查滋」）

李察滋於 1924 年發表了《文學批評的原理》（*Principles of Literary Criticism*）一書。他在該書中，將「語言」區分爲「科學語言」與「感情語言」兩種。前者注重邏輯性，要求指涉明確，尤其是指涉的結果必須可以驗證，且是非分明，所以是屬於「陳述性」的語言（statement）。但後者剛好相反，在「語言」的表達上，以引出感情或呈現態度爲重心，既不講究「語言」的邏輯關係，也不太理會是否具有明確的意思指涉，所以可稱之爲「僞陳述」的語言（pseudo-statement）。這一區分「語言」類別的情形，與早期俄國「形式主義」文

學批評在「語言」的主張幾乎完全一致。

　　但到了 1929 年，李氏又出版了《實際批評》（*Practical Criticism*）一書。該書在有關「語言」的論述上，選擇了以「功能」為基點，而把「語言的功能」大略區分為觀念（sense）、感情（feeling）、語氣（tone）和意圖（intention）四種。李氏提出這般區分的主要依據，是因為他觀察到人們在實際使用「語言」時，經常會遇到各種不同的情況；而在各種不同的場合與時刻中，「語言」之所以能夠讓人成功地表達出自己的意思、情感和與別人有效的溝通，乃是因為「它」含有這四種不同類型的功能所致。換言之，人們在實際運用「語言」時，會因時間、地點和情況的不同，而使「語言」這四種功能的某些類別被突顯出來，同時，其他功能則相對地被掩蓋住。譬如說，在「科學」領域裡，「觀念」功能絕對會大於「感情」功能；而若是在「詩歌」作品中，則將由「感情」功能扮演最重要的腳色……等。

　　當我們把李氏這兩本書中的主要觀點合觀時，應可注意到他對「語言」的區分，已從依「性質」而將「語言」區分為「科學語言」與「感情語言」兩類的對立觀點，轉變為從「功能」的角度出發，而將「語言」的功能歸納為「觀念」、「感情」、「語氣」和「意圖」等四種。這樣的改變趨勢，不僅明顯地改進了前者原有的僵硬和簡略的缺點，同時，也擴大了我們可以解釋「語言」現象的彈性空間，以及使我們的解釋基礎能夠更貼近「語言」被使用時的實際狀況。

（三）燕卜遜（William Empson, 1906-1984）

　　燕卜遜是李察滋的學生。他把李察滋爲他修改過的作業擴充後，於 1930 年出版了《含混的七種類型》（*Seven Types of Ambiguity*）。事實上，該書幾可視爲李氏《實際批評》的進一步發揚，因爲其主要內容就是以實際的文學作品（如：莎士比亞的戲劇）爲對象，用精細的方式來加以解讀。

　　根據燕卜遜自己的說法，所謂「含混」，就是指：一個詞語，含有讓人產生不同理解和反應的意涵。更準確地說，就是語言不僅出現了歧義，而且這些歧義之意可以是相近的，也可以是相反的。擴大來說，就是作品中的詞語、句子或段落等的意思產生了模稜兩可的情形。燕氏經過了對範例作品的精細閱讀後，乃根據它們在含混程度上的差異而提出七種「含混」的類型。

（四）泰特（Allen Tate, 1899-1979）

　　泰特在於 1938 年出版《詩歌的張力》（*Tension in Poetry*）一書。在該書中，他以「詩歌」爲探討對象，指出「詩歌語言」的最大特色，就是具有「張力」（tention）；而他所說的「張力」，就是指詩歌「語言」的「蘊藏內涵」（intension）與「外延意涵」（extension）兩者在互相作用之後所造成的結果（「張力」的英文字便是此兩字分別去掉 in 與 ex，而保留共有的部分 tension）。

　　據泰氏自己的說明，當「詩歌」不使用直接而明白的「語

言」為表達媒介,而採取了暗示的,或是帶有情感色彩的「語言」來表達時,它這種「語言」所含有的意涵,就稱為「蘊藏內涵」。至於「外延意涵」,則是指詩歌所使用的詞語在字面上的意思,或是它們在辭典上的意義。所謂詩歌的「張力」,就是其「語言」中所含有的「蘊藏內涵」與「外延意涵」都被推到極致之後所產生的「意義集合體」。由於這一個「意義集合體」不但可突顯出「詩歌語言」的字面意義和蘊藏於其內的暗示、象徵與比喻等意義的差異處、甚或兩者相反的現象,而且也強調了兩者其實是一個統一的整體,所以「詩歌作品」的「意涵」便在這種既然衝突又非結合不可的情況下,頓時豐富起來了。

(五)蘭色姆(John Crowe Ransom, 1888-1974,又譯為「藍森」)

大部分的研究者都認為蘭色姆在美國新批評學派裡佔有關鍵性地位,而歸納其主要原因,約有以下數點:

首先,蘭色姆在 1934 年發表了〈詩歌:一個本體論的解釋〉(Poetry:A Note in Ontology)一文,借用哲學領域裡的「本體論」觀點來說明「詩歌」的特質。他認為,任何一首詩歌(即文學作品)都有其本體性;而這個本體性則是由詩歌(文學)作品的「整體性邏輯結構」(logic structure)和其「局部性的組織」(local texture)之間的互動關係所形成的。換言之,任何詩歌(文學)作品都是一個「自我完足的個體」,而文學批評的重心自此之後,便確定在「作品」

上了。

其次，他在 1941 年出版了《新批評》一書，不但使「新批評」一詞後來成為整個學派的名稱，而且在書中指出，艾略特、李察滋、燕卜遜等人的文學批評雖然已經比早期的文學批評更加重視「語言」在「作品」中的重要性，但仍應將其論述中所含的心理色彩、道德教訓和歷史傳統等因素去除，才能使文學批評的焦點 —— 即以「作品」為中心的「本體論」顯現出來。

第三，他以「作品」為基而提出了「創作技法」的重要性。他認為，「詩歌」作品所追求的，既不是擁有什麼內容或創造那些意象，也不是傳達何種意念，而是「詩歌」本身；更具體地說，就是「詩歌」作品中到底含有何種技巧，才能讓「它」因而具有文學性，並因此與不具文學性的「文章」有了區別。

蘭氏會提出「詩歌」作品的「本體性」觀點和強調「創作技法」的重要，是因為他相信「詩歌」作品以特殊的「創作技巧」所創造出來的「世界」，而非客觀存在的「現實世界」（real world）之映照結果，也就是在反映「現實世界」的「本體」——「原初世界」（original world）；因此，「詩歌」的本體其實就是「現實世界」的本體，而「詩歌」作品當然也就具有可以恢復人們感知「原初世界」（original World）的能力了。蘭氏正是以這樣的認知為基，希望藉由具有文學性的「詩歌」作品來恢復人們對「世界」的感知。

（六）溫莎特（William K. Wimsatt, 1907-1975, 又譯為「維姆薩特」）與比爾茲利（Monroe C. Beardsley, 1915-1985）

　　溫莎特與與比爾茲利兩人在 1946 年發表〈意圖謬誤〉（The Intentional Fallacy）一文，主張「文學作品」並非由「作者」個人的感情或其生活經驗所構成，而是一個由「語言」所組成的成品。作者的先天稟賦和後天的經歷雖然在其創作「作品」的「過程」中擁有相當份量的重要性，但在「作品」被創作「完成」之後，便與「作品」沒有直接的關係了。

　　溫氏與比氏兩人深刻地指出，「作者的意圖」的主要特性之一，就是不僅短暫，而且多變，所以即使是「作者」本人，也無法確定能夠做到將「它」完全掌握住。具有這樣特性的東西，人們到底能以何種方式或管道去了解「它」？而讀者又怎麼可能自「作品」去確認「它」呢？因此，若想對任何「文學作品」進行批評的工作，則去除這種認為可以從「作品」中所傳達的訊息去了解其「作者的意圖」，乃是必要的認知。否則，必會出現「意圖謬誤」的情形。

　　到了 1949 年，兩人又一起發表了〈情感謬誤〉（The Affective Fallacy）一文。

　　在該文中，他們兩人先指出，「詩歌」作品乃是由「日常事件」、「個人經歷」和「文學技巧」等諸多因素所匯合而成的；尤其是傑出的「作品」，所表達的都是超越作者個人之上，屬於時代所共有，而且是永恆不變的情感。因此，

讀者在閱讀「作品」時,不僅應該避免把「作品」和其起源
－「作者」混淆在一起,而陷入「意圖謬誤」的框框,同時,
也要盡力讓自己的感情掙脫「作品」所擁有的感染力,而不
致造成「情感謬誤」的情況。

總之,溫氏和比氏在以上兩篇論文中所強調的重點有
二,一是「文學作品」與其「創作者」之間並沒有太大的關
係,二是文學批評者在進行批評工作時,也不能感情用事。
他們認為唯有如此,文學批評家才可能做到純粹對「作品」
本身進行客觀的評論。

(七)布魯克斯(Cleanth Brooks, 1906-1994)

布魯克斯在 30 年代一直擔任素有「新批評」喉舌之稱的
《南方評論》的編輯。他於 1947 年到耶魯大學(Yale
University)任教後,更把耶魯大學變成新批評學派的重鎮。

布氏於 1942 年出版《悖論的語言》(*The Language of
Paradox*),主張「詩歌」的最大特徵,就是充滿了「悖論的
語言」。所謂「悖論的語言」,是指一種「在表面上顯得荒
誕不經」,但「在實際上卻又是真實的」語言。布氏之所以
強調「詩歌」必須使用這種不合常理的語言,是因為他認為
這種語言可以把人們覺得已經灰黯失色的熟悉世界再放到新
的光線底下,讓它回復到光明之中。而也正是因此之故,他
同時唱議「詩歌」必須排除沒有「悖論」(paradox)特質的
「科學語言」。

到了 1948 年,布魯克斯又發表了〈反諷作為一種結構的

原則〉（Irony as a Principle of Structure）一文。所謂「反諷」（irony），原來是指「語言」「在字面上的意義和其隱含的意義之間正好互形成相對立」的情況。把「它」運用到「詩歌」上時，則是指一種因「語境」的外部壓力和「語言」內部自身的壓力形成了對峙，而使「詩歌」被提升到一個全身充滿動態，卻又能保持平衡的新層次。布氏之所以提出這個論述，是因爲他了解到「詩歌」的「語言」在歷經漫長的時間之後，已經顯得陳腐不堪，所以無法引起人們的注意和感動。因此，必須借助這種「反諷」的語言技巧，才能恢復其有效的傳達情義的功能。

（八）韋勒克（Rene Wellek, 1903-, 又譯爲「威雷克」）與沃倫（Austin Warren, 1899-1986, 又譯爲「華倫」、「渥倫」）

韋勒克與沃倫兩人所合著的《文學理論》（*Theory of Literature*）在 1949 年出版。這件美國文學批評界的大事，雖然標誌著「新批評」文學論述的完成，但卻也是這一文學批評學派在美國文學界的地位開始由峰頂下降，影響力也逐漸減弱的象徵。

在這一本著作中，韋氏與沃氏兩人先以「文學作品」基，而把「文學」的「研究」範圍區分爲二：第一個範圍是「文學作品」本身，包括「它」的外型、結構和語言技巧，以及「它」的內容、含意等；而這一觀念的基礎，則是建立在「文學作品」本身，就是一個獨立而自主的個體。由於這種研究

係集中在「文學作品」的形式與內容上，所以可稱之爲「文學」的「內部研究」（intrinsic study）。第二個範圍所涵蓋的是所有在「文學作品」之外，但卻與「文學作品」有關聯的全部因素，包括「它」的作者、讀者，以及時代潮流、社會狀況等。因爲這些因素都位在「文學作品」的外圍，所以有關這類的研究便可稱之爲「文學」的「外部研究」（extrinsic study）。

有了這樣的區分後，韋氏與沃氏兩人再把這兩者的關係安排爲「對立的兩方」，而形成「內部研究 vs.外部研究」的架式。然後，他們更以這樣的安排爲據，而把「文學批評」的範圍等同於「內部研究」，也就是只以「文學作品」爲範圍的研究；並且因而宣稱，「文學批評」的重心就是在分析「文學作品的美學結構」。如此，「文學批評」的範圍與重心不但被明確地規定下來，同時，凡是研究「文學作品」之外的其他因素者，雖然仍屬於「文學研究」的範疇，但卻必須被排除在「文學批評」的範圍之外。

三、小　結

筆者在本節裡對美國「新批評」勾勒的方式，係先以「批評家」爲軸線，然後再依照他們提出文學主張的時間先後爲次序來加以論述。這樣的表述方式，當然會因爲只集中在一些批評家及其若干著述的討論而已，以致於出現他們的文學主張之間欠缺關聯性的「缺點」，以及他們的文學批評見解

是否即爲如此的「疑慮」。有關前述的「疑慮」，筆者認爲
不成問題，因爲筆者的目的原本就不是要將這些「新批評」
家的整體文學批評觀點全部都呈現出來，而是把他們的文學
論述中有關「新批評」的部分指陳出來而已。至於有關前述
的「缺點」，則確實是一個必須說明的現象。而筆者的解決
方法，就是希望能藉由底下幾項補充意的提出來達成：

（一）如前所述，上列所有的「新批評家」雖然都提出
了自己的文學觀點，但卻擁有一個共同點，就是以「文學作
品」爲論述的核心課題。他們之間的區別是，有人努力於說
明「它」的根本性質，有人則特別強調「它」在「文學領域」
裡的重要性和何以重要的原因，而也有人偏重在闡述「它」
和「文學批評」的密切關係。不過，我們如果以「捨異而求
同」的態度來面對他們的論述，則應該會同意若沒有他們這
種接棒式的努力，不但「文學」和「文學批評」的觀念不會
像今天這般清楚，連「文學作品」的性質和功能，以及「它」
和「文學批評」的關係，也都不太可能獲得澄清。

（二）筆者在前一節提到過，任何文學批評學派的最主
要論述，都是在經過了一段頗長的時間之後，才可能穩定成
型。換言之，在那段時間裡，他們的文學批評實一直在變動
中；其中，有些批評見解確可視爲一脈相傳，層層推進，但
也有不少主張是彼此矛盾，相互衝突的。

（三）從批評論述的整體來看，「新批評」學派的文學
論述係以重視「語言」爲開端，然後再逐漸集中到「作品」
──尤其是「詩歌」上，最後則演變到堅持「作品」乃是獨

立自主的個體。於是，許多文學批評的術語，例如：以「語言」爲對象的「悖理」（或譯爲「悖論」）、「反諷」、「張力」等；以「作品」爲對象的「自我完足的個體」（self-sufficient entity）、「有機結構」（organic structure）等；以「文學批評」爲課題的「意圖謬誤」、「情感謬誤」、「細讀」（close reading）等；以及以「文學研究」爲範圍的「內部研究」（有譯爲「內在研究」）、「外部研究」（有譯爲「外在研究」）等。

（四）「新批評」還有如後的幾項性質值得我們注意。其一，「它」在本質上含有努力走出「歷史文化傳統」的陰影，而自行開創出另一條道路的精神，所以其起源與流行，幾乎都在擁有深厚歐洲文化傳統的波斯頓地區之外。其二，因「它」擁有一套能夠有效分析「文學作品」的具體方法，所以普遍受到美國大學裡文學科系的師生所歡迎。其三，由於「它」不僅主張「文學作品」乃是獨立自主的成品，而且又提供一套頗具科學性的「文學作品」分析方法，而使文學具有值得生產與消費的條件，也因此使「新批評」隨著資本主義發展而成爲美國文學批評界在 20 世紀前半葉的主流。

（五）「新批評」固然有如上所述的貢獻，但「它」越到後來，也越顯出其缺點，譬如：堅持只關注「文學作品」而排除其他因素，如時代潮流與社會現象等，因而不僅在視野上出現了「見樹不見林」的狹隘觀點，也造成了「作品」因失去深厚的社會文化意涵而顯得單薄無根。又如：主張「文學作品」與「作者」「讀者」都須切斷關係，不但與事實和理論都不相符，也將使「作品」失去感動人的力量和能夠普

遍流行的基礎。

主要參考書目

Brooks, Cleanth, *The Well-Wrought Urn : Studies in the Structure of Poetry*, London: Dennis Dobson, 1968.

Empson, William, *Seven Types of Ambiguity*, Harmondworth : Penguin, 1995.

Ransom, John C., *New Criticism*, Greenwood Press , 1999.

Richards, I. A. , *Principles of Literary Criticism*, London : Routledge & Kegan Paul, 1924.

Richards, I. A. , *Practical Criticism: A Study of Literary Judgement*, London : Routledge & Kegan Paul, 1929.

Wellek, Rene, Theory of Literature, Harmondworth : Penguin, 1966.

Wimsatt, William K., *The Verbal Icon: Studies in the Meaning of Poetry*, （ with Two Preliminary Essays Written in Collaboration with Monroe C. Beardsley ） London : Methuen, 1970.

盛寧著：《20世紀美國文論》。北京：北京大學出版社，1994。

劉燕著：《現代批評之始：T.S.艾略特詩學研究》。廣西師範大學出版社，2005年。

第三節 「結構主義」（Structuralism）文學批評

　　基本上，「結構主義」乃是一種人們對世界的思維方式；不過，也有人以學術研究爲立足點，而把「它」看作一種哲學概念。而如果我們以實際的情況爲著眼點，並採用宏觀的方式來觀察 20 世紀的學術領域，則不難發現「結構主義」的觸角其實已經伸入到許多人文與社會科學的學門裡了。面對這種現象，凡是關心和喜好「文學」，或是從事「文學」研究工作者，相信都會產生想了解「結構主義」和屬於「人文」領域之內的「文學」之間，到底有何關係！

一、時空背景：社會結構的瓦解與「社會科學」的出現

　　歐洲自從 18 世紀發生了工業革命之後，由於生產方式的劇變，其結果乃造成了人民的財富重新分配、社會的階級產生動搖，大量的人口由鄉村湧入都市、傳統的道德與規範逐漸解體等情況。歐洲各國就在這一波洶湧的浪濤衝撞之下，各種社會問題乃層出不窮地出現；而也就在這一情勢中，爲了解決這些問題的「社會科學」便因應而生了。

　　在這一個各種社會問題紛紛出現的時代中，新興的「社會科學」（Social Science）雖然確實幫助人們解決了不少問題，但「它」的「分科」性質 —— 也就是把「社會」劃分為政治、經濟、教育、社會、法律等等許多不同的領域 —— 卻也迫使歐洲原來以「整體性」為主軸的文明 —— 也就是原來在各國裡的政、教、人、神等雖各有自己的運作系統，但彼此之間卻是緊密相關的文明 —— 逐漸解體。更具體地說，「社會科學」雖然在理論上應以「整個社會」為研究範疇，但「它」所研究的對象卻仍然是以「人」為主的。可是，由於「它」的研究性質係以「專業化」為基，所以便在使研究能夠有效的要求下，不自覺地把研究的對象（包括「人」在內）解析為許多各不相關的研究次領域，而「社會」也就因此而被分割成許多彼此無關的部分了。

　　如果我們再換個觀察的角度，並擴大視野，從人類文化史的演變上來看，則似乎可以將這一趨勢對歐洲所造成的影響，理解成一種自「神學」（theological）的時代及「玄學」（metaphysical）的時代，進入「實證」（positive, emperical）的時代之轉變過程與結果。

　　以前述的認知為基，則「結構主義」會在 20 世紀中出現便不是一件讓人感到意外的事情了。因為，「結構主義」的主要內涵，就是把觀察或研究的「對象」視為「一個由許多部份所組合的整體」，同時，也指出此一「整體」的「各個組成部分」不僅具有不可分離的關係，而且還必須相互合作，才能使這一「整體」有效地運轉。具有這種內涵、功能和目

的「結構主義」，對於社會已經崩解成許多各不相干的部份，
且各部分之內也都出現了許多問題的歐洲而言，不但把當時
的實際情況以隱喻的方式描述出來，而且也是一帖可以有效
地解決問題的良方。

二、「結構主義」的出現與「結構主義」
文學批評

據前所述，「結構主義」的出現和展演的時期正是歐洲
「社會科學」的興起與盛行之時。事實上，如果從「結構主
義」的重視「整體」和「部分」之間的關係，以及強調系統
觀念分析方法等方面來看，「它」其實也頗具「科學性」的
研究精神。

由於本書所要論述的對象是「文學」，但「結構主義」
所涉及的學科又非常多，所以筆者必須在此對以下的論述方
式提出兩點說明。其一，為了集中討論的主軸，筆者將把討
論的範圍限縮到「人文學」（humanity）的領域中與「結構
主義」有密切關係的學科。其二，因「結構主義」與許多學
科有關，所以筆者選擇了不一一討論「它」與不同學科之間
的關係，而採取依照時間先後來論述的方式，藉著呈現「它」
在不同時期與不同學科的關係，來說明「它」的豐富內涵與
功能。

（一）索緒爾（Ferdinand de Saussure, 1857-1913）的「結構式」「語言學」理論

瑞士語言學家索緒爾年輕時便十分關注多種不同語言中的共同語音現象，並在 21 歲時以這些語言的「母音」爲課題，發表了頗富「結構主義」色彩的〈論印歐語系詞根母音體系〉一文。他於 1913 年過世之後，有兩位修過他在日內瓦大學開授的「普通語言學講座」的學生，將該課程的講義和一些同學的筆記綜合整理後，於 1916 年以他的名義出版爲《普通語言學教程》（*Course in General Linguistics*）一書。而就在該書的影響下，「語言學」的內涵乃產生了鉅大的轉變。

索緒爾在該書中指出，「語言」實具有以下三大特色：

1.「語言」具有「任意性」：「能指」、「所指」與「指涉」的關係

在索氏之前，一般都認爲「語言」和「現實世界」之間的關係是相對應的，譬如說，一個名詞指一件物品，一個動詞指一個動作、……等等。而且，「語言」也是爲了指稱與描述早已存在的世界而出現的。但索氏則提出了不同的看法。首先，他把「語言」視爲「符號」（sign）。接著，他更以此爲基，而將「語言符號」稱爲「能指」（signifier）；然後，把「現實世界」中與「能指」相對應的實際對象稱爲「指涉」（reference）；最後，再把人類腦海中與「能指」相對應的東西稱爲「所指」（the signified，其實是一種認知或概念）。

　　索氏之所以會提出這些術語，是因爲他了解到在實際情況中，同一個「指涉」（即「實際物品」，如「車子」），不但在不同的語言中會有不一樣的「能指」（即「所表達的語文」，如中文的「車子」、英文的「car」），而且在不同的社群中也會產生不同的「所指」（如「富有」、「貧窮」的認知）。換言之，「語言符號」和「實際世界」之間，顯然不應該是一種前人所理解的「能指」與「指涉」間一對一的必然關係，而是會受到不同的地方、族群和文化等影響而產生不同的應對方式。據此，索氏乃具體宣稱，「語言」的研究應該只限定在「能指」與「所指」之間的關係，而把並無法讓人獲得穩定而統一的概念之「指涉」排除在外。

2.「語言」具有「互爲關係性」：「語言」與「言語」

　　索氏在提出若想了解「語言」的特質，必須排除「指涉」，而注重「能指」與「所指」間的複雜關係之論點後，接著以人們使用語言的實際情況爲著眼點，指出人們爲了讓自我的表達或與他人的溝通能夠有效，通常都遵守著一套大家都了解與同意的「語言規則」，而不是任由自己隨意選擇「語言」（即「能指」）來表達「意思」（即「所指」）的。

　　爲了說明這個論點，索氏先指出，任何社群中的所有成員都會使用同一種語言。然而，當「語言」在被人們使用時，卻可區分爲「言語」（parole）和「語言」（langue）兩個層次。他認爲，所謂「言語」層次，就是指社群中每個成員個別使用語言的行爲。至於「語言」層次，則是社群中所有不同的「言語」在交集互動之後，爲了讓自己的表達能夠被大

家所了解和接受，因而乃交會出一套大家都須遵守的「語言規約」。

以這一論點為基，索氏乃進一步指出，由於「言語」是「個別」成員的語言行為，不但具有「任意」的特質，而且數目「繁多」，所以既無法讓人了解，也沒有了解的必要性，因此，「它」並不是「語言學」所要研究的對象；「語言學」所要研究的真正對象乃是「語言」，因為「語言」裡含有同一社群中所有的成員都必須遵守的共同規則，故而擁有相當穩定的「結構」性。而正是這一穩定的「結構」性，使我們能夠經由了解該「語言」內各要素之間的關係，來獲得對整個語言現象的了解。

3.「語言」具有「系統性」:「差異」、「歷時性」與「共時性」

在索氏之前，一般都認為「語言」只是人們用來表達心中情思的一種載具而已。但索氏的看法則不同；他認為人的「思維」原來是一片渾沌的狀態，是經過「語言」對「它」爬梳與條理化後，才清晰地呈現出其含義的。

根據他前面所提的「結構」觀念，索氏指出，「語言」意義的產生，乃是由其內的各個組成分子在互相作用之後所形成的。這一說法其實包含兩個重點，其一是每個組成分子本身，都是一個「語言符號」，而每個符號的意義，就是由它與其他符號的「差異」所促成的。其二是每一個組成分子在語言系統裡都有自己的「位置」，而它們在語言系統中「位置」上的「差異」，則促使它們之間產生了相互制約的作用，最後，就在這些相互制約的作用下，語言的意義因而產生了。

　　根據以上的論述，對索氏而言，「語言學」研究的範疇應該限定在「語言符號」上，而排除了其他如歷史、地域、文化、經濟等因素。同時，語言的意義則是由眾多語言符號彼此之間的「差異」和它們在語言系統中位置上的「差異」而產生的。而爲了使這一番立論更爲週延，他又提出了以「差異」爲基礎的「歷時性（diachrony）／共時性（synchrony）」的「二元對立」論（binary opposition）。

　　「歷時性的研究」（diachronic study）是指傳統的語言研究方式，「它」以歷史發展過程爲主軸，將歷代的語言現象以及促使語言現象產生改變的因素收集起來，加以仔細觀察，然後從這些改變中歸納出若干語言的原則。索氏認爲，這種傳統的方法雖然對語言資料的收集甚有貢獻，但因只重視語言現象在時間流程中的演變，所以其歸納出來的語言原則，其實並未建立在系統性的研究方法上，所以很難把「它」視爲易一種完整的語言學理論。「共時性的研究」（synchronic study）則不然，首先，「它」把研究的範圍限定在某一時代的語言上；接著，「它」以該時間範圍內的各種語言爲研究對象；最後，再以邏輯和心理之間的關係爲探討重心，從這些語言中分析出它們所共有的「能指」（語言符號）與「所指」（人的腦海中對語言符號的理解或概念）之間的運作規律。由於這種研究係在語言之內進行，所以既能夠避免所有外在影響因素的干擾，同時也因而擁有穩定的系統性，而呈現出結構性的特色。

（二）雅克慎（Roman Jakobson, 1896-1982）的「結構式」「詩歌批評」

在本章稍前的「俄國形式主義」裡，筆者提到過雅克慎把這「前置／後置」的論點運用到「文學作品」上時，曾將「文學作品」描述爲一個「結構體系」，並強調這個「結構體系」是由許多「部分」組合而成的；譬如在一首「詩歌」中，其各個組成「部分」，如意象、節奏等，雖然在「作品」中因重要性有別而處於「前置」與「後置」的不同位置上，但它們之間的關係乃是互相關聯，彼此需要的。

雅氏除了在 1920 年以前於俄國的「形式主義」論述領域中曾扮演過相當重要的角色外，從 1927 年起，又因擔任捷克的布拉格語言學會副主席 11 年，而對「布拉格語言學派」（其性質實屬於「結構主義」）產生過巨大的影響。事實上，雅氏爲了避難而自 40 年代起移居美國後，更將「結構主義」的觀念廣佈到美國各大學中。

在文學領域裡，雅克慎把前述索緒爾所提的「歷時性／共時性」之「二元對立觀」融入到他所擅長的語言學裡，而於 1956 年發表了〈暗喻極與明喻極〉（Metaphor／Metonymy Poles of Language）一文。在該文中，雅氏借用語言學中有名的「線性組合／聯想組合」（syntagmatic／associative）架構，而提出「組合軸／選擇軸」（combine／select）的新架構來解釋文學。從位置上來說，「組合軸」可稱爲「橫軸」，它是由許多語言符號組合而成的（譬如一個「句子」，由許

多「文字」以「橫排」方式組合而成）。而「選擇軸」則可稱爲「縱軸」（也就是橫排句子上的每個字，都可用縱線的方式列出許多與它們意思相同與相近的字）。若從表達意思來說，「橫軸」是把許多字依照一定的順序「組合」起來，藉以成功地傳達出完整的意思，所以稱爲「組合軸」。至於「縱軸」，則是「橫軸」上的「每個字」原來都有許多與「它」意思相同（equivalence）或相近（similarity）的字。這些字之所以會出現在句子上，乃是因爲在眾多的意思相同或相近的字中，「它們」在表達者判斷爲最恰當的前提下所選擇出來的，所以「它們」都可稱爲「選擇軸」。

　　由於雅克慎認爲，不論是文學或文化現象，在其繁複紛亂的表象之下必都含有一個可以讓我們用來解釋人類行爲的思維規則，「它」就是「暗喻極／明喻極」。

　　根據雅氏之說，「明喻極」就是「組合軸」，也就是表達者根據他的需要，把選擇出來的語言符號（即文字）「組合」成意思完善的語言序列。由於「它」具有明白可見的外象，所以稱爲「明喻極」。至於「暗喻極」就是「選擇軸」，也就是表達者從許多意思相同或相近的語言符號中，先「選擇」出他所需要的每個語言符號，然後再將它們排列成最恰當的語言序列。因爲還有許多語言符號及被選擇的過程是無形可見的思維，所以稱爲「暗喻極」。雅氏還更進一步將這兩個術語運用到文學上。他曾舉例說，在文藝思潮上，浪漫主義與象徵主義就是由「暗喻極」所主導的，而寫實主義則相反，係由「明喻極」佔有主導的地位；又如在文類上，詩

歌類係以「暗喻極」的份量較重，而散文則重在「明喻極」
上。由於他認為人類語言的結晶就是「詩歌」，尤其是屬於
俗文學的詩歌作品，不但是由人民大眾在經年累月之下所形
成的，而且以口耳相傳為基，所以應該成為語言學家研究的
重要對象。而他也因此具體指出，「抒情詩」是屬於偏重發
言者（我）的由「暗喻極」所主導的作品；「載道詩歌」則
屬偏重在讀者（你）而以「暗喻極」佔主要成分的作品；至
於「長篇敘事詩」則為偏重在作品本身，而由「暗喻極」所
主導的作品。

（三）李維史陀（Claude Levi-Strauss, 1908-2009）的「人類學」文學批評

　　李維史陀是法國人類學者，著作非常豐富，而以《親屬
關係的基本結構》（*The Elementary Structures of Kinship*）、
《結構主義人類學》（*Structural Anthropology*）、《神話學》
（*Mythologiques*）等三種對「結構主義」的影響最大。

　　李氏的人類學說以最先引用結構主義觀念最具特色。在
他之前，人類學說係由英美的「經驗主義」（empiricism）
所主導，強調必須到實地去收集資料，以具體證據來展現不
同社會的各種生活型態。但李氏並不認同經驗主義這種只承
認一時一地的事實之觀點，因為這種做法將無法經由演繹而
獲得知識，而這種觀點也無法達成人類學的要旨－找出人類
社會的永恆共性。他接受的是索緒爾與雅克慎所提的「歷時
性／共時性」觀點，雖承認社會可以是一個歷時性的系統，

但卻更認同「共時性」的研究，希望能從歷史上同一時期裡的不同社會中去找出相同的基本特色，例如：信仰、習俗、婚姻與社群組織型態等等。

由於李氏曾在美國紐約新社會學院與雅克慎共事，所以他的人類學研究也受到雅氏語言學理論的影響。譬如在人類的「親屬關係」上，他便拿語言學中語音最小的辨析單位「音素」（phoneme）來與它相比。他指出：「音素」是組成句子的一連串聲音中最基本的聲音辨析單位，也多半是句子裡最基本的意義組成單位。因此，只有在許多「音素」組合成一個「系統」後，才會使一個句子具有完整的意義。這種情形，和一群人必須彼此具有「親屬關係」，才能構成一個裡面的成員都有血緣或姻親關係的家庭與家族的型態，可說是一樣的。而就是這樣的觀點，使他的人類學研究富有結構主義的色彩。

除此之外，他還接受了不少雅克慎的其他語言學觀念，並把它們運用到人類學 —— 尤其是「神話」的研究上。例如：雅氏認爲，語言學本身就是一個完整的體系，所以會含有語音、語意、語法等系統；李氏則據此提出：「神話」本身也擁有一個有跡可循的系統。又如：雅氏認爲，語言並無獨立的內涵，它的意義全由語音間的相互關係所決定；李氏也據此提出：單一的「神話」應與其他神話合成一個新的神話體系。

由於李氏認爲現代文明已經駁雜不純，所以人類學應該以尚未開化，但卻最爲單純的「古代神話」爲主要的研究對象。在這些「神話」裡，不僅常含有人類潛藏未露的思想和

情慾，在其故事之中，更會將古代人類所共有的思維結構顯現出來，例如「生／死」、「黑暗／光明」、「日／月」等，就是「神話」中所普遍具有的題材。最重要的是，這些原本屬於極端的二元對立的觀念，在「神話」中卻常被演化為「生乃死的預表」或「日月對立而互補」等邏輯結構。李氏因而認為，這類最具人類社會典型的「神話」，乃是最可能含有人類社會根本結構的基礎單位。

李氏也曾以結構主義式的方法分析古希臘的「伊底帕斯王」神話。他首先將此神話區分為三個「相互關聯」的情節，接著把它們分為十一個神話「要素」，然後再將它們組成四個縱列，而形成二元對立的架構。最後，他得出此神話係反映了人類對自己起源的思考之結論。這種分析方法顯然排除了以歷史事實為論述重心的傳統做法，而以神話的文本結構為探討的全部範圍，所以應該可視為一種結構主義式的文學批評。不過，以這種方法所得到的結論，倒也曾被人質疑是神話作者的思維呢？或是研究者自己個人的猜測？

（四）卜洛普（Vladimir Propp, 1895-1970）的「功能性」角色型態分析

俄國批評家卜洛普於 1928 年出版《民間故事的型態》（*Morphology of the Folktale*）就是以結構主義的方式對寓含神奇色彩的一百個俄國童話進行分析。卜氏首先提出一個關鍵性的術語「功能」（function），然後將「它」解釋為：在敘事文學中，對情節的發展具有影響力，而且也具有相似性

的一些行為模式。他的結構主義分析方式為：1.從《民間故事的型態》裡的一百個童話中分析出三十一種「功能」；2.這些功能分別由「主角」、「為主角提供物品者」、「假主角」、「公主或被追求者及其父親」、「助手」、「派主角去歷險的人」及「反派人物」等七種「人物」所擔任；3.一個故事裡可以有很多「人物」，但「功能」的數目則有限；4.故事中的「功能」，其排列的次序往往和後果一樣；5.人物的角色「功能」乃是故事中不變的成分。

　　卜氏這種分析方法的特色，除了把論述重心集中到作品本身，對其進行結構式的分析之外，還把分析範圍從一篇作品擴大到屬於同一體裁（即「文類」，在此為「敘事文學」）的許多作品。從目的上來看，這一方法確實頗能歸納出某類文學作品的基本「型態」──即「結構」。

（五）托多洛夫（Tzvetan Todorov, 1939-）的「文法結構式」「敘事學批評」

　　法國文學批評家托多洛夫除了在結構主義的發展過程中具有關鍵性的地位外，在語言修辭學、「文學」（他自己的用詞是「詩學」【poetics】）、敘事學和文類學等方面，也都甚有建樹。這些學門雖然各有專業領域，但卻都是托氏文學批評的重要組合成分。他認為，文學批評的宗旨並非在對個別的「文學作品」進行解釋或評價，而是一種對「文學系統」的科學性描述－尤其是希望自眾多作品中找出「文學的共同結構」。至於要如何才能達成此一目的，托氏的看法是

將個別「文學作品」放到它所屬的「文類」中去考察，因為，
「文類」就是由許多擁有至少一組相同或相近的重要文學特
性（如「結構」）之作品所組成的群體，所以自同一「文類」
的文學作品群入手，就可以找出文學的「基本結構」了。

　　由於托氏認為，以「說故事」為主要表達方式的文學作
品不只具有複雜的「敘述結構」，同時也最能突顯它們在敘
述的結構和功能上的共同之處，因此，他乃在 1969 年出版《十
日談的文法》（ *The Grammar of Decameron* ）一書，藉著分
析薄迦丘（Giovanni Boccaccio, 1313-1375）《十日談》裡的
「文法結構」，來呈現出「敘事文學」的共同結構。托氏在
該書中的做法是，先把「敘事文學」分為「主題」、「短語」
和「情節」三個領域；然後將「它們」依序對應為「語言學」
中的「語義」、「詞語」和「句法」。根據這樣的類比，則
「主題」的目的顯然就是在確定作品的「內容」，「短語」
則負責處理說故事的選詞和用字，而「情節」則是有關作品
內容的「組成方式」了。在這三者中，托氏認為最重要的是
「情節」，因為「它」在「作品」中的功能就像是「語言學」
中的「句法」一樣：

　　「句子」的基本單位是「短語」；一個「句子」係由「主
語部分」和「述語部分」組合而成。在「主語部分」，至少
要具有一個「主語」，而「述語部分」，也至少須有一個「述
語」。然後以此為基，又衍生出附屬在其上的「專有名詞」、
「形容詞」、「動詞」和「副詞」等。接著，「句子」將以：
靜止、外力干擾、不平衡、反方向拉扯、恢復平衡等五種連

接方式，組合成「段落」；而「段落」再以：連貫、交替、
插入等三種方式，來組合成「全文」。

　　托氏的做法，就是完全依照這種文法裡各個術語的內
涵、它們之間的關係和各種組合的方式，來分析《十日談》
的內容、短語和情節。雖然他的希望是能由此獲得一個普遍
性的「敘事文學作品的結構」，但因方法上的過度機械化和
所分析的文本只有一種，以致於使其做法和結果都曾受到後
人的質疑。然顯而易見的是，他的文學批評實深具結構主義
的特色。

（六）巴特（Roland Barthes, 1915-1980）的五種分析「符碼」

　　羅蘭・巴特不但是法國的符號學文學批評家，在結構主
義文學批評上也扮演著非常重要的角色。他從 1953 年發表
《寫作零度》（*Writing Degree Zero*）開始，即著述不斷，觸
及的領域除了結構主義和符號學之外，也包括了神話、音樂、
影像藝術等等。不過，他最關心的課題則在「語言」與「現
實世界」之間的「關係」上 ── 特別是這「關係」到底是以
何種文學形式來呈現！

　　從巴特的《符號學的要素》（*Elements of Semiology*）、
《敘述學的結構分析》（*Introduction to the Structural Analysis
of Narrative*）、《符號的帝國》（*Empire of Signs*）、以及《作
者已死》（*The Death of the Author*）等著作來看，他在理論
的提出與實際批評兩方面都使「結構主義文學批評」已經達

到更爲細膩和具體的高度時，也同時在挖掘「語言符號學」的意涵與功能。這樣的發展，意味著他也在無形中逐步地消解結構主義的根基。而其結果，則是使他也被視爲解構主義者。

在「文學」主張上，巴特認爲沒有任何一種書寫出來的形式能夠完全由作者自己的主觀來達成，因爲「它」必然會受到當代的社會與通行的觀念所影響。此外，他也以文學作品和語言的密切關係爲基，強調文本的分析必須與語言學相結合。

在實際批評上，巴氏曾在「二元對立」觀念的影響下，把結構主義文學批評的主要內容展演爲「分割」和「連接」的過程。例如他在 1970 年所發表的《S／Z》中，即先提出以下五種用來實際分析作品的「符碼」（codes）：

1.**詮釋符碼**（hermeneutic code）：營造疑問並解開迷團。

2.**內涵符碼**（connotative code）：各個意義單位的內容。

3.**象徵符碼**（symbolic code）：各意義單位內互相矛盾的名物及其間的關係。

4.**行爲符碼**（proairetic code）：不同的行爲之間所蘊含的意思。

5.**文化符碼**（cultural code）：傳統文化中可供作品參考者。

然後，將巴爾扎克（Honore de Balzat, 1799-1850）以混淆男女性別爲主題而著名的「雌雄同體」（hermaphrodite）小說《薩拉辛》（*Sarrasine*）分割爲 561 段「閱讀單位」（由於這些「閱讀單位」的「分割」係以其內容爲據，所以其篇

幅的長短並不一致）。接著，巴特把每一個「閱讀單位」劃歸爲上面五種「符碼」中的幾種（可以是一種、兩種、甚至五種），並具體解釋每一個「閱讀單位」在運用那一種「符碼」來解釋時，其意義是什麼。最後，當每個「閱讀單位」的可能意涵都由這樣的過程被挖掘出來之後，再把所有被「分割」的「閱讀單位」依照原來的次序「連結」起來，則一個作品的嶄新「意涵」也就同時呈現出來了。

對於這樣的分析、解釋方式和結果，我們必須要注意到以下的情況：其一，這樣的「分割」顯然是讀者「人爲」的結果；而如果我們同意這樣的「分割」結果就是作品的「結構」，則作品的「結構」便是外力加上去的，而非本來就在作品之中。其二，不同的讀者對同一作品的「分割」方式不一定相同，所以作品的「結構」將會有許多種。其三，不同的讀者對每一個「閱讀單位」應該配屬於那一（些）「符碼」來解釋也會有不同的看法，所以作品的義涵將不可能有一致的結果，而是非常複雜的情況。

正是以上這些原因，使巴特成爲「結構主義」無法再繼續直線發展，因而轉向「後結構主義」的關鍵人物。

三、小　結

從宏觀的角度來看，「結構主義」在 20 世紀的人文學思潮裡實佔有非常重要的地位。「它」是哲學思想，也是分析方法；而且不但涉及的範圍非常遼闊，影響的程度也非常深

遠。不過，若只就「它」對「文學批評」的影響而論，大概以下列三項最為重要：

（一）在文學領域裡的結構主義中，「文學作品」被認為具有獨立的性質，所以文學的研究應該特別關注其內在的系統性。

（二）結構主義文學批評認為文學和語言具有非常密切的關係，所以語言學的許多理論，諸如：「能指／所指」、「語言／言語」、「歷時性／共時性」、「暗喻極／明喻極」、「選擇軸／組合軸」等等「二元對立」的觀念和方法，都可以用來分析文學作品。

（三）「符號學」的觀念係由結構主義所開啟，而「符號學」文學批評裡所重視的「發現的過程」，對後來的文學批評影響非常大。

主要參考書目

Barthes, Roland,'Introduction to the Structural Analysis of Narrative'in *A Barthes Reader,* ed. Susan Sontag, London : Fontana, 1981.

Propp, Vladimir Propp, *Morphology of the Folktale,* tr. Lawrence Scott, Bloomington : Indiana University Press, 1958.

Saussure, Ferdinand de, *Course in General Linguistics,* tr. Wade Baskin, London : Fontana Lollins, 1974.

Sebeok, Thomas A. ed. *Style in Language,* Cambridge : MIT

Press, 1960.

Todorov, Tzvetan, *The Grammaire du Decameron,* The Hague：Mouton, 1969.

布洛克曼著，李幼蒸譯：《結構主義：莫斯科 —— 布拉格 —— 巴黎》。商務印書館，1987。

艾德蒙·字區著，黃道琳譯：《結構主義之父 —— 李維史陀》。臺北：桂冠圖書，1976。

周英雄、鄭樹森合編：《結構主義的理論與實踐》。臺北：黎明文化，1980。

高宣揚著：《結構主義概論》。香港：天地圖書有限公司，1983。

索緒爾著，高明凱譯：《普通語言學教程》。商務印書館，1985。

張漢良著：《符號學與詮釋學》。臺北：文建會，2010。

喬·卡勒著，盛寧譯：《結構主義詩學》。中國社會科學出版社，1991。

羅蘭·巴爾特著，董學文、王葵譯：《符號學美學》。遼寧人民出版社，1987。

第四節 「符號學」（Semiology, Semiotics）文學批評

一、「符號學」出現的背景

在 20 世紀前半葉，先後發生了戰爭規模巨大、人類損失慘重的歐洲大戰和第二次世界大戰。這兩件改變國際局勢的大事，讓深受其害的歐美知識份子真正了解到人類「理性」的不可靠，因而乃激起了一股反對「理性」的哲學思潮，如「存在主義」等。要而言之，這一思潮的主要內涵，除了包括對科學的價值提出質疑外，尤其重要的是發出了對道德與人文價值重新思考的呼聲。

到了 20 世紀的 60 年代，歐洲有不少思想家們不僅感覺到 20 多年來，人們對道德與人文價值的討論已逐漸陷入「空談」的窘境，同時也發現對現實世界進行主觀式的體驗與分析也已越來越不切實際。於是，乃出現了以科學的精神與方法來對人類文化體系進行系統式的分析之趨勢。贊同並致力於此一趨勢的學者們所希望的，就是能藉著這個新的努力方向來挖掘出人類整體性的思考與表達模式。「符號學」就在這一趨勢中取得了人文思潮中的顯學地位。

所謂「符號學」，乃是一種研究「符號系統」的學問。

從學術角度來看，與「它」最有關係的學門有語言學、哲學和邏輯學三種；其中，「語言學」可說是「它」最重要的研究對象。

在英文學界裡，早期的「符號學」有兩個不同的用詞，一是語言學界所使用的 semiology，另一個則是哲學界所使用的 semiotics。但自 1969 年起，國際符號學會便決定統一採用 semiotics 了。至於在中文學界裡，也有「記號學」與「形名學」的譯法，然而前者因含意過於廣泛，而後者又容易和先秦的「名家」學說相混淆，所以本書乃沿用現當代學界比較通行的「符號」一詞。

二、「符號學」文學批評的代表人物及其論述

（一）「符號學」的兩大先驅

從溯源的角度來看，「符號學」在 19 與 20 世紀之交即出現了兩大肇基者，一是語言學界的索緒爾，二是邏輯學界的皮爾斯。

1.索緒爾（Ferdinand de Saussure, 1857- 1913）的「符號學」觀點

在前面有關「結構主義」部分，筆者已描述過索緒爾的「結構式語言學」大要，以及他在「結構主義」文學批評上的關鍵位置。事實上，他在「符號學」領域裡也擁有如同啓蒙者一般的地位。

　　索緒爾先把「語言」視爲「符號」（sign），而把「語言系統」看作「符號系統」。然後，將「語言符號」稱爲「能指」（signifier），把「現實世界」中與「能指」相對應的實際對象稱爲「指涉」（reference），而把人類腦海中與「能指」相對應的認知稱爲「所指」（the signified，其實是一種了解或概念）。接著，他以人們的實際生活爲討論範圍而指出，「語言符號」和「實際世界」之間的關係，並非「能指」（語言）與「指涉」（實物）間的一對一關係，而是人們在「能指」（語言）與「所指」（概念）間的認知關係。由於這種關係乃是以人們爲了能讓自我的表達或與他人的溝通有效，所以大家都必須遵守一套人人都了解與同意的「語言規則」。而就是這一規則，使「語言」具有相當穩定的「結構」性系統。

　　索氏還進一步指出，「語言」的意義乃是由其內的各個組成分子（語言符號）在互相作用之後所形成的；而其原因，就是每一個組成分子在語言系統裡都有自己的特定「位置」。換言之，就是它們在語言系統中「位置」上的「差異」，促使它們之間產生了相互制約的作用，而使「語言」的意義因而產生。

　　總之，索氏認爲「語言學」的研究必須排除其他如歷史、地域、文化、經濟等因素，而把範疇限定在「語言符號」上。至於「語言」的意義，則是由眾多「語言符號」本身彼此之間的「差異」和它們在「語言系統」中位置上的「差異」而產生的。因此，「語言學」的探討重心應該是「語言的邏輯」

和「人類的心理」之間的關係，尤其是要從這些「語言符號」中分析出它們所共有的在「能指」（語言符號）與「所指」（對語言符號的理解或概念）之間的運作規律。

2.皮爾斯（Charles S. Peirce, 1839-1914）的「符號學」觀點

　　皮氏是美國的哲學家，同時也被認爲是實用主義和符號學的創立者。他不但把「符號學」認定爲「邏輯學」的一部分，而且甚至認爲「邏輯」乃是由「符號」系統中的必然性「規律」所組成的。他並未提及索氏的「能指」與「所指」兩種符號之間的關係，而另外提出一種由三個要素所組成的「三合一結構」（triadic structure）。所謂「三合一結構」，就是「符號」及其意涵乃是由「對象」（object）、「解釋體」（interpretant）和「了解和衡量的層次」（ground）三者的關係所形成的。這三者的關係如後：「對象」可以是具體的「物」或抽象的「名」；當「對象」被當作「符號」（sign）時，這「符號」已經不是原來那「對象」的全部，而是接觸該「對象」的「人」，以自己的背景和立場爲「了解和衡量的層次」，在接觸到「對象」後，於自己的腦海裡產生了對該「對象」的了解和衡量結果的「解釋體」。這裡必須指出的重點有二，其一，這三者顯然不能有任何兩者之間單獨存在的關係，而必須是「三者結合爲一體」的情況；其二，「解釋體」是「人的意念」中，由「第一符號」（即「對象」）所引發出來的「第二符號」。

　　總之，皮氏認爲「符號」的意義係由「對象」、「解釋體」和「了解和衡量的層次」三者的組合關係所決定；而這

三者的關係則是連動的，絕不能減爲任何兩者間的互動。此外，皮氏的「符號學」還有兩個重點：（1）當「對象」變成「符號」時，此「符號」已經不再是「對象」的全部；這「符號」可視爲「第一符號」。（2）「人在意念中」對「第一符號」的理解結果，就是「解釋體」；而「它」則可視爲該「對象」的「第二符號」。

（二）羅蘭・巴特（Roland Barthes, 1915-1980）：「內容」與「形式」的「關係」

前曾述及，巴特是法國的結構主義文學批評家，也是符號學文學批評家。他有許多語言學論述係吸收自索緒爾的語言學觀點；但他在《符號學的要素》（*Elements of Semiology*）、《符號的帝國》（*Empire of Signs*）等有關符號學的著作中，則把索氏所主張的「語言學爲符號學裡的一個主要部分」倒轉，而提出「符號學所處理的課題比語音的基本單位『音素』要大，是有關語言學中控制詞與詞之次序的『組合軸』（associative axis, 也譯爲「綴連軸」）理論」；也就是前後的詞、句、段、章、…等係依據那些規則聯結而成的。巴氏認爲，「相同的內容」可以有許多「不同的表達形式」；而「表達形式」，則是「意義」的產生過程，所以也可稱爲「表義形式」。換言之，一種「表達形式」雖然只能夠表達出一種「內容」，但這一個「內容」卻可以有許多種「表達形式」。所謂「符號學」，就是研究「內容」和「形式」之間的「關係」之學問。

巴氏把這種符號學觀念拿來對文學作品進行實際批評的有名例子就是 1970 年所發表的《S／Z》。他先提出「詮釋符碼」、「內涵符碼」、「象徵符碼」、「行為符碼」、「指涉符碼」等五種「符碼」。然後將巴爾扎克的小說《薩拉辛》分割為 561 段「閱讀單位」。接著以這五種「符碼」中一種、兩種、甚至五種,來解釋每一個「閱讀單位」;而當然的,同一個「閱讀單位」在運用不同的「符碼」來解釋時,其解釋出來的意義必然有所差異。最後,當每個「閱讀單位」的意涵都由這樣的過程被挖掘出來之後,結果必然是「一個作品」含有許多不同的「意涵」;而這些不同的意涵,就是因為由不同的表達方式,或者說是解釋方式所營造出來的。

這樣的觀念與做法,就是巴氏所說的符號學及其文學批評的內涵與效用。

(三)雅克慎（Roman Jakobson, 1896-1982）: 「六面六功能」中的「詩功能」

雅克慎不但在形式主義批評和結構主義批評上都擁有非常重要的地位,他在符號學上所提出來的理論影響更大 —— 尤其是在傳播學上。

前曾述及,雅克慎在〈暗喻極與明喻極〉一文中,借用了語言學的「聯想組合／線性組合」（associative／syntagmatic）架構,而提出「選擇軸／組合軸」（select／combine）的新架構來解釋文學。「組合軸」即「橫軸」,是由許多語言符號（如字或詞）依照順序組合成有意義的符號

群（如句子）；而「選擇軸」即「縱軸」，是「橫軸」上的每個符號（字或詞）都可用畫出一條「縱線」，而每一條「縱線」上都有許多與「這個符號」（字或詞）意思「相同」、「相近」甚至「對立」等可以引發「聯想」的其他符號（字或詞）。在「縱軸」上的這麼多符號（字或詞）中，「這個符號」（字或詞）會出現在「橫軸」上，是因為「它」在軸上的眾多意思相同、相近或對立的符號（字或詞）中，被表達者判斷為最恰當（原因甚多，可以是因為聲音的突出，也可以是它在音和義上出現矛盾等）而選擇出來的，這也就是有名的「對等原則」（principle of equivalence）。

　　雅氏在文學上的主要研究課題之一是：到底是什麼原因讓「話語」能夠成為「藝術品」？而他所提出的明確答案是：以「對等原則」為基礎所形成的「詩功能」。所謂「詩功能」，就是「語言」行為過程中，其「話語」部分為該「語言行為」的重心所發展出來的。

　　對雅氏而言，組成「語言行為」的元素有「指涉」、「話語」、「說話者」、「收話者」、「接觸」和「語規」等六項。這六項元素在「語言行為」上的位置關係，雅氏將它們排列成如下的圖示：

指涉

（context）

話語

（message, 或

譯「訊息」）

說話者（addresser）－－－－－－－收話者（addressee）

接觸

（contact）

語規

（code）

　　在這個圖示中，「說話者」說出「話語」，由「收話者」所接收；而這個「話語」之內，當然含有「指涉」。「話語」不但必須與「收話者」有「接觸」，這次的「語言行爲」才算完成；而且，「收話者」必須懂得該「話語」的「語規」，才可能具有了解該「話語」的能力。

　　雅氏認爲，這個圖示中的每一個元素都是「語言行爲」的一個面向，而每個面向也都各自具有獨特的功能。換言之，若某一面向在「語言行爲」進行時被特別強調，則該面向的「功能」將被發揮出來而成爲該話語的特色。爲了使這個圖示中每個面向的「功能」可以突顯出來，雅氏乃把圖示中各個元素的名稱改爲各種「功能」如下：

指涉功能

（referential）

抒情功能－－－－－－詩功能－－－－－－感染功能

（emotive）　　　　　（poetic）　　　　　（conative）

路線功能

（phatic）

後設功能

（metalingual）

　　如果「語言行為」所強調的是「說話者」面向，則此「話語」所表現出來的特色，將是這個新圖示的同樣位置所顯現的「抒情功能」。若是在文學上，則將是屬於抒情性的作品，如詩歌類。又如果「語言行為」所強調的是「收話者」面向，則此「話語」所表現出來的特色，則將是這個新圖示的同樣位置所顯現的「感染功能」；一般說來，朗誦詩與演講辭就具有這種特色。依此類推，雅克慎所提的「詩功能」，就是把「語言行為」的重點放在「話語」面向上而顯現出來的特色。

　　雅氏還進一步指出，創造出具有這種「功能」的「話語」之方法，就是讓「選擇軸」上的每個符號（字或詞）發揮「對等原則」（字或詞在聲音或意義上的各種關係），然後，再將其運用到「組合軸」上；如此，「對等原則」也將從「選擇」層次被提升到組合語言符號的順序之法則了。

　　總之，「詩功能」就是使「話語」成為「藝術品」（也是「文學作品」）的原因。

（四）洛特曼（Jurij Lotman, 1922-1993）：「文學」是「語言的第二度規範系統」

　　洛特曼是俄國達杜大學（Tarto University）的教授，也可說是 20 世紀俄國符號學文學批評最重要的代表人物。他認為，人類不但以「符號系統」來傳播訊息、相互溝通，而且也用「它」來認識和塑造世界；換言之，也就是「把世界納入其模式中」。在此同時，人類也必須遵守既有的「符號系統」之規則，才能夠有效地與社會溝通。

　　洛氏的符號學理論係以「藝術」為主要探討對象，內容非常豐富。然本書因受限於以「文學」為範圍，所以底下將只以洛氏的符號學理論中有關「文學」的部分來討論。

　　由於人類所使用的「符號系統」中最普遍的就是「語言」，所以人類便常以「語言」來代表一種「世界的模式」；而在這種情況下，「語言」便可被稱為「世界」的「第一度模塑系統」或「基本模塑系統」了。而若再推進一步，則凡是經由「語言」而形成的文化現象，例如宗教、藝術和文學等，也全都可稱為「第二度模塑系統」或「第二度規範系統」了。但在這裡有兩項要點必須澄清：一是這兩個系統既然都與「語言」有關，所以兩者的關係當然頗為密切，但卻也都各有自己的系統－即使所用的詞語相同，但其意義卻常有別。其二是「文學系統」雖然是建構在「語言系統」之上，卻不表示「文學」所涵蓋的範圍要比「語言」的世界小；相反的，「文學」反而擁有把「語言系統」的世界打開的能力。

　　對這兩個系統，洛特曼曾有如下的對比式描述：「文學」可以有「文學系統」和「個別作品系統」的區分，就好比是「語言」有「整個語言系統」和「個別話語系統」的差異一樣；前者可說是「現實世界」的「普遍模式」，而後者則為「具體對象的個別模式化」。但也須注意的是，不論是「文學系統」或「語言系統」，在「整體」與「部分」之間其實都還有許許多多的空間，譬如說，有某一時代的語言或文學，也有某一地區的語言或文學；或者把範圍更加縮小，而出現某一時代的文學流派，或者某一地區的不同方言等等。

　　在洛氏的符號學文學批評中，除了「文學為語言的第二度規範系統」之說甚受文學界矚目之外，還有「內延」（intra-textual）與「外延」（extra-textual）的系統論頗具特色。

　　在解釋「內延系統」時，洛氏先說明世界各處都充斥著許許多多的資訊，然而，凡未被納入「系統」中的就不能被了解，故而也無法傳遞訊息。在「文學」領域裡，「文學作品」本身就是一個系統，而在「它」之外的世界，也是一個大系統，隔開兩者的則稱為「識框」（frame）。至於「文學作品」的組成，則必須具備三項要件：（一）有一個由符號（語言）組成的表層，（二）有一個範圍，使「作品」在空間上有「內」與「外」的區隔，（三）有一個內部的結構（系統）。

　　洛氏指出，「文學作品」作為一個系統，其實包含了許多底層（次系統），而每一層也都可稱為「它」的「次作品」。這些層次，譬如：語言學上的語音層、音律層、詞彙層、語法層等等，或者是結構上的故事、情節、人物、敘述觀點等

等，都各有自己的系統，彼此相關，卻又在「作品」中競逐主導地位，因而造成「作品」內的張力。其中的一個系統（層次）取得主導地位後，「作品」便會呈現出以該系統為特色的風格。

　　至於「外延系統」，是指「文學作品」的「識框」之外的各種系統。譬如「作品」與「同類的其他作品」之關係如何？與「不同類的作品」之關係又如何？洛氏以為，最重要的是「作品」與「讀者」的關係。有的「讀者」因了解「作品中的系統」，所以也能自其中取得訊息，進而產生愉快的感受。但有些「讀者」的背景因位於「作品」的系統之外，所以並無法了解作品，而使兩者之間產生排斥的情形。洛氏認為，就是這種情形讓「讀者」產生「美感領會」，因為，它使未被「作品的系統」所規範的其他「系統」（讀者）和「作品的系統」發生衝突，而使「作品」產生能量，使「讀者」獲得美感。而也就在這個時候，「外延系統」便被納入「內延系統」之中了。

三、小　結

　　到了 1970 年代，也大約是美國學者摩里士（Charles W. Morris, 1901-）在美國把「符號學」建立為一門學科，以及在 1965 年召開第一屆美國符號學會議，而使「符號學」成為以歐美為主體的國際學術活動之後，其重心已集中到語言哲學上，而與文學批評的區隔也越來越大了。

我們如果以「符號學」與「文學」的關係爲觀察面，則大約可得出以下數點結論：

（一）「文學」係建立在「語言符號系統」之上。不過，「文學」和「語言」一樣，都有自己的「系統」。「語言系統」是一種以現實世界爲模塑對象，並加以模型化的符號系統。「文學」則以「語言系統」爲基，然後再自行建構出自己的符號系統。因此，如果我們把「語言系統」視爲對現實世界的「第一度規範系統」，則「文學」便可說是一種以「語言系統」爲基，並對現實世界加以模塑，使之模型化的「第二度規範系統」了。

（二）「文學」與每件「文學作品」的關係，就好比是「語言系統」（langue）和「個別的實際話語」（parole）的關係一樣。換句話說，如果我們把「文學」視爲一個抽象的結構系統，則每件「文學作品」便可說是這一個抽象結構系統的某一個具體的表達形式了。

（三）「符號學」文學批評的重點並非在分析和評價「個別作品」，而是在挖掘出「作品」的意義「如何形成的過程與規則」。

主要參考書目

Barthes, Roland, *Elements of Semiology,* tr. Annette Lavers and Collin Smith, London : Jonathan Cape, 1967.

Barthes, Roland, 'Introduction to the Structural Analysis of Narrative' in *A Barthes Reader,* ed. Susan Sontag, London :

Fontana, 1981.

Barthes, Roland, *Empire of Signs,* tr. Richard Howard, London : Jonathan Cape, 1983.

Brent, Joseph, ed. *Charles Sanders Peirce : A Life. Revised and enlarged,* Bloomington : Indiana University Press, 1998.

Lotman Jurij M. & Uspenskij Boris A., *The Semiotics of Russian Culture.* ed. Ann Shukman（Michigan Slavic Contributions 11.）Ann Arbor : Dept. of Slavic Languages and Literatures, University of Michigan, 1984.

Lucid, Daniel P. ed. *Soviet Semiotics : An Anthology*, Baltimore & London : Johns Hopkins University Press, 1977.

Saussure, Ferdinand de., *Course in General Linguistics,* tr. Wade Baskin, London : Fontana Lollins,1974.

古添洪著：《記號詩學》。臺北：東大圖書，1984。

高辛勇著：《形名學與敘事理論：結構主義的小說分析法》。臺北：聯經，1987。

索緒爾著，高明凱譯：《普通語言學教程》。商務印書館，1985。

張漢良著：《符號學與詮釋學》。臺北：文建會，2010。

羅蘭‧巴爾特著，董學文、王葵譯：《符號學美學》。遼寧人民出版社，1987。

羅蘭‧巴特著，洪顯勝譯：《符號學要義》。臺北：南方叢書出版社，1988。

第五節　「解構主義」（Deconstruction）與「後結構主義」（Post-Structuralism）文學批評

一、「解構主義」與「後結構主義」出現的背景

當「結構主義」於 20 世紀的 60 年代達到高峰時，潛藏於此一理論所賴以為基的「完密整體性」中的隱微「空隙」，也正隨著外在社會的逐漸趨向多元化而被不少文學批評家加以擴大與挖深；最後，在 60 年代之後所出現的百家爭鳴式的文學論述中，「結構主義」甚至遭到不得不被解體的命運。

20 世紀自 60 年代之後會走向多元化，以及「結構主義」會被解體，如果從人文社會學的層面來看，至少有底下兩個主要的背景：

（一）在政治社會背景上法國於 1968 年所發生的大規模工潮與學潮，可說是社會大眾對有權而無能的政府之具體抗議行動。法國的知識份子就在這種無法憾動此一政府的無奈中，乃轉而思索與批判長期以來同樣具有宰制人民思考力量的「語言系統」之內涵與意義。結果，他們以「凡被稱為『體系』或『系統』的，都具有既專制卻又不合理的性質」之發現為基，不僅對「語言」可以再度呈現事實的傳統認知提出強烈的質疑，也致力於批判在當時人民的心中具有普遍共識

的許多流行術語和觀念，諸如：「語言的意義」、「科學」、「歷史」、「中心」、「目的」、甚至「自我」等，使它們的意涵和性質都不得不呈現出不穩定的狀況。

（二）**在哲學背景上**原來被認爲能夠造福社會的「科學」，不但在 20 世紀的前半葉被證明也可以毀滅人類，而且對人類的影響也與日俱增。而當人們了解到這一切其實都是由「人」來決定，或者說是由「人的『理性』」所決定時，原本在歐洲就一直存在的懷疑精神，譬如 20 世紀初期的哲學家尼采（Friedrich W. Nietzsche, 1844-1900）所宣稱的「上帝已死」之說，就在許多思想家，尤其是在法國巴黎的「泰凱爾」（Tel Quel）學派的羅蘭・巴特（Roland Barthes）、傅科（Michel Foucault）、德希達（Jacques Derrida）、克莉絲多娃（Julia Kristeva）等人的學說中更加發揚光大。他們對人類的所謂「理性」提出尖銳的批判，並主張「結構主義」的「形上學」基礎乃是由「人」所「虛構」出來的。他們的滔滔雄辯，甚至企圖全盤否定西方傳統上以「理體中心主義」（logocentrism）和「二元對立」（binary opposition）的認知爲基所形塑出來的思考模式。最後，「結構」在他們的論述中只成爲一種「開放的遊戲」，而西方傳統上所昭示的「真理」也因此蒙上一層「有可能是虛僞」的陰影。

當我們從文學思潮的角度來觀察時，應可同意在這一波對「結構主義」提出嚴厲批判的洶湧浪濤中，與「文學」最有關係的論述爲「解構主義」（以及「後結構主義」或「結構主義後起思潮」）。

二、「解構主義」文學批評

「解構主義」（Deconstruction）的英文字並沒有一般代表「某某主義」的「-ism」在字尾，所以也常被譯爲「解構理論」。其主要原因，是多數屬於「解構主義」學派的批評家都具有「反對」所謂「主義」或「理論」的心態，也都不承認自己是「理論家」或「某某主義者」所致。

一般都認爲「解構主義」的代表者是法國學者德希達和美國的耶魯學派。底下便依此順序來討論這兩個批評學派。

（一）德希達（Jacques Derrida, 1930-2004）

德希達可說是「解構主義」的創立者。他出生於當時的法國殖民地阿爾及利亞的猶太家庭；19 歲時到法國求學，26 歲自法國高等師範學院畢業後，曾到美國的哈佛大學進修，並擔任約翰·霍普金斯大學與耶魯大學的訪問學人。1965 年起，他回法國高等師範學院教書。

德氏於 1960 年在約翰·霍普金斯大學的研究報告〈人文科學話語中的結構、符號與遊戲〉發表後，即頗受矚目。1967 年，他連續出版了以下三本著作：在《論文字學》（*Of Grammatology*）一書中，先指出西方的語言和文化中含有一種對「文字」書寫的壓制傾向，然後再提出新的文字書寫的理論；在《書寫與差異》（*Writing and Difference*）一書中，則深入探討哲學、文學、精神分析學與人類學中的種種書寫問題；至於在《口語與現象》（*Speech and Phenomena*）一書中，則對胡塞爾

的現象學進行了解構式的閱讀。1972 年，他又出版了《播撒》（*Dissemination*）一書，指出「意義」如同播種者抓起一把種子往四周撒去後，這許多種子將落向四面八方，而不會有任何「中心」一般。自此之後，德氏便被學界公認為「解構主義」的創始者了。

德希達一生著作不輟。他在 2004 年 10 月於巴黎過世時，共計出版了二十五本專著與兩百多篇論文。底下，筆者便以他的論述中和「解構主義」有關的部分為討論範圍，而將它們分類歸納為如下數項：

1.反「邏格斯中心主義」（anti-logocentrism）

德希達的「解構主義」（Deconstruction）在字源上係來自德國哲學家海德格（Martin Heidegger, 1889-1976）的「分解」（destruction, 或譯為「毀壞」）之說。所謂「分解」是海德格提出的一種「存在的詮釋學」之方法，也是「一種批評批判的步驟」。在海德格眼中，西方哲學顯然有過度重視「在者」的問題而忽略「存在」的情況，所以他乃從「在者」中將「存在」突顯出來，而以「此在」（Dasein）做為本體論的基礎。而為了能夠回復「此在」這個本體，他認為必須有「祛除自始以來即不斷出現的蔽障」的工夫，也就是必須進行「分解與回溯」的工作。這是因為任何「概念」在發展過程中，都會隨著時間的推移而不停地產生偏差，所以我們必須從漫長的「歷史」中找出那些長期被遮蔽的現象，然後對它們的系譜在形成過程中的每一個演變階段都進行仔細的考察，不但要找出它們的源流，而且也要做到對它們的歸宿

提出研判。

　　德希達即據此而將西方的哲學歷史描述爲一種「形上學的歷史」；而因這種歷史的「原型」是把「存在」定位於「在場」上，所以「它」也可以被稱爲「在場的形上學」（the metaphysics of presence）。根據德氏的看法，這種「在場的形上學」的最主要認知，就是認定萬物的背後都有一個生生不息的支配性力量在掌控；而這個力量，有時被名爲上帝或神，有時也被稱爲終極的真理或一切的本質、本源，有時也被拿來代表人類的全部思想和語言的基礎。這個支配性力量就是「邏格斯」（logos，也譯作「理體」）。

　　事實上，西方思想史上的最主要思維方式，就是將「邏格斯」視爲宇宙的「中心」，然後由此出發，進一步設定出一系列的「二元對立」範疇，譬如：真理／謬誤，精神／物質，主體／客體，理性／感性，自然／文化／，語言／文字……等等，而這種「二元對立」的關係，則是前一項爲「主」，佔有主導者的地位，而後一項爲「從」，處於被領導的位置。這樣的思維方式，形成了一個內部有一領導中心，而其下則含有許許多多都是以二元對立的方式來運行的範疇之完整性思維世界。這樣的思維系統，通常被稱爲「邏格斯中心主義」（logocentrism），也稱爲「理體中心主義」。

　　然而值得注意的是，這樣的認知必然會導出如後的觀念：所有的人、物和自然等宇宙之間的種種現象，全都是遵循此一生生不息，而且是永恆不變的「邏格斯」在運轉的。但也就在同時，如果有未能遵循此一規律的，則必然是屬於

「謬誤」的。

　　德希達對這樣的思維系統及思維方式卻抱持著強烈質疑的態度。他認爲，這種思維系統與方式基本上係來自西方哲學系統爲了鞏固本身的立場，以及堅持自己的理論架構而建立出來的假定範式。而這種假定範式有一個根本性的缺點，就是在「（語文）意義」的產生上過度重視「空間」上的「在場」，而完全忽略「時間」上的「延異」情況。所謂「時間上的延異」，德氏曾以「語詞」產生「意義」的情形爲例來加以說明：任何「語詞」的「意義」不僅取決於「它」與「其他語詞」在「空間」上所「呈現」出來的「在場」上的「區別」，也因爲與「其他語詞」在「時間」上發生了連接與交疊等情形，以致於將其意義出現的時間往後「推延」。換言之，任何語詞都具有「延異」性，也就是兼具「空間」上的「區分」和「時間」上的「推延」，因此，其「意義」不但是「不確定」的，而且也絕不可能是「單一」的。據此，德希達乃進而把「區分」（differ）和「推延」（defer）兩詞結合起來，而自創出「延異」（differance，也譯爲「分延」、「衍異」）這個新詞。

　　「延異」這個詞和「差異」（difference）一詞，兩者雖然只有在第七個字母上出現了「a」和「e」的不同，但在性質上，「差異」一詞卻只能夠表現出空間上的差別，而無法把「意義」在時間流動過程中的延宕情況呈現出來。然而「延異」一詞則不然，「它」的內在包含了許多可能未曾說出的意涵，我們可以列出其中幾個意涵如後：（1）在法文或英文

裡根本沒有「延異」（differance）這個詞，所以它是聽不到的，因而也無法獨立存在。（2）「延異」一詞雖然可以存在於眼睛可以見到的文字層面，但「它」乃是正常詞語的任意的與錯誤的變形，因此，「它」在自身中其實已經具有差異性。（3）「延異」一詞顯然同時強調了「同中之異」與「異中之同」等雙重意義。（4）「延異」一詞既不以自己本身爲原則，也不需依靠任何外在的因素。

總之，德氏借著「延異」之說，不僅展現了「詞語」意義的「不確定性」，也揭示出「詞語」具有不斷開展出新意義的「複數性」；因此，他這一論述可說是成功地撼動了以「邏格斯」爲中心的西方「在場的形上學」的礎石，使其「單一」而「完整」的系統暴露出並不週延的缺失。

2.反「語音中心主義」（anti-phonocentrism）

在人類的「表達方式」上，前述的西方「邏格斯」觀念也形塑出（西方）語言學中的最主要理論，也就是主張將「真理」的本源歸給「說話的聲音」，使「語音」成爲傳達意思的中心之觀念。在這一語言學理論中，「語音」的根本性質之一就是「具有理性」；而當這一觀念被推到極致，則「語音」甚至可以被視爲上帝的話語了。

到了20世紀初期，這一語言學理論又在瑞士語言學家索緒爾的推演下，得到了最能夠表達出人的思想或事件的是「語音」，而「書寫」出來的文字或記號只不過是「語音」的衍生物而已的推論。德希達就把這一「語言」的「邏格斯中心主義」稱爲「語音中心主義」（phonocentrism）；而他的「解

構主義」文學批評首要批判的對象，就是這種「語音中心主義」。

　　他認爲，人類在說話時，由於最早聽到的是「語音」，所以便以「語音」這種「在場」的事實爲根據，而誤認「它」比「書寫」的「文字或符號」更早「存在」。然而，德氏卻更深入地指出，人類的「話語」之所以能夠產生意義，乃是因爲「它」運用了「文字」產生意義的規則所致；而這種規則，其實早就寫在人類腦海中，而成爲一種「文字的軌跡」（trace，也譯爲「蹤跡」、「印跡」）了。換言之，人類所使用的「話語」之所以能夠傳達出讓人了解的意思，就是因爲「它」遵循了這一「文字的軌跡」之故。因此，如果從實際的層面來看，應該是「文字」早於「語音」而存在的。

　　德希達甚至認爲，西方的形上學傳統乃是一種以「語音」等於「意義」的認知爲基所建構出來的「語音中心主義」。然而，德希達以「符號學」與「結構主義」的論述，尤其是索緒爾的「能指」（語言）與「所指」（概念）之間的論述爲基，先強調「語音」和「意義」之間的關係絕對不是「一對一」的；接著，他更進一步地指出，這兩者之間其實還有一種中介──「文字」存在。這個「中介」的最主要功能，就是使「語音」的「意義」延緩出場的時間；而就在這一延緩過程中，「語音」的原初「意義」也就在不停地出現「延異」的情形下，產生了差異。

　　這種使意義產生差異的方式，德氏用「播撒」（dissemination）一詞來描述。因爲在他看來，「語音」的

原初「意義」隨著時間的推移而不斷產生「延異」的方式，絕非以一條直線的，而且是單一方向的方式在進行，而是像播種的人抓起一把種子向四處撒去，而種子所散落之處則遍佈四面八方一樣。這種散播方式的結果，落點不僅眾多，而且並沒有任何中心、主體或固定的目標。因此，當我們要來解讀由眾多「語音」所組成的「文本」時，就必須沿著這「文本」中所隱含的一連串既「在場」又「非在」、而且已有過磨損的「語音蹤跡」（trace）——也就是「文字的軌跡」去追尋；只是須特別指出的是，所追出來的結果絕不可能是原初的「意義」了。因此，這一個對「文本」意義的追尋動作，也就成為一項「自我離心」的運動了。

3.閱讀的觀念、態度及方法

　　「解構主義」文學批評的主要宗旨和其他文學批評並沒有太大的差異，就是希望把「文本」的整個內蘊、流程與獨特性等都呈現出來。但是，「它」之所以有別於其他文學批評，就在「它」對「文本」所擁有的特閱讀殊觀念、態度和方法上。

　　在觀念上，德希達認為，「文本」所傳達出來的「表面意義」和其「內部」所隱含的「原初意義」，兩者之間在邏輯和旨趣上並不具有密切的關係。他這一觀念，一方面是接受了「結構主義」和「符號學」所提出的「語言符號」具有豐富的含意之主張，同時，也以自己的「延異」與「播撒」之說為論證所提煉出來的。這樣的論說，最後當然會導致：「文本」乃是一個既不封閉、也不固定的「開放性」閱讀對

象之結論。

　　既然所要探討的「文本」之意義是「開放」的，那麼，根本就不會發生「文本」只有一個正確意義的情況。因此，閱讀的目的也就不是要去找出「文本」的正確意義了。相反的，德希達把解析「文本」的行為形容為像玩「遊戲」一樣。德希達所提的「遊戲性」閱讀，顯然是受到海德格的現象學說所影響，故而才會把解析「文本」視為一種對「文本」的「無限定還原」（infinite regress）行為。因為在現象學中，「還原」是指擺脫各種偏見，袪除所有束縛，而回歸到人或是物的本體上。可是德氏認為，沒有任何閱讀能夠從「文本」的表面文字完全回溯到其「原初」的意義；任何解析「文本」的行為，最多只能做到「無限定還原」而已，更何況閱讀行為的主要特色之一就是具有「任意性」（arbitrariness）。據此，他主張讀者閱讀時，可以不必遵循用客觀的方式找到「文本」的正確意義 —— 也就是關注於何謂真理及其起源，而讓自己在閱讀進行中盡量發揮想像力，並享受自己從「文本」中讀出新意的感覺。總之，德希達的「解構主義」文學批評並不把重點放在使「文本」「還原」到其原初的意義，或「找出」「文本」的唯一正確意義上，而是強調應讓「閱讀者」自由閱讀，來開放、甚至增添「文本」的內容，然後再探討這種閱讀之後會出現那些問題等等。

　　另外也值得注意的是，德希達在意義的產生上還提出了一個頗為關鍵的說法，就是「互文性」（intertextuality）。所謂「互文性」，就是把文字、文章、甚至是文學作品等都

視爲一種符號；而由於任何一個符號的確切意義是什麼，都只有在它與別的符號互相對立，或是相互比較之下才會產生，所以它在顯現出自己的意義上，並不可能獨自完成，而必須與別的符號並列在一起才行；這也就是說，任何符號必須與其他符號並列，才可能產生出自己的意義。而當我們將這一說法運用到文學領域上時，所出現的情況將是任何一個文字、一篇文章或一部文學作品和別的文字、文章或文學作品之間是處於彼此交織、互相吸收和轉化的關係。據此，我們所獲得的結論就是：不僅文學作品內的文字是彼此「互爲文本」的，所有的文學作品也必須以它與其他作品的相互映照，「互爲文本」，才會對照出彼此的差異，並呈現出自己所特有的意義和價值。但也正是這個原因，不但使文學作品的意義在「解構式」的閱讀下，常常會出現超出其自身範圍之外的情況，而且它也是處於不斷變動的狀態中的。

　　德希達所提倡的閱讀方式通常被稱爲「批判性閱讀」（critical reading），或「雙重閱讀」（double reading）。採用這種閱讀方式的閱讀者把「文本」視爲一張由絲線所編織成的大網，同時，此一大網中又包括了許多彼此交織、互套的小網。因此，它很難、甚至是無法被解開的，所以閱讀者的閱讀態度便不應該是去解開這張大網，而是應該設法讓自己參與到其編織中去。在實際閱讀上，他首先必須努力地找出這張大網中的盲點或邊緣以作爲突破口，然後進入其中。此時，他會發現裡面實含有許許多多由「意義」所「播撒」出來的「軌跡」，而這些繁複的軌跡，則促使「文本」的意

義出現了許多可能性。終於，他了解到想找出「文本」的原初意義根本是不可能的事，因爲不同軌道的閱讀必會導致不同的意義。尤其關鍵的是，凡是由讀者所讀出來的意義，雖然無法被確定就是「文本」的原意，但絕對是讀者自己創出來的，或者說是讀者藉著「文本」爲基而「寫」出來的。因此，這種閱讀方式不但可以造成「文本」的意義不斷添加、增殖，而且是讀者經由「寫重」或「改寫」出來的。

總之，德希達的「解構主義」文學批評包括了如下幾項主要觀念：

（1）「文本」的原初意義是無法讀得出來的。閱讀其實是一種對「文本」的「改寫」或「重寫」。

（2）閱讀的目的並非想找出真理，而是一種讓自己在閱讀中能夠充分發揮想像力的遊戲。

（3）閱讀的方式不是客觀地重複或找出原作者的意思，而是批判性地體現自己的創意和增產「文本」的意義。

（二）美國耶魯學派

「耶魯學派」是繼德希達之後，在「解構主義」文學批評的領域裡最重要的一群人。所謂「耶魯學派」，是指四位任教於美國耶魯大學的文學教授與批評家，在德希達於 1966 年從法國到美國研究和講學時，因受到德氏的「解構」學說所啓發，而在美國的「新批評」被「原型批評」、「結構主義文學批評」、「現象學文學批評」等等各種新潮的批評流派淹沒之時，藉著將「解構主義」的觀點成功地運用到文學

批評上，而於 20 世紀的 70 年代中期到 80 年代初期在美國、甚至是西方世界的文學批評領域中產生甚大影響的人物。他們是保羅・德・曼、希利斯・米勒、及傑弗利・哈特曼、哈羅德・布魯姆。底下，筆者將依年齡大小爲序，勾勒出他們在「解構主義」文學批評上的重要觀點。

1.保羅・德・曼（Paul de Man, 1919-1983）

　　德・曼（Paul de Man）是耶魯大學的法文和比較文學系教授。從 20 世紀的 70 到 80 年代，他在文學批評上的著作有《盲視與洞見》（*Blindness and Insight*），《閱讀的寓意》（*Allegories of Reading：Figural Language in Rousseau, Nietzsche, Rilke and Proust*），《浪漫主義的修辭學》（*The Rhetoric of Romanticism*）、《抵制理論》（*The Resistance to Theory*）等。一般都認爲，他是「耶魯學派」的領導者；而他在文學批評上的論述，通常被稱爲「修辭學閱讀理論」。我們可以將他的文學批評論大致歸納如下：

　　（1）「文本」是「一套語言符號系統」；而由於「符號」與「意義」之間，也就是「能指」與「所指」之間是不一致的，所以「新批評」想從語言符號中來揭開「文本」的審美意義，可說是一種不可能作得到的神話。

　　（2）語言的典型結構乃是一種修辭結構，而修辭的主要特徵，譬如隱喻、轉喻、反諷象徵等，每每與邏輯相違背，故而具有不確定的特質。這一現象，使「文本」具有繁複的歧義性，並造成任何方式的研讀都不可能獲得單一而確定的結果。而「文學文本」的閱讀，也將因爲具有這種「修辭學」

的特色，而成爲一種「閱讀的寓言」。

（3）「文學文本」不僅在「符號」與「意義」之間有不一致性，而且有含有「修辭學」的模糊性和誤導性，所以讀者或批評家在閱讀它們時，「必定」會發生「偏離」或「誤讀」（misreading）「文本」的情況；這就是閱讀上的「盲視」。這種「誤讀」的結果不僅是「文本」意義的增產，「盲視」更是培養批評家的「洞見」之功夫。當批評家對自己的批評假設產生最大的「盲視」時，也就是他獲得最大「洞見」的時候。

2.希利斯・米勒（J. Hillis Miller, 1928-）

米勒（J. Hillis Miller）自哈佛大學取得博士學位之後，便在大學擔任教職；而自 1972 年至 1985 年間，任教於耶魯大學。他早期的文學批評觀頗具「新批評」的傾向；後來，又熱衷於現象學。不過，自 1968 年出版《維多利亞小說的形式》與《哈代：距離與慾望》之後，他的文學批評便開始出現「解構主義」的色彩了。等到他在 1977 年發表〈作爲寄主的批評家〉（The Critic as Host）與 1982 年出版的《虛構與重複：七部英國長篇小說》（*Fiction and Repetition：Seven English Novels*）之後，他便被認爲是「解構主義」文學批評陣營的代表人物之一了。

他的文學批評論述，我們可大致將它歸納出以下數項重點：

（1）所有的語詞都是「隱語」，它們不但因不斷在時間延遲而產生差異，同時也因此與其他語詞有別。若再加上每

個詞語又都會指向可以互相替換的詞語鍊條中的另一詞語，則其結果當然就是詞語是沒有根源可以尋求的。換言之，沒有所謂的「固定、延續、空間」的科學語言，因爲「變化、斷裂、時間」才是語言的基本特性。

（2）由於任何「文本」之中都充滿虛構、隱喻和轉喻等因素，所以讀者不但對「它」可以採用「傳統」的方式來閱讀，也可以用「解構」的方法來閱讀「它」。更重要的是，因爲語言必然具有歧義性，所以一切的閱讀必都無法避免成爲一種「誤讀」。

（3）「文本」，譬如小說中，小自它的詞語、修辭等，再擴大到其中的人物、場景與事件等，甚至擴大到它的主題等，經常都會發生與其他「文本」有許多的「重複」現象。究其原因，顯然是文本、作家、環境、甚至批評家、和其他文本等都是屬於同一個「共同創造的群體」。也就是說，一般所認爲的「文學作品」是「主人」而「文學批評」是「客人」之看法，其實並不正確。因爲不同的「文學作品」之間，或者是「文本」與「批評」之間，絕對不是簡單的「寄主」（host）和「寄生物」（parasite）的關係，而是一種「寄生現象」（parasitism）。因此，「寄生物」雖是「客人」，但也是「主人」；「寄主」也是如此。總之，「文學作品」乃是歷史上許多人共同創造的結果，是由「作者」和「讀者」所共同創造出來的。

3.哈特曼（Geoffrey Hartman,1929-）

哈特曼（Geoffrey Hartman）自 1967 年起即任教於耶魯

大學。他曾對德希達的文學批評下過頗深的功夫；其著作中，以《荒野中的批評》（*Criticism in the Wilderness: the Study of Literature Today*）和《解構主義和批評》（*Deconstruction and Criticism*）所提出的論點最具「解構主義」文學批評的色彩。他的「解構主義」文學批評大約可歸納出以下幾項重點：

（1）因「語言」中含有象徵、隱喻、歧義等基本特性，所以「語言」的「字面義」與其「實際含義」之間是有距離的。

（2）「語言」既與社會生活緊密相連，因而具有反映事實的能力，但卻又時常不斷地超越和否定「它」與現象世界的關係，所以「變動不居」乃成為它的主要特質。

（3）每個「詞語」及「語句」都必須在和其上下的「詞語」和「語句」聯繫起來之後才會呈現出其意義。

（4）「文本」的意義係由「它」與「別的文本」間經由互相交叉、滲透和轉換而來；當「別的文本」有了改變，此「文本」的意義也將會隨之改變。因此，「文本」的意義是開放的。「它」的意義既非作者的原意，也不是任何一位讀者的解釋，而是無法窮盡的。

（5）「文學批評」和「原初文本」（即「文學作品」）一樣，不但具有獨創性，有時也含有動人的力量，同時也都是人類心靈的產物。因此，這兩者之間其實並沒有第一手與第二手的差別與關係。換言之，「文學批評」也是一種「創作」；而「它」的目的，乃在揭示作品的歧義和矛盾，而非說明其連貫意義。

（6）在「互為文本」的情況下，沒有任何「文本」，包

括作品與批評可以說是完全獨創的。也就是說，批評性的作品（指「文學批評」）也可以合理地使用其他文本來編織自己的話語；而當文學批評採用這種做法時，稱爲「合法的剽竊」。

4.布魯姆（Harold Bloom, 1930-）

　　布魯姆也是耶魯大學教授；他在文學研究的歷程上大約可分爲兩期：在 20 世紀的 50、60 年代，他專注於研究英美文學中的浪漫主義；但到了 70、80 年代，他的研究對象雖仍包括英美文學中的浪漫詩歌，但研究的範圍和方法則漸漸集中到「解構主義」文學批評上。布氏的著作甚多，但以《影響的焦慮：一種詩歌理論》（ *The Anxiety of Influence：A Theory of Poetry* ）和《誤讀圖示》（ *A Map of Misreading* ）兩書最具「解構主義」的色彩。我們可以把他的「解構主義」文學批評大抵可歸納如以下數項要點：

　　（1）受到弗洛伊德（Sigmund Frend, 1856-1939）心理分析學說的影響，他在論述英國的詩歌歷史時指出，自密爾頓（John Milton, 1608-1674）以降的英國主觀派的詩人，心中一直藏有前輩詩人已經把一切的靈感用完，而且自己將無法擺脫他們的影響之焦慮，因此，乃對前輩詩人產生一種如同「弒父」情節般的仇恨心理。

　　（2）詩人與批評家雖然無法擺脫前人的「影響」，但在「弒父」情節作用下，所謂的「影響」就不應被視爲只是一種被動的「繼承」，而應該要積極地對前人的文本和觀念進行刻意的「誤讀」，並加以修正和改造。更具體地說，就是

儘量有意識地「誤讀」前人，進而否定傳統的價值觀，然後提出自己的看法，突出自己的特色和形象。

（3）閱讀乃是一種意義上的「延異」行爲，所以讀者的閱讀結果絕不可能與「原初文本」的意義相同。據此，「閱讀」也就可以看成一種「寫作」——只不過，「它」是一種建立在「原初文本」上的「重寫」或「改寫」。

（4）「誤讀」既然因此而含有創造性，所經由「它」，不但可以重新評價前人的作品，並可開拓作品的新意，甚至對文學史提出新的解釋。

（5）「影響」既存在於各種「文本」之間，且「文本」間的關係又是由「誤讀」來決定，所以「誤讀」應可說是文學史的創造和解釋的根本力量。

（6）布氏把後輩「誤讀」前人的行爲歸納爲六種心理防禦機制，而這些機制則則可用修辭學上如下的「轉喻」（trope）方式來表達：

a.**「反諷」**（irony）：詩人以「誤讀」的方法來產生對前人作品的偏離現象，然後再來修正它。

b.**「提喻」**（synecdoche）：將前人的作品拿來作爲自己的材料之片段，然後再用對偶的方式來潤飾與補足它。

c.**「轉喻」**（metonymy）：阻斷前人的作品與自己（的創作）之間產生連續性的動作。

d.**「誇飾」**（hyperbole/litotes）：引用和神一般崇高的論述來降低前人作品中的雄偉描述。

e.**「隱喻」**（metaphor）：放棄自己的部分人性，使自

己與人分開，藉此來獲得孤獨與淨化的特色。

f.「進一步轉喻」（metalepsis）：完全釋放自我，與前人融合，以致於完成如前人一般的特色。

耶魯大學曾經是 20 世紀 50 年代美國「新批評」的重鎮之一，但自 50 年代末起，它便在「原型批評」、「結構主義」等新興學派的衝擊下逐漸沉落。耶魯學派自 20 世紀 70 年代中期起，則藉著將德希達的「解構主義」成功地運用到文學批評上，而在美國的批評界產生了長達十多年的廣泛影響。這兩個表面上似乎沒有關聯的文學批評，若以它們所探討中心都集中在「文學作品」或「作品的語言」來衡量，其實是頗有相當關聯性的。

德希達的「解構主義」從語言和文字作為探討問題的切入點，但他的企圖顯然不僅是止於文學作品或文學上而已，而是想藉著對「結構主義」的「解構」，來顛覆影響西方數千年的思考模式 ──「邏格斯中心主義」和「二元對立」觀，如此，不僅使讀者或批評家可以擁有更為寬闊的思考空間，也可以使文學作品取的多元解釋的潛力。但耶魯學派顯然與此有別；從正面的觀點來看，由於這一派批評家所探討的焦點集中在文學作品及其語言上，因而不但使其批評文字具有比較濃厚的文學性，同時在若干程度上，也確實擴大了文學作品的解釋空間，使作品的內涵可以更加豐富。然而若從負面的角度來衡量的話，則這一文學批評學派因過於計較文學作品中的語言特質，於是乃促使其論述格局甚為狹小，其批評重心也經常出現過於瑣碎，以及其論證單薄和觀點游移的

缺失。

主要參考書目：

Bloom, Harold, *The Anxiety of Influence : A Theory of Poetry,* New York and Oxford : Oxford University Press, 1973.

Bloom, Harold, *A Map of Misreading,* New York and Oxford : Oxford University Press, 1975.

Culler, Johnothan, *On Deconstruction,* Routeage & Regan-Paul, 1985.

de Man, Paul, *Allegories of Reading : Figural Language in Rousseau, Nietzsche, Rilke and Proust,* New Haven : Yale University Press, 1979.

de Man, Paul, *Blindness and Insight,* University of Minnesota Press, 1983.

de Man, Paul, *The Rhetoric of Romanticism,* New York: Columbia University Press, 1984.

de Man, Paul, *The Resistance to Theory,* Minneapolis : University of Minnesota Press, 1986.

Derrida, Jacques, *Of Grammatology*, The John Hopkins University Press, 1976.

Derrida, Jacques, *Writing and Difference,* Routeage & Regan-Paul, 1978.

Hartman, Geoffrey, *Criticism in the Wilderness : the Study of Literature Today.* New Haven and London : Yale

University Press, 1980.

Hartman, Geoffrey ed., *Deconstruction and Criticism,* London：Routledge & Regan-Paul, 1979.

Leith, Vincent B., *Deconstructive Criticism,* New York：Columbia University Press, 1983.

楊大春著：《解構理論》。臺北：揚智文化，1994。

楊大春著：《後結構主義》。臺北：揚智文化，1996。

簡政珍著：《解構閱讀法》。臺北：文建會，2006。

第三章　以「作者」爲探討中心的文學批評

在「科技」的影響力橫掃世界，甚至幾乎成爲衡量一切是否有具價值的最高標準之 20 世紀，人類心中乃浮現如此的重大困擾：人的生命到底有何意義？人的存在又有何價值？曾置身於這類困惑中，而在 19 世紀中期採取極端方式來回應這一困境的「現代主義」（Modernism），到了 20 世紀初時所提出的關鍵論點便是：「人」與「神」一樣，也是「創造者」（creator）！事實上，「人」在這個時代裡也已經變成科學所探究的對象了 —— 尤其是有關「人的內心」到底是如何運作的這一課題！這些學說被運用到「文學」領域，進而形成理論體系，而且也在文學研究上產生了實際影響的「文學批評」，最明顯的有「心理分析文學批評」、「現象學文學批評」與「原型批評」等三種。底下便以分節的方式來分別描述與討論這三種「文學批評」。

第一節 「心理分析」（Psychoanalysis，又稱爲「精神分析」）文學批評

　　「精神分析」學說主要是研究人的神經病因與治療的理論與方法，是西方 19 世紀下半葉以來的醫學和心理學的一種重要學說。到了 20 世紀初期，此研究領域內比較傾向於「心理」面向的部分，其影響力已擴及到社會科學與人文學等領域。從學說的真正內容而言，這一領域不僅範圍開闊，學說紛陳，著名的學者也很多；但若以所提出的學說已直接且深遠地影響到「文學」領域爲立足點來看，則弗洛依德、容格和拉岡等三位心理學家所提出的觀點乃是必須了解的三種論述。因此，本章將以這三人所提出的相關論述爲討論範圍。

一、弗洛依德（Sigmund Freud, 1856-1939）

　　弗洛依德是奧地利心理學家，也是「精神分析」學說的創始人。他於 1873 被保送進維也納大學醫學系，1881 年畢業。1882 年起，他到維也納綜合醫院的神經科、內科、外科、眼科、耳鼻喉科、皮膚科、兒科等科別工作，因而獲得了廣泛的臨床經驗。1885 年 9 月，他回維也納大學擔任神經病理學講師；10 月，到法國研究「歇斯底里」的治療法，然後於

德國、法國、奧地利等國工作，並研究有關神經病理學和催眠法，而發表許多論文。1895 年，他與布洛伊爾（Jossef Breuer, 1842-1925）合著出版《歇斯底里研究》（*Studies on Hysteria*），使「精神分析學派」奠定了紮實的基礎。1900 年，弗洛依德出版《夢的解析》（*The Interpretation of Dreams*），完成了他的精神分析理論體系。往後的大量著作中，對文學曾產生重要的研究有 1905 年的《性學三論》（*Three Essays on the Theory of Sexuality*），1908 年的《創造性作家與白日夢》（*Creative Writers and Day-Dreaming*），1915 年的〈論潛意識〉，1916 年的《精神分析導論》（*Introductory Lectures on Psycho-Analysis*），1923 年的《自我與本我》（*The Ego and the Id*），以及 1928 年的《杜斯妥也夫斯基與弒父者》（*Dostoievsky and Parricide*）等等。

弗洛依德因認為傳統醫學只重視具體的「頭腦」（mind）研究，而忽略形而上的「精神」（psyche），所以無法找到精神疾病的真正根源。因此，他乃以內心之中的「意識」為研究對象。根據他的研究，生理活動係因心理活動而來，而心理活動的本質即為「意識」，也就是一種觀念、感情與心智活動的起因、過程與結果。

由於弗洛依德研究「心理分析」的時間漫長，關注的焦點多變，所以在這領域裡所提出的論述不但體系龐大，而且內容也十分駁雜。在這裡，一方面為了說明的方便，二方面為了把重心集中到它與「文學」有關的部分，我們首先可將弗氏的「心理分析」理論區分為廣義與狹義兩種。其中的「狹

義的心理分析」，係指單純地治療有關精神與心理疾病的醫法和研究；至於「廣義的心理分析」，則指被廣泛地運用到各領域的心理學理論。因此，「心理分析文學理論」也就是屬於後者了。

　　從重點來看，在弗洛依德的「心理分析」理論中，曾影響文學領域的論點大約有下列幾項：

（一）「心理的三層次」理論

　　在 1900 年的《夢的解析》中，弗洛依德用他與布洛伊爾合著的《歇斯底里研究》一書中所提出的「人」的「潛意識」（unconscious，又稱「無意識」或「下意識」subconcious）理論來解析「夢」，因而進一步指出：「人」的「精神」（即「心理」）活動內涵，實包含有從下到上的三個層次：「潛意識」（unconscious，又稱「下意識」或「無意識」）、「前意識」（preconscious）與「意識」（conscious）。「人」的心理狀態會從「正常」的心理演變成「異常」的「變態心理」狀態，其原因、機制、甚至於治療方法等，都須以了解這三層次的主要內容，並掌握它們之間的互動關係為根本要件。這三層次的主要內容與其關係如下：

1.「意識」（conscious）

　　「意識」位於「人」的「心理三層次」中的「最上層」，也是「人」對外界的實際感知。當「人」的心理由「意識」管轄和指揮時，「人」的精神生活便可以正常進行；當它表現到外時，就是「人」所說出來的語言和表現出來行為都合

乎正常的情況，也就是：「人的言行」不僅可以被他人所理解，也符合時代與環境的道德、法律的規範，故而不但不會與他人發生衝突，有時還能被他人所接受。

2.「潛意識」（unconscious, subconscious）

「潛意識」位於「人」的「心理三層次」的「最底層」，是人類心理與精神的最原始、且不受控制的因素。由於「潛意識」不受控制，所以經常企圖逾越界線，闖入「意識」領域中；但在它進行這樣的動作時，卻因有「前意識」的壓制，而無法全然通過界線，進入「意識」領域。不過，由於它不僅容量龐大，而且能量可觀，所以時常藉助各種方法，偷偷地通過「前意識」的攔阻，而以間接而隱微的形式出現於「意識」中，也因而對「人」的言行產生若干影響。

3.「前意識」（preconscious）

「前意識」位於「意識」之下，「潛意識」之上，也就是在「人」的「心理三層次」的中間層。「前意識」與「意識」的關係是：因屬於「意識」附近的觀念和想法，所以能輕易而快速地闖入「意識」領域中；但因與當時的生活沒有太大的關係，所以在完成一定的使命後，就會快速退回自己的「前意識」領域裡。至於它與「潛意識」的關係，則屬於「抑制作用」，即將「潛意識」的衝動壓制在原地，以保護「意識」不受「潛意識」的干擾，讓「人」能夠保持正常的心理狀態，過著正常的生活。因此，也被稱為「潛意識」要進入「意識」的「過濾器」。

必須指出的是，若從整體性的觀點 ── 也就是「人」在

實際生活中的情況－來看，這「三層心理意識」其實並非界線分明的關係，因爲它們經常互相重疊、跨越，有時甚至還互相轉化。

（二）「人格的三合一結構」（tripartite personality structure）理論

　　弗洛依德在 1923 年的《自我與本我》中，將研究的重點從「人」的「精神」（或「心理」）轉到「人格」上。針對他早期提出的「心理的三層次」理論，他做了若干修正，而提出「人格的三合一結構」理論，也就是主張：「人格」包括了「本我」（id，又譯爲「原我」、「私我」等）、「自我」（ego）與「超我」（super-ego）等三重結構，而心理活動的過程，便是這三種力量衝突的結果。它們的主要內涵與關係大致如下：

1.「本我」（id）

　　「本我」即「人」與生俱來的、最原始的「潛意識」之「結構」，是集合各種「興奮」的元素，如：本能、慾望、衝動等心理成分的混合體，而以不受拘束、不合理、甚至是荒唐等爲其特色。這類心理組成元素具有非常強大的力量，在「本能」（instinct）的驅使下，只知不顧一切地讓原始欲望與衝動得到滿足。但因這種心理活動所促成的結果，也就是「人」所表現出來的「異常」言語和行爲，往往會使當事「人」遭到不良的後果，所以一直被「人」的理性「意識」壓抑著。（即：享受原則）

2.「自我」（ego）

「自我」指「人」內心中的「意識」之「結構」，位於「本我」和「感官意識」（perceptual-conscious）之間，是「本我」在現實世界的影響下所形成的知覺系統，因此多被稱爲「理智」與「常識」。「自我」的主要功能有二，一是控制與壓抑非理性的「本我」之衝動，二是紓解嚴苛而無情的「超我」之壓力。換言之，「自我」既常遭受「本我」中的衝動與本能的衝撞，又須時時擔心「本我」受到傷害，所以努力地把本能與衝動限制在安全的範圍內，使「本我」能獲得「感動」，而且保持「安全」。因此，「自我」可稱作「本我」與「超我」之間的「過濾器」。（即：現實原則）

3.「超我」（super-ego）

「超我」是「人格」中最具道德、最合乎文明的結構。它的地位對兒童而言，就如同擁有「絕對權威」的父母般，既監視「本我」的衝動，也強迫「自我」去控制和壓抑不被容許的衝動。對成人而言，它則好比是已達至善地位的「良心」，一方面指導「自我」，二方面限制「本我」，使人可以實現理想。因此，「超我」乃是一種使人人都知道必須遵守社會道德、輿論和法律的「意識」，也是「本我」的壓制者。（即：求善原則）

對弗洛依德而言，一個人只有在這三種「人格結構」維持平衡的關係時，才會有正常的人格，而表現出正常的言語和行爲，否則，將會產生精神與言行上的不正常情況。

（三）「性」理論與「本能」理論（即「利比多」，libido，或「埃洛斯」, Eros）

　　弗洛依德的「心理的三層次」理論主要是希望能用「潛意識」中的「本能」與「慾望」等來解釋「人」的心理活動和表現到外在的「異常」語言和行為。至於「人格的三合一結構」理論則希望能確立「精神分析」學說為一種能夠分析和理解人的動機和人格的理論體系。

　　在《歇斯底里研究》中，弗洛依德因自己年幼時曾對母親產生獨佔性的親近心理，乃提出了以兒童的「性本能」（sexual instinct）為基的「伊底帕斯情節」（Oedipus Complex），也就是俗稱的「弒父戀母情結」。到了 1905 年的《性學三論》中，他更由此理論而進一步揭示「潛意識」內容的核心為「性」，主張「性心理」在人類的整個心理活動中佔有非常重要的地位，其中，尤以「性本能」對「潛意識」的活動具有決定性的影響。後來，弗洛依德為了避免這一特殊的「性本能」與一般的「本能」概念混淆，所以乃將它改稱為「性動力」（即「利比多」，libido）。

　　弗洛依德認為在人的「潛意識」中，累積最多的是自己過去的經驗，特別是孩童時期內心中被「意識」所壓抑下來的愛的慾望之沉澱物，因而潛藏著具有強大力量的「異常」（或稱為「變態」）心理；「歇斯底里」的發作，即在反映此人的成長過程中某（各）階段的「性的祕密」，所以是我們用來理解或研究此人的性慾望之發展過程的重要資料。

　　弗洛依德提出「性動力」（即「利比多」）之說後，再依照「利比多」的發展，將一到五歲孩童的人格發展分為五期：「口欲期」、「肛欲期」、「陽具期」、「性潛伏期」與「性器欲期」，並借用古希臘神話來創造出兩個情節：「伊底帕斯情節」（戀母情結）和「愛列屈拉情節」（Electra Complex, 戀父情結），來證明確實有男孩依戀母親和女孩依戀父親的人類本源。換言之，「性本能」乃「人」於幼年時期形成人格，以及成長後創造社會文化的重要動力；而當它被過度壓抑時，人便可能會出現精神病症。

　　從 1915 年的《本能即變化》，到 1920 年的《超越快樂原則》（ Beyond the Pleasure Principle ），再到 1930 年的《文明及其缺憾》（ Civilization and Its Discontents ）中，弗洛依德歸納出人的兩種「本能」：其一是「生的本能」，即以「愛」為基的建設性力量，包括以「性」為根的「生殖本能」和讓生命成長的「自衛本能」。其二是「死的本能」，即以「恨」為基的破壞性力量，是一切生命的最終目標。這兩種作用相反，卻同時並存的「本能」，既是使每個人和種族能夠生存和發展的原動力，也是造成生命活動中的衝突之根源。

　　弗洛依德於《夢的解析》中，曾以英國莎士比亞（William Shakespeare, 1564-1616）的悲劇《哈姆雷特》（ Hamlet ）為例，指出該劇情節的推動，主要在潛藏於主角哈姆雷特王子心中的「弒父戀母情結」。在《創造性作家與白日夢》中，說明「藝術創作」與「孩童玩耍」同樣都倚賴「想像」，只不過有前者為公開而後者是隱微之別。對成人而言，「藝術

創作」和所謂「幻想」（fantasy）、「白日夢」（day-dreaming）
的關係其實非常緊密，因作家在孩童時期無法達成的性慾
望，多會成為他長大之後的創作靈感，只不過是以藝術為偽
裝方式，再次表達出這個慾望而已。

此外，崔陵（Lionel Trilling, 1905-1975）在 1941 年初版
的《弗洛依德與文學》（*Freud and Literature*）中，以如此
的話語評論弗氏對文學的影響：揭開了文學創作者的深層心
理因素和文學作品的深層意蘊。不過，崔氏在 1945 年發表的
〈藝術與神經病〉（Art and Neurosis）一文中，卻有了不同
的看法。他體認到作家並非神經病患，文學作品也非麻醉劑。
瘋子的幻想是病態，因他無法自行控制；藝術家則是採用了
高明的藝術技巧，來表達出他可控制的幻想而成為作品。

二、容格（Carl Gustav Jung, 1875-1961, 又譯為「榮格」）

瑞士心理學家容格是弗洛依德的學生，但自 1911 年之
後，他逐漸以修正弗氏觀點的方式提出了自己的理論體系。
譬如他認為，人類的心理類型應可分為「內向型」與「外向
型」，不過，都同樣具有思考、感覺、感情和直觀四類。但
最重要的是，他以弗洛依德「精神分析」學說中的「潛意識」
論述為基，提出了有名的「集體潛意識」（collective
unconscious）。

容格認為，「潛意識」的內涵其實非常複雜，人們並無

法用觀察的方式看到它的全部。人們能夠借用特殊的方法觀
察到的，其實只是那些已經跨過「前意識」而進入「意識」
層的「潛意識」而已。換言之，還有更多沒有通過「前意識」
而表現出來的「潛意識」。以此爲據，容格乃敏銳地將「潛
意識」的內涵區分爲兩類。第一類「潛意識」的內涵既包括
個人一出生即擁有，同時也包含了個人在形成人格的本能之
過程中所加進來的事物。由於每個人的成長過程不同，致使
這類「潛意識」的內涵與性質也與他人有異；但也正是因此
之故，這類「潛意識」可以讓人們藉著特殊的方法來認識與
了解。容格將這類「潛意識」稱爲「個人潛意識」（personal
unconscious）。

　　容格所提出的第二類「潛意識」，在起源上雖也是個人
一出生即擁有，但在內容上，則只含有一般人類所共有的心
理要素，而不包含任何個人在成長過程中所獲取的經驗，所
以這類「潛意識」並非屬於個人所獨有，而是一般人類所共
有的、具有超越個性的、人人都相同的集體共同心理。因爲
它的位置在「個人潛意識」的下面，也就是位於「潛意識」
層的最底層，所以可將它視爲「個人潛意識」的深層結構；
容格將這類「潛意識」稱爲「集體潛意識」。

　　容格認爲，這種「集體潛意識」是一種「原型」（archetype,
或譯爲「基型」），是遠古時代人類社會的生活遺跡，也是
已經重複出現過無數次的「人類典型經驗」之「沉積」
（pricipitate）與「濃縮」（condense）。換言之，這種人類
所共有的心理「原型」，乃是一切心理所反映出來的具有普

遍一致性的先驗形式，而這些形式，無論是在何時或何地都普遍存在著；例如心理學中的「集體表現」，宗教學中的「原始思維」，以及神話學中的「母題」、…等。而若從「文學」的角度來看，則這種「集體潛意識」所表現的主要特色，便是在「文學作品」的形式和內容上都含有遠古時代的「神化特徵」，如：神話、傳奇、民間傳說、童話等。

我們若以「差異」為著眼點來觀察，容格所提出的心理學論述與弗洛依德的精神分析學說的主要差異約有下列三點：

（一）「集體潛意識」（collective unconscious）與「潛意識」（unconcious）的不同

弗洛依德認為，「潛意識」是個人童年時遭到外在的許多壓迫，因而將這些壓抑累積於心中的一個集合場所。因此，是屬於「個人」的，而且是在出生之後，於「後來的成長過程中」所形成的。

容格則認為，「潛意識」的範圍中雖然含有專屬某些「個人的特殊性」的部分，而我們也可以將這部分稱為「潛意識」。但在本質上，真正的，或是更為深層的「潛意識」不僅是「天生」的，而且還是全人類都具有的。這一更為深層的「潛意識」心理，就是全人類在心理上的「原型」。容格這一觀點不但比較合乎實際情況，同時，因它一方面摒除了人為的文化和文明所造成的國家和族群的界線，另一方面也涵蓋了所有的時代和地域的全部人類，所以使得後來凡是以人類共有的普遍性心理為基礎的理論，都或多或少地受到它的影響。

譬如在文學領域裡，加拿大學者弗萊所提出的「原型批評」，以及美國的學者詹明信所提出的「後現代理論」，便深受容格這一學說的影響。

（二）對「原慾」的解釋不同

弗洛依德認爲，「原慾」是一種與「性」有關的衝動。

但容格則把「原慾」的內涵擴大，指出它乃是「一般的緊張狀態」，是造成心理的矛盾、衝突，以至於引發具體行爲的「衝動」。弗洛依德所認爲的「性」的滿足與需求，只不過是「心理的緊張狀態」中的一種或一部分而已。這一論述也使作家爲何要創作文學的原因得到了理論上的支持。

（三）對「精神病」來源的認知不同

弗洛依德認爲，「精神病」是「意識」與「潛意識」兩者發生了衝突所形成的。

對容格而言，弗洛依德這種解釋顯然有「唯心」的傾向。於是他主張，「精神病」與現實世界有非常緊密的關係，因爲這種疾病往往是患者無法適應外在的環境而引起的。這一說法確實比弗洛依德的主張更能夠解釋：有不少原本正常的人，是在成人之後，因受到嚴重的心理打擊才成爲「精神病」患者的。

三、拉岡（Jacques Lacan, 1901-1981）

法國心理學家拉岡的心理學說中，與文學有關的部分不

少，而且對文學理論也產生了頗大的影響。他在這方面的論述點，大致可包含下面列三點：

（一）語言、意識、思維（tkinking）

語言學家索緒爾認爲，人的「思維」先於「語言」，而且是「語言」對狀態混沌不明的「思維」進行整理，最後，才使「語言」與「思維」兩者形成一一相對應的關係。

心理學家弗洛依德也主張，「潛意識」先於「語言」，是人的「本能」（即「慾望」）之集合體，因而在「語言」成爲人們的自我表達和與人溝通的媒介之前，早已存在。

但拉岡對此卻有不同的看法，他認爲「潛意識」和「語言」是同時出現的，因「潛意識」乃是「語言」對「慾望」（即弗洛依德所說的「本能」）進行了結構化的結果。

（二）明喻與隱喻，能指與所指

如前所述，弗洛依德認爲，「慾望」係由「性力」所驅動的生理現象。人在語言和行爲上能夠有正常的表現，因而被視爲心理健康的人，便是因爲他擁有能力在自己的「慾望」和「欲望的滿足」之間取得平衡所致。

雅克慎則指出，由於「明喻」含有「缺漏」（lack），故而使得「能指」沿著「所指」不斷延伸；而「隱喻」則是指「表層意」（即「所指」）經常替代深層遭到壓抑的意義（即「能指」）。

到了拉岡，他一方面以爲「明喻」乃是一種表示「慾望」

（即「能指」）的運作方式，因而可稱爲「延續性」
（continuity）。另一方面，則以「隱喻」來表示「慾望實現」
（即「所指」）的運作方式，所以可稱爲「相似性」（similarity）。
據此，他乃主張「潛意識」的結構實如同「語言」一般。

（三）語言與物

拉岡認爲，「慾望」實代表心理和生理的和諧統一，但
因有「伊底帕斯階段」與「鏡像階段」（mirror stage），致
使人的心理發生斷裂，因而永遠無法滿足「慾望」，也無法
達成心理和生理的和諧統一。

所謂「鏡像階段」，又稱「前伊底帕斯期」，是指在孩
童的年齡在十八個月大之前。此一時期的孩童，最大的特色
爲「物、我不分」——尤其是他與母親的關係。他們常在鏡
子前面欣賞自我的身體，並逐漸認識自我；但這種認識卻常
含有錯誤的部分，例如左、右正好相反之類。到了父親出現
後，孩童們對自己與母親的「兩極」認知觀，頓時改變成「自
己——母親——父親」的「三極」觀。此時，它們也學會「語
言」，並以此來界定自己。只是「語言」（即「能指」）雖
可替代「物」（即「所指」），但兩者並不相等。

說得更具體些，「鏡子」前面的「孩童」即是「能指」，
而他在「鏡子」裡面的「影像」則爲「所指」；孩童便是根
據此種認知，一一將兩者的各部分相互對應起來。當「語言」
進入孩童的生活中之後，「差異」也隨之而來。由於意義是
由差異來決定的，正如同孩童在家中的身分是由其父母的差

異來決定 ── 這稱之爲「象徵期」,孩童乃開始承擔起社會、性別等脚色。此時,「隱喻」的「鏡像」變成「明喻」的「語言」,而「能指」在「所指」鍊的不斷滑動、延伸,即等於由「缺漏」、「不在」所引起的「慾望活動」,於是終極「所指」乃永遠遭到壓抑。

在文學上,因「作品」(或稱「文學文本」)乃是一種「慾望話語」,因此,批評家與讀者所關心的應非「作者的意思」,而是「自己在文學文本」中所搜尋到的意義。這一情形正如同:「現實主義」(或稱「寫實主義」)的作家只關注「文本的內容」,因而認爲其情節乃是自足的結果。但「現代主義」者則不同,他們把「文本的寫作過程」視爲內容;因此,重點應在將其「書寫技法」展現出來,以便「讀者」對「文本用來建構現實的方法」進行批判。換言之,「所指」(內容、意義)乃是「能指」(技法)的產物,而不是在「能指」出現之前即存在的東西。

總之,弗洛依德、榮格與拉岡等三位心理學家所提出的理論雖然並不相同,但對文學理論卻都有深遠的影響。若以它們的相同處來看,大概以下列四點最爲重要:

(一)對「深層心理」的發現與闡釋,讓讀者了解到「作家的創作動機」是可以從理論上去探尋的。

(二)揭發作家的「創作過程」,而其創作方式與型態是甚麼,則大約可決定其作品是屬於哪種類型。

(三)「深層心理」的理論,替作家打下有關「作品」中人物的內心世界到底如何的理論依據。

（四）讀者可藉由此一新的視角和視野去了解作品、批評作品。

然而，這一理論也含有若干缺點：

（一）把「人」視為一種「唯心」的「先驗存在」，而且是以「性慾」為生命的驅動力。

（二）忽略了「人」其實和社會、文化、經濟、政治等都有不可分割的關係。

（三）「伊底帕斯情節」曾引起廣大的影響－尤其是對希臘「悲劇」的認識。但此一說法因具有不少侷限性，所以並不適宜無限地延伸其功用。

（四）把「文學批評」視同「夢囈」，把「苦心的設計和創作」壓縮為無法控制的「夢幻」，因類比的兩端並不相當，所以欠缺足夠的說服力。

主要參考書目：

Freud, Sigmund, *The Interpretation of Dreams*, Penguin Freud Library IV, 1900.

Freud, Sigmund, *Three Essays on the Theory of Sexuality*, Penguin Freud Library VII, 1905.

Freud, Sigmund, *Creative Writers and Day-Dreaming*, Penguin Freud Library XIV, 1908.

Freud, Sigmund, *Introductory Lectures on Psycho-Analysis,* Penguin Freud Library XV-XVI, 1916-1917.

Freud, Sigmund, *The Ego and the Id* , Penguin Freud Library

XIX, 1923.

Freud, Sigmund, *Dostoievsky and Parricide* , Penguin Freud Library XIX, 1927.

Jung, Carl Gustav, *Psychological Types*, Collected Works, Volume VI, Princeton, N.J. : Princeton University Press, 1921.

Jung, Carl Gustav, *The Concept of the Collective Unconscious*, Collected Works, Volume IX, pt. I, Princeton : Princeton University Press,1936.

Lacan, Jacques, *The Four Fundamental Concepts of Psychoanalysis*, tr. Alan Sheridan, （with a new introduction by David Macey）, Harmondsworth : Penguin, 1994.

Roudinesco, Elisabeth, *Jacques Lacan & Co., A History of Psychoanalysis in France, 1925-1985*, London : Free Association Books, 1990.

杜聲鋒著：《拉康結構主義精神分析學習》。臺北：遠流出版公司，1997。

陳小文著：《弗洛依德》。臺北：東大圖書公司。1994

Frieda Fordham 著，劉韶涵譯：《榮格心理學導論》。瀋陽：遼寧人民出版社，1988。

第二節　「現象學」(Phenomenology) 文學批評

　　從 19 世紀末迄今，「現象學」可說已經成爲西方哲學領域裡的顯學之一。以 20 世紀爲例，它的影響已擴及心理學、人類學、社會學、歷史學和文學批評等學門。在文學批評上，出現於歐洲的形式主義與結構主義，或盛行於美洲的新批評、原型批評，以及 20 世紀後半葉頗爲流行的心裡分析、詮釋學與接受美學等，在相當程度上都曾受到現象學的影響。因此，了解「現象學文學批評」顯然是 20 世紀文學批評中非常重要的課題。只是，若想要了解「現象學文學批評」，實不能不先解決「何謂現象學？」這一問題，包括「現象學」的主要內涵與它爲何會出現的背景。

　　由於「現象學」之所以會出現與歐洲當時的時勢密切相關，因此，我們實在有必要對這一「現象學」出現的背景稍作勾勒。

一、「現象學」出現的時代背景

　　第一次世界大戰後，因絕大部分的歐洲地區都受到慘烈戰火的波及，以致於到處斷垣頹壁，破落不堪。而民生凋敝

的結果，致使悲觀和消極的氣氛四處瀰漫；加上「資本主義」與「社會主義」兩者仍繼續激烈的衝突，且原本深受人們信賴的科學，此時也已因陷入視野狹隘與內容貧乏的實證主義風潮中，…等等，這種種情況，造成了人們的內心徬徨失落，無所適從的景況。

　　在學術領域裡，這一情況也使素來可說是知識份子的思考基礎 ──「哲學」── 幾乎成為主觀式的心理主義中的一個支派而已。因此，以胡塞爾為首，以及後來的日內瓦學派（Geneva School）哲學家和海德格、沙特、梅洛龐蒂等「現象學」學者從各自的特定角度出發，致力於使「哲學」得以超越這一主觀心理學趨勢的影響，而成為一門真正「嚴格的科學」（Philosophy As Rigorous Science）。於是，他們全都嘗試去建構出一套新的哲學論述，而「現象學」乃逐漸受到學界矚目。這些哲學家的終極目的，顯然是想藉著詳細而週延地闡述這一套嶄新的「現象學」哲學論述之內涵與功能，來進一步證明「它」的確可以成為一切研究「純粹現象（物的本質）／生活世界（超越文化影響的直接經驗）／超越的主體（回到事物本身的還原）」的學識之總體基礎。

　　若從整體性來看，雖然這些現象學派的哲學家們所提出的論述各有所重，但他們卻擁有一個共同點，就是以心理學理論中的「人」的「意識」（consciousness）為論述的起點。由於這一現象學派的哲學論述大抵是以胡塞爾所提出的現象學為基礎，筆者底下的討論方式便將以胡塞爾的「現象學」為起點來描述其重點，然後再進一步探討其後的一些與文學

批評較有關的現象學論述。

二、胡塞爾（Edmund Gustav Albrecht Husserl, 1895-1938, 又譯爲「胡賽爾」）的「現象學」

胡塞爾出生於捷克，中、小學在奧地利與德國完成；大學時主攻天文學，兼修數學與物理。其後，因興趣轉向數學哲學，而於 1884 年以《對變數計算理論的一些貢獻》爲論文題目取得維也納大學博士學位。隨後的 10 年間，他除了繼續研究如何結合數學與哲學之外，還把研究範圍擴及到數學的心理基礎上。到了 1901 年之後，他的研究已完全轉到探討「意識」與其「對象」之間的「對應架構」上，而且因研究成果被受肯定而被視爲「現象學」哲學的代表性人物。

（一）從「現象」到「現象學」

「現象」原來是指事物的「表象」，是一個與事物的「本質」相對立的名詞。在 18 世紀的歐陸哲學領域裡，它被視爲一種探討人類的官能感覺現象的知識；到了提出《純粹理性批判》的德國大哲學家康德（Immanuel Kant 1724-1804）之後，才有「現象學」這一名詞，並被視爲一種有關人類認識世界的先驗的必備條件。不過，胡塞爾卻認爲康德的「現象學」論述因缺少直觀顯示的方法，所以並無法區分超越論的主觀性與心靈之間的差別。因此，他乃進而以人類的「意識」因具有「對應性」（unitary）和「意向性」（intentional）等

根本性質為基礎，建構出一個：作為認識主體的「人」與被認識的對象「事物」之間應該是處於何種關係的架構。用綜合性的歸納語句來說，所謂「現象學」，就是一種探討「人」的「意識」的「意向性」活動，它不只重視經驗中的「主體」（subject，主要是指「人」），也不只討論經驗中的「客體」（object，包括人、事與物等），而是探討「意識」與「事物」如何交接及其交接後的結果是什麼的學問。

底下，我們將採取分析幾個關鍵術語的方式，來說明胡塞爾「現象學」的主要內涵。

（二）「意識」及其「對應性」（unitary）與「意向性」（intentional）

對胡塞爾而言，「意識」是人類的心理活動。「它」不僅是促使人類感知和思考外在世界的驅動力，同時，其本身也是一個可以被感知和思考的對象。換言之，「它」並不屬於不存在的「假設」，而是一種具體的「經驗」。

至於「人」的「意識」之所以會發生活動，乃是由於「人」藉著不同的感官與外在的「客體」（人、事、景、物）有了直接或間接的接觸後，「他」的內心因而產生了回應所致。因此，「人的意識」與它所接觸的「客體」兩者，顯然是無法分開的。

以這樣的論述為基礎來再進一步推論，則可得到如此的結果：凡是人的「意識」活動，都必定含有「向客體投射」（object-oriented）的特性之結果，同時，這種「意識」與「客

體」的「對應關係」（correlation）不僅是「一對一」的，也是「意向性」的。

我們可以用一些比較專業的學術術語來說明胡塞爾這一「現象學」論述的核心觀點。譬如：「人」的「意識活動」所指向的「客體」，胡塞爾便將「它」稱爲「意識對象」（noeme/noema，又譯爲「意所」、「意識之所對應者」等）。

這一個「意識對象」的內涵，其實並不像「它」的表象那麼單純，而是頗爲複雜的，因爲「意識對象」所指的乃是一個「範圍」，或者可稱爲一個「界域」（horizon）。這個「界域」從內到外包括有三部份：

1.是位居這個「界域」的最裡面部份，就是「意識」所投射的「對象」（object, 有的將它稱爲「核心」或「主軸」）。

2.是位於這個「對象」外面，有著一系列不停地變動的「意識的對象群」（noemata）環繞著。由於這個「意識的對象群」是變動不拘的，所以經常會造成被它們所圍繞的「核心對象」不容易被認識清楚的情形。不過，因爲這個「核心對象」擁有一種不會改變的「自我認同」（self-identical）特質，所以這個「核心對象」也就仍然可以一直保有它自己原來意涵的穩定性了。而由於有這樣的情況，「核心對象」也就可以被稱爲「意識的意向性對象」（the intentional object of consciousness）了。

3.是在這一個「意識的對象群」的外面，同樣也有一個更大的「界域」（horizon）包圍著它。這個「界域」的內涵非常複雜，若我們從不同的層面來分析，它實可區分爲「時

間界域」、「空間界域」與「意義界域」等三個層面。大致
說來，它們各自的特殊意涵約可用如下的說明來定位：

（1）「時間界域」（temporal horizon）：人們內心的
「意識」在接觸到「對象」時，若以「時間」一直在流走的
現實為據，則這個被接觸到的「對象」必會呈現為絕非處於
完全靜止的狀態，而是在時間之流裡不停地變動著。因此，
人們的內心在「意識」這個「對象」的當下，不但仍然會感
覺得到此一「對象」在稍前一刻時所留下來的殘影，而且也
會產生「它」下一刻可能會出現的側影之預期心理。這兩者
合起來看，就是「意識對象」的「時間界域」。

（2）「空間界域」（spatial horizon）：從「空間」的
角度來看，人們內心所「意識的對象」其實只是所「意識範
圍」的中心部分而已。在此「對象」的四周，在同一時刻其
實仍也會出現許多「事物」。同樣的，在這些「事物」的外
圍，也還會在同一時刻出現許多圍繞著「它們」的「其他事
物」；而這情形乃是可以一直延伸到無窮盡的範圍的。這一
個以「對象」為核心而一直向外伸展的「範圍」，就是意識
對象的「空間界域」。

（3）「意義界域」（context of meaning）：人們對意
識「對象」的了解，必然都是將「它」放入到某個意識的網
羅之中 ── 尤其是自己所熟悉的「意義系統」，或是自己判
斷後認定的「它」所屬的「意義系統」── 去進行理解的。
這一個意義系統，就是「意義界域」。

（三）還原（reduction） —— 回到事物本身

現象學是研究「純粹現象」的科學。因「純粹現象」乃是現象學之所以擁有深刻的意義、廣大的影響與能夠在理論上站得住腳的基礎，所以筆者在下面的文字中還會有稍進一步的說明。

一般而言，現象學可說是哲學界裡非常重視「運作方法」的哲學流派之一，而其主要的方法，就是「還原」，也就是強調「回到事物本身」。在胡塞爾的論述中，現象學的「還原」方法約可分爲下列三種：

1.「存而不論」（epoche）

要求把所有超越人們立即經驗的事物全都「放入括弧之內」（put in the bracket），讓它們「存而不論」。因爲只有把現實世界中的所有人爲的外加因素，例如文化習俗、社會潮流、政治影響、甚至自己的背景等等都排除掉，才可能使人們心中所意識的外在世界被「還原」到只包括人們的內心所直接意識到的內容，而成爲「純粹現象」；而人們也因此才能據以擁有可以從此出發的絕對性材料。換句話說，就是要求人們應該先約束自己，不讓自己對非屬於意識內的事物任意去進行判斷。

2.「本質還原」（eidetic reduction）

本質還原就是要求人們把自己的知識從「事實」層次提升到「理念」層次。這是因爲人們內心之中的「意識」不但是流動的，而且動向不定，所以前面所提到的「意識群體」

也就必然是不停變動了；而在此情況下，「意識對象」的內容當然也必定是變動不拘的。面對此種情況，現象學卻是要穿透這些變動不拘的事物之外貌，來掌握住其內部所含有的「本質」。所謂「本質」，就是被「經驗」（即「意識」）的「事物」（即「意識對象」）之所以會被普遍認爲「它」即是「該事物」的「必備條件」。而經由這樣的意識過程，「意識對象」的「本質」也就可以被掌握住，而終於達成「本質還原」。

3.「超越性還原」（transcendental reduction）

前兩種是胡塞爾早期所提出的現象學方法論，它們的共同點在強調：必須透過事物在人們的意識中所呈現出來的表象，才能捕捉到事物的本質。到了晚期，胡塞爾的現象學方法論轉成了「超越性還原」。這一還原方法比前兩種更進一步，把所要追求的目標拉高到：事物爲何被人們如此意識（如了解與感受）的主體性根源到底是什麼？胡塞爾強調，「意識」實際上乃是一個「活動場域」，一個包括了「超越性自我」如何運用各種方法來了解「對象」的「場域」，以及「對象」被「超越性自我」了解時是透過那些方法的「場域」。更重要的是，因「意識」並非個人用來證明自我存在的，而是一種在現實世界中存在於人人身體內的心理活動，所以它的性質也就必須取決於人們的身體在該世界中如何轉換爲整體意識領域的總體基礎與出發點了。以此爲基，人的「意識」便可成爲一種無可質疑的認知主體。

綜合來看，「現象學」有關「還原」的方法論實含有三

個基本原則：一是「中止人們的粗樸信念」，也就是當「人」想要瞭解世界事物時，「他」必須要做到先中斷或停止自己在「意識」現實世界（也就是「存在」）時的各種主觀意識，而使事物能夠「還原」到其純粹現象時的狀態，並以此狀態來呈現在人們前面。二是「使世界還原成『生活世界』（Lebenswelt）」，也就是「人」必須將已加入到現實世界上的各種影響（如「文化」）因素去除掉，使現實世界「還原」到人們以直接經驗爲基礎所形成的「生活世界」。三是「超越性還原」，也就是「人」應該把已經被各種因素所影響的現象界中的自我「還原」（或稱爲「提升」）到超越性主體的層次，再以具有「超越性主體」的「我」去意識世界。

根據以上所論，「現象學」做爲以探討「存在」爲主要課題的一種哲學論述，它的主要貢獻乃是在將以往把「人」封閉在他自己內心裡面的哲學觀打破，譬如柏拉圖認爲只有「真理」（或「理念」）才是「真實」的說法，因而解放了「人」的「意識」活動。胡塞爾主張「人」心中的「意識」雖在其身體之內，但卻與外在世界緊密連結；而其方式則是「人」內心中的「意識」在「意向性」的主導下，去認識與了解「現實世界及其的內的事物」。從論述過程與結果上來看，胡塞爾顯然是以「事物」本身既然是由「它」自己現身的，「它」當然是屬於「存在」的一部份，也因此自然擁有「表象」來作爲他的論述基礎。但是他強調，並沒有所謂「純粹的表象」，也不會有任何事物「只是表象」而已的情況；因爲「表象」的「真實」必定是與擺脫了各種人爲因素影響

的「真實世界」合一的，也是與具有「超越性主體」的「人」
的「意識」合一的。

三、胡塞爾之後的「現象學」論述

據前所論，可知胡塞爾現象學論述的主要內容，是在研
究「人類」內心裡的「意識」如何去感受與了解各種「對象」。
不過，到了胡塞爾之後，他的現象學理論雖然在許多領域都
產生了若干影響，但細觀其內涵，卻也都出現了被修正的情
形。底下便以海德格和沙特為例，來稍稍勾勒此一情況。

（一）海德格（Martin Heidegger, 1889-1976）

海德格是胡塞爾所指導的學生。在他所提出的龐大哲學
體系中，即有若干部分係修正自胡塞爾的現象學理論。譬如
說，他不僅將被胡塞爾現象學所主張的放入「括弧」之中、
因而被「存而不論」的「意識對象」視為必須深入研究的重
要主題，而且更進一步去挖掘各種「意識對象」的背後所存
在的「存有」（being）。如此一來，胡塞爾以「知識論」為
根本性質的現象學，到了海德格的哲學理論中便轉變成「本
體論」的現象學了。

更具體地說，海德格顯然把胡塞爾的現象學視為一種「方
法」，而且其功能也被限定在描述「意識對象」「如何」；
換言之，胡塞爾的現象學便不是在探討「意識對象」到底是
「什麼」了。由此，海德格即經由縝密的論述過程而提出一

種新的主張：凡是被「人」所選定爲「意識的對象」，都是經由「它」（包含「他人」）自己的「說話」過程來逐步揭開自己的隱蔽狀態而顯現出其真實自我的，而不是由做爲發出意識的「人」將「意義」投射到「它」身上，也不是由「人」把「範疇」強加在「它」身上的。換言之，做爲發出「意識」的「人」，我們必須讓「意識的對象」自身擁有開展自己的權力，讓「它」去詮釋自己。而也正是如此之故，海德格所提出的現象學乃因而被後人稱爲「詮釋學式的現象學」（hermeneutical phenomenology）。

（二）沙特（Jean-Paul Sartre, 1905-1980）

沙特的哲學體系，尤是該體系中的倫理學，也頗具胡塞爾現象學的色彩；更具體地說，乃是具有胡塞爾現象學中的「意識指向」概念。沙特認爲，「人」既然是通過絕對自由抉擇，而將自己從原來的空無本性之存在狀態創造出自己的本質，那麼，「人」的「存有」便應該是一個不斷自我創造的過程。

沙特的論述大略如下：因外在世界是一種「存在於它自身」（in itself）的存在狀態，所以雖具有其本質與意義，但卻是屬於一種固體性的靜態之「有」，因此，並沒有能力去自我分解、自我展現。同時，因「人」也同樣是處於這一個世界之內，所以也因而常常會將自己想像成屬於被決定的、無法自行抉擇的、喪失了變動的可能性的靜止之物。在此情況下，「人」便必須靠著相信自己擁有「爲對象而存在」（for

itself）的本質之觀念，以及相信自己擁有「爲對象而存在」
的絕對自由抉擇，一方面拆解自己屬於靜態的「存在於它自
身」的組織結構，另一方面也展現出以自身意識爲主所建構
出來的「爲對象而存在」的存在。根據此一論點，「人」當
然就是屬於能夠開展自己，「爲對象而存在」的存在了。

四、現象學文學批評

　　現象學理論對文學批評的影響大致包括了「批評家」、
「文學作品」與「作者」等三個對象；而因「批評家」爲內
心意識的發動主體，所以我們底下便從兩個面向來說明現象
學對文學批評的影響：

（一）「批評家」與「文學作品」的關係

　　在含有現象學觀念的文學批評裡，所謂「批評家」（包
括所有的「讀者」在內）是指讓「文學作品」能夠「存在」
的人。而這樣的觀點若從「存在」的角度來看，便含有兩層
意思：其一，對「現象學派」（事實上並沒有這種批評學派，
這只是爲了行文的方便而用的名詞）的文學「批評家」來說，
「文學作品」是用文字所寫成的；只不過這一用文字符號書
寫而成的「文學作品」，只能算是一個內涵靜止而無意義的
「存在」體而已，並未含有真實的內涵。其二，這派「批評
家」認爲，「文學作品」是用來讓「讀者」閱讀的；也就是
說，凡是尚未經過「讀者」閱讀的「文學作品」若要擁有意

義，便須等到有「讀者」閱讀「它」，使「它」在「讀者」心中的意識活動驅使之下產生了「意義」，才能算是真正具有生命的「存在」物。因此，「讀者」（即「批評家」）當然就是使「文學作品」能夠擁有「意義」的人。

「批評家」對「文學作品」既然擁有如此重要的地位，那麼他到底應該採取怎樣的態度來面對「作品」呢？這派「批評家」認為，身為「作品」的「讀者」，自己的主要責任並非在「解釋文學作品」上！他所需做到的實為另外兩件事。首先，他必須採取一種專注卻又無所拘束的態度來面對作品，也就是讓自己在作品之前「全幅挺現」，使自己的內心全然開放，成為可供作品進來的寬闊居所。其次，他還必須緊緊約束自己，使作品不致於和他產生混合的情形；因為如果讓作品沾上自己個人的記憶、經驗或標準，則作品將無法維持其本來面貌，也無法自我展現。因此，現象學文學批評家最主要的工作，就是以小心謹慎且虛懷若谷的態度去面對作品，然後在「開放地接納作品」與「不和作品混合」之間找到一個恰當的距離（此方式也被稱為「直觀」〔wesensschau〕），使自己能夠全然開放地面對作品，同時，也可讓作品擁有自行開展的獨立地位。

（二）「批評家」與「作者」的關係

如前面所述，現象學派批評家顯然把「文學作品」視為想了解的現象，然後採取「直觀」的方法，由內心所發出的意識不斷地考察該現象，最後才獲得體悟與了解。至於另一

個批評家也無法漠視的對象 ── 「作者」，現象學派批評家
也提出了特定的主張。

　　一般而言，「作者」當然是指用文字符號創作出「文學
作品」的人。歷來的文學批評家在解釋「文學作品」時，每
每會把「作品」和它的「作者」緊緊聯繫起來。有的批評家
認為，「作品」的內容只是用來了解其「作者」的一項資料；
但也有些批評家認為，「作者」的經歷是解釋「作品」的重
要依據。換言之，他們對「作者」的研究方式，或者是從史
學與社會學的角度出發，先蒐集有關他的生平事蹟，再進行
分析評論；最後，才借助析論的結果去解釋「作品」；另一
種則是採用心理分析的角度，藉著收集到的「作者」的言行
資料去分析他的情緒感受；最後，才借助分析的結果去解釋
「作品」。總而言之，「作者」與「作品」雖然有關，卻也
是各自獨立的個體。

　　但現象學派批評家卻提出了迥然不同的看法，他們以有
意義的「存在」觀為立足點，主張所謂真正的「作者」並不
是指和「作品」同時呈現於「讀者」眼前的另外一個現象。
所謂「作品」的「作者」，是指從「作品」內所呈現出來的
「作者」，是一個「想像」出來的「人」（或稱為「作者」
的「真實」），而非在「作品」之外的一個屬於「經驗世界」
中的「人」。「批評家」所要研究的「作者」，本來就存在
於該「作品」之中，所以他所要做的，就是從這個「作品」
中去挖掘出屬於想像，卻具有獨特性與深刻意義的「作者」。
因此，想了解「作品」的「作者」 ── 的唯一方式，只能在

「作品」裡面去尋找。

　　總之，現象學認為一切現象均具有意義。它對文學批評的影響，是指出了「批評家」是使「文學作品」能夠成為有意義的存在的人，同時，「文學作品」本身也擁有其獨立於經驗之外的主體性。至於「文學作品」的「作者」，不應該是指用文字符號來創作出作品的人，而是只存在於「文學作品」之內的那個具有獨特性與意義的人。據此，我們應該可如此理解「現象學文學批評」：現象學理論所強調的主要觀念之一是「回到事物本身」，而其方式為「中止判斷」，那麼我們若把「文學作品」視為被「意識的對象」，而把「意識」發出者看作「批評家」（或「讀者」），則當「批評家」開始閱讀「文學作品」時，他首先必停止自己對現實世界的判斷（即「經驗」），讓自己完全開放，成為「文學作品」的寬闊居所，同時將「文學作品」與現實世界隔開，使自己的注意力集中到「文學作品」上，並讓此一「文學作品」可以盡情地展現自己。

主要參考書目：

Heidegger, Martin, *Being and Time,* tr. John MacQuarrie and Edward Robinson, Oxford : Basil Blackwell, 1962.

Husserl, Edmund, *The Idea of Phenomenology,* tr. William Alston and George Nakhnikian, The Hague : Martinus Nijhoff, 1964.

Ingarden, Roman, *The Cognition of Literary Work of Art,* tr.

Ruth Crowley and Kenneth Olson, Evanston: Northwestern University Press, 1973.

Merleau-Ponty, *Phenomenology of Perception,* tr. Colin Smith. London & New Jersey : Routledge & Kegan Paul, 1962.

Sartre, Jean-Paul, *Existentialism and Humanism*, tr. Philip Maiet, London: Methuen, 1957.

王建元著：《現象詮釋學與中西雄渾觀》。臺北：東大圖書，1988。

鄭樹森著：《現象學與文學批評》。臺北：三民書局，2004。

蔡美麗著：《胡塞爾》。臺北：東大圖書，1990。

第三節　「原型批評」（Archetypal Criticism）文學批評

一、「原型批評」的背景

「原型」（archetype）一詞的原意為「最初的原始類型」。這一概念應可上溯到古希臘大哲學家柏拉圖（Plato, 429-347 B.C）。柏拉圖主張「現實世界」乃是模仿自「理想世界」（也就是「原型」）；而「詩」（poetry，即「文學」）則模仿自「現實世界」。因此，柏拉圖認為「文學」乃是「模仿品的模仿品」，所以並不值得信賴。

「原型批評」在 20 世紀中葉出現，一方面是受到文化人類學發展的影響，也就是這時期裡出現的全球性的文化尋根思潮與藝術中的原始主義傾向。其中，尤以文化人類學的劍橋學派影響最大。由於英國的劍橋學派乃是以神話儀式、原始信仰和圖騰崇拜等為立足點去研究古希臘戲劇，進而從早期的宗教現象切入，探索其內的文學現象，特別是有關文學的起源和構成文學體裁的原因，所以也使「原型批評」後來被人稱為「神話批評」（myth criticism）、「神話儀式學派文藝批評」或「神話——原型批評」。但在另一方面，則是有意識地批判美國的「新批評」（New Criticism），反對這

一文學批評學派所提出的「文學的範圍」只能限定在「文學作品」上的論點，而主張其範圍至少要應包含「作者的共同心理」與人類的「文化」。

二、「原型批評」的理論淵源

從理論的淵源來看，「原型批評」主要是受到弗雷澤的「文化人類學」、榮格的「集體潛意識心理學」、卡希爾的「符號形式哲學」等三種理論的的影響。這三種理論的主要觀點如下：

（一）弗雷澤（J.G. Frazer, 1854-1941）的「文化人類學」

弗雷澤可說是近代英國文化人類學的最著名學者。在這一領域裡，他的著述不僅豐富，而且都流傳甚廣；其中，尤以《金枝》（*The Golden Bough*）一書的影響最為深遠。這是一本以巫術觀念為基，而對人類的原始宗教儀式、神話和民間習俗等進行深入比較研究的鉅著。它的最基本觀念是「宗教源自巫術」。書中指出，上古人類認為靈魂可以轉移到另一個軀體內；當帝王經過一段時間而露出虛弱跡象時，它就會被殺死，而他的靈魂也就轉到殺死他的人身上，以保持靈魂的健康。由於人的生死和植物的榮枯一致，所以帝王的死亡與復活也和植物相同。書中以義大利的古代神話為例，說明內米湖畔狄安娜神廟的祭司被稱為森林之王，負責看守聖

樹；當有逃出的奴隸折了一根樹枝，和他決鬥而殺死他後，便可取代他而成為新的祭司。如此，人與植物實為一致，都有靈魂藉著轉移所附的軀體而永保健康的情形。大致說來，弗雷澤的主要論述或許可歸納成以下三項：

1.人類 —— 巫術 —— 自然（神祇）

弗雷澤根據實地的考察和研究後指出，古代人相信，「人類」和「自然」之間具有一種「交互感應」的關係。也就是說，人類的生活不僅時常受到自然界的影響，同時，人類也可以透過某個特殊人物（即：巫師、巫婆），藉著某些象徵性的活動（即：巫術），而使人類的意志或願望能進入自然界中，甚至達到控制自然現象的目的，這就是「交感巫術」。

2.巫術 —— 宗教 —— 科學

當人類了解到「巫術」已無法控制自然現象後，便將前述那種象徵性的活動展演成一套複雜的儀式，希望透過這種儀式來展現虔誠的敬畏之心，向掌控自然現象的神祇祭拜和祈求，而形成了對「宗教」的信仰。後來，因「科學」的出現與發達，不僅人類的生態因而改變，人類的宗教信仰也被動搖。此外，也是在越來越豐富的科學知識引導下，古代的許多神話、祭拜儀式、以及至今仍保存下來的古老習俗等，也都能獲得合理的解釋。

3.祭拜儀式 —— 神話故事

弗雷澤以人類及動植物的生殖觀為考察焦點，先收集了地中海沿岸遺留的許多古代祭典儀式，然後從那些儀式中發現了許多古代神話故事的原型。譬如以其中的「阿都尼斯」

（Adonis）神話為例，「祂」是「植物神」的名字，在地中
海沿岸的許多地區，許多事實上「並不可能有往來」的「不
同種族」，竟然「都有」一年一次向「祂」祭拜的儀式，為
的是祈求「祂」能讓人的生命像植物一樣，雖在冬季必定凋
零，但卻能夠在下一年的春季復生。這種儀式的主要內容為
展現人的生命可以像植物生命的循環般成長、凋零與復生。
換言之，這種儀式的意義，不僅使植物的生命被「人格化」，
人的生命也被期盼為能夠像植物般生生不息。

（二）榮格（Carl Gustav Jung, 1895-1900）：「集體潛意識心理學」

　　榮格所提出的心理學說已如前述，而在其論述中，也有
不少觀點明顯地影響了後來的「原型批評」。這些觀點大致
可歸納如下：

1.「集體潛意識」（the Collective Unconscious）

　　榮格的老師弗洛依德將「人」的「心理」（或「精神」）
區分為「意識」與「潛意識」兩個層次。其中，位於深層的
「潛意識」的主要成分為「性本能」，也是決定「人格」的
主要因素。榮格基本上雖然同意老師的看法，卻更細膩地指
出，其中的「潛意識」層應該必須再區分為兩層。在「潛意
識」層裡的上層仍是弗洛依德所稱的「潛意識」，但卻只是
屬於每個人並不一定相同的「個人潛意識」；在它的下面，
其實還有一層屬於所有的人都相同的「集體潛意識」。正是
因為這個「集體潛意識」之說含有如下的兩項特質，所以影

響了「原型批評」：

（1）「集體潛意識」位於「個人潛意識」之下，屬於「潛意識」的最底層，也是人人都有的心理要素。它是由歷代祖先的經驗和情感所累積成的內心之中的一種潛在驅動力，但卻非個人所能了解；而它主要特色是：超乎個人經驗、反覆出現的最原始，而且是人人共有的夢幻和想像。人類正是藉著它，才能與其先祖結合起來。

（2）「集體潛意識」是早就存在於人人心中的一種「模式」，也因此具有隨時隨地「規範」個人言行的力量。與「個人潛意識」係由內心裡的各種「情節」（complex）所組成不同，「集體潛意識」的主要成分則是「原型」（archetype）。

2.「原型」（archetype）

榮格認爲「集體潛意識」雖留在人的內心（大腦）之中而代代相傳，而且對人的知覺和想想等都有「規範」作用，但因未曾顯現於外，故而讓人對它很難做到確切地了解與掌握。不過，人們仍然可以藉著「原型」來了解它，因爲「原型」就是它具體呈現出來的「基本型式」。換言之，「原型」就是「原始意象」（primordial images），而它所具有的三項主要特色爲：

（1）「原型」是一種人類在適應環境時所產生的共同心理「機制」。由於它來自人類的本能，而且具遺傳性，所以是屬於先驗性的人類共同「內在型式」。除此之外，它也具有普遍一致和反覆發生等性質。

（2）不論是被稱爲「機制」或「模式」，「原型」可說

是人類遠古生活的遺跡，也是人類自古以來重複了許多次的同類型經驗的記憶痕跡。

（3）「原型」意象雖然隱藏於人類的思維中，而只在神話、宗教、幻覺或夢境等行為被反覆強調或記錄下來，但在文藝作品中，卻常以某些反覆出現的形象或結構表現出來。

3.四種主要的「人格原型」

榮格從眾多的神話、宗教、民族和民俗等資料中，分析出人類的性格具有四種主要的普遍性「原型」：

（1）「陰影」（shadow）

「陰影」是人格中最低劣的部分，也是使人出現破壞性或不道德行為的慾念，所以可說是罪惡之源。由於「陰影」的原型是以誘導或逼迫的方式讓人做出連自己都不允許的事情的，所以在事後，人常會感到被某些東西纏住，致使心中產生憂慮或恐懼等；這就是「陰影」，是人性中最原始的部分，也是人類心靈中尚未被認識清楚的可怕的一面。

（2）「人格面具」（persona）

「人格面具」位於人格的最外層，是人在公共場合所展現的外在言行。它具有將自己的本來面貌（或是原來的性格）隱藏起來，讓他人無法看清，以保護自己的作用。這種「人格面具」的原型基本上是人類為了適應環境而產生的保護自己的動作；因此是屬於「從眾求同原型」。

（3）「阿尼瑪與阿尼瑪斯」（anima and animus）

「阿尼瑪」是指男性在無意識中也具有某些女性人格的特徵，而「阿尼瑪斯」則恰好相反，是指女性在無意識中也

具有某些男性人格的特徵。譬如說，人們總是無意識地被某些異性所吸引而產生愛慕之心 —— 即使在外貌上，那位異性並不算是真正的俊男或美女。

（4）「無意識的自我」（self）

「無意識的自我」是人格結構中要求人的心靈應該有秩序、有組織，以及必須統合在一起的原型。因為它，人的精神狀態才能達成和諧的狀態。

除了以上四項之外，當然還有不少其他原型，譬如：智叟（Wise Old Man）、母親（Mother）、英雄（Hero）、聖童（Pure/Divine Child）、貞女（Kore/the Maiden）、搗蛋精靈（Trickster）、…等等。總之，榮格認為，「原型」係深藏於人類的潛意識中的人格，雖然平時並無法看得出來，但當它向外「投射」（in projection）時，不論是通過神話、童話，或者是夢或幻想等的象徵或隱喻方式，就會清楚地將這些人格原型展現出來。榮格這一原型觀，對後來的文學、藝術及文化之審美理論均產生了極大的啟示作用。

（三）卡希爾（Ernst Cassier, 或譯為卡西勒, 1874-1945）的「象徵哲學」

卡希爾為猶太裔的德國人，早年雖受教於新康德主義者海爾曼・柯亨（Herman Cohen, 1842-1918），但其哲學思維卻受到更多的科學思潮的影響。1930 年起擔任海德堡大學校長，並創立了自己的「文化哲學主義」。當希特勒於 1933年上台時，他認為那將是德國沉淪的開始而辭去校長一職，

然後到英國、瑞典、美國等地的大學任教。1945 年，卡氏於美國哥倫比亞大學講堂上回答學生問題時，竟無預警的猝逝，因而引起學界震撼。

卡希爾一生著述多達一百二十多種，因深深覺得自笛卡兒（René Descartes, 1596-1650）到康德（Immanuel Kant, 1724-1804）的西方近代哲學界，幾乎認爲只有數學、物理等自然科學才能算得上是真正的「知識」，並把「人」定義爲「理性的動物」，而「人文學研究」卻一直在哲學界裡處於無足輕重的位置，所以乃特別強調「人」的重要。而他在這一方面的主要觀點，可從他的鉅著《符號形式的哲學》（*Philosophy of Symbolic Forms*）三卷（含第一卷《語言》、第二卷《神話思維》、第三卷《認識的現象學》）與《人論》（*An Essay on Man*）兩大著作表現出來。其中，《人論》基本上可說是在闡述《符號形式的哲學》的基本思想，分爲上、下兩篇，上篇討論的主要課題爲「人是什麼？」，下篇則是對人類世界的全面考察。

卡希爾在《人論》中指出，「人類」與「動物」的基本差異在於「動物」只能對「信號」（signs）做出直覺的反射動作，而「人類」卻能將「信號」改造爲有意義的「象徵符號」（symbols）。換言之，是因「人類」能夠發明與運用各種「象徵符號」，所以才能創造出「人類」自己所需要的「理想世界」。據此，卡希爾進而指出，因爲人類的文化生活形式具有多樣性與豐富性，所以「理性」兩字實不足以充分描述「人類」的特色；相反的，既然所有的文化形式都是「符

號形式」，所以把「人類」定義爲「符號的動物」（animal symbolicum）應該比較適合。

　　對卡希爾而言，所有的「文化形式」都是「符號形式」，因而也都具有積極性與創造力。其中，屬於上古時代的「神話」（myth）不僅是一種「符號形式」，更是人類思維的起點，故而若想了解哲學的最初概念和使命，便只有透過了解「神話思維」（mythical thought）的種種情況才可能達成。爲此，卡希爾更進一步指出，某些不同的「符號形式系統」之間其實隱含有進階的關係，譬如：神話→語言→科學，這三者便是具有從底層逐步向上提升的三類符號形式系統；而他也更具體地將「神話思維」歸納出以下三個特點：

1. 「神話思維」（mythical thought）乃是一種具有隱喻內涵的象徵性思維

　　卡希爾指出，人類世界除了有一種用來表達概念的語言符號系統之外，同時還有另外一種屬於直觀的性質，而且充滿「想像」和「情感」的語言符號系統。也就是說，前者是屬於邏輯性的推理語言，而後者則屬於抒情式性的「隱喻式」象徵語言，兩者並存於人類世界中。而其中的隱喻式語言最具典範性的表現，就是「神話」與「詩歌」。

2. 「神話思維」乃是一種情感性的思維

　　卡希爾認爲，「神話思維」的根基在「人的情感」上，因此，在表達上雖仍具有統一性，卻非屬於概念式的邏輯性統一，而是「情感的統一」。換言之，「神話」裡的空間和時間都不是建立在邏輯思維和理性分析上，而是以「情感」

的匯聚爲依歸來進行與推展的。

3.「神話思維」乃是一種將生命視爲整體的「交感」性思維

上古時期的人類心靈雖然仍處於渾沌不分的狀態，但他們爲了理解和解決自己與現實世界的各種關係，也有（只憑想像便）將空間上不同事物的共存關係和時間上的延續關係解釋爲某種「因果關係」的習慣，而形成了與「科學的因果關係」不同的「神話式因果關係」，例如：將「每個夏季」都會出現的「燕子」解釋爲「燕子創造了夏季」的神話。

三、「原型批評」家弗萊（Northrop Frye, 1912-1991）

承繼前三種有關人類文化學、心理學和哲學等理論，並進一步將論述重心集中到文學上，而使「原型批評」成爲一種擁有嚴密體系的文學批評，並產生巨大影響力的是加拿大學者諾斯羅普·弗萊。弗萊自 1940 年取得英國牛津大學碩士學位後，任教於加拿大多倫多大學。他不僅著述豐富，專著多達三十多種，而且都極具創見，因此屢獲加拿大、英國、美國等多所大學的名譽博士、院士等榮譽。

弗萊對「文學」的基本態度，可用「文學是一個整體」（literature as a context）來概括。在研究方法上，他與俄國的「形式主義」者和美國的「新批評」者所採取的方法頗爲類似，即非常講究科學的系統性；但在研究對象上，他與前兩種文學批評所強調的重心顯然有別，因他最終想要賦予「獨立地位」的，並非前兩種所關注的「文學作品」，而是「文

學批評」，也因此，他提出了：「文學批評」的客體必須是文學藝術，同時，文學研究必須講究科學性，也就是必須同時兼顧文學性和理論性等說法。

對弗萊而言，「原型」即文學的泉源，是一種「典型」的「再現意象」；因著它們，不同的「詩」（即「文學作品」）得以被連接起來，而使「文學」成為一個整體。換言之，「原型」可說是一種具有交流性質的「象徵」；「原型批評」便是把「文學」視為一種如同社會般的事實，而組成此一社會的各個成分其實都具有隱藏式的結構關係－尤其是「循環性」。因此，「原型」乃是一種文學交流的類型，也是文學的普遍存在狀態。

弗萊這一文學批評的主要內涵，在他於 1957 年出版的《批評的解剖》（*Anatomy of Criticism*）一書中已然完成。這本著作不但是「原型批評」的經典，對 20 世紀下半葉的整個文學研究領域也產生了非常深遠的影響。這本書依序由「導言」、四篇專論、「結論」等六部分所組成。底下便依照此依順序稍作討論：

（一）「論辯式的導言」（Polemical Introduction）

弗萊在本書最前頭的「導言」中，幾乎是以「宣言」的方式強力辯稱「批評」的主要特質為：因具科學性而擁有獨立的地位。對於美國「新批評」的主張，也就是認為「文學批評」的唯一對象是「文學作品」，一個內部含有有機結構的「獨立自主的客體」；而「文學批評」即是採用合乎科學

要求的規範性和系統性方法，去析論此一「客體」的語言、結構，並解釋其含意與價值等說法，弗萊並不完全贊同。弗萊最反對的是這一文學批評的「封閉性」。他認為「文學批評」的觀照範圍絕不能只限定在個別的「文學作品」上，而應該以「文學類型」為起點，然後再採用其他學門的系統性方法，以文學的總體形勢為觀照面去研究文學。因此，「文學批評」係一種兼具了開放性、統一性與獨立性的人文科學。

（二）第一篇專論：「歷史批評：模式理論」
（History Criticism：Theory of Model）

在這一篇專論中，弗萊以亞里斯多德（Aristoteles, 384-322 B.C.）在《詩學》中的主張為據，指出「虛構作品」（fiction）的重心應在「人物」上，而其深刻內涵則包括了作品中的「人物」有等級的差異，以及作品中的「人物」與現實世界中的「真人」並不相同。然後，他再以「虛構作品」中的主角為基礎，依照他們的「身分或性質」之高低與「能力」的大小，將文學的類別區分為以下五種模式：

1.「神話」（myth）

主角的「性質或身分」遠比其他人優越，同時，他的「能力」也可以輕易超越環境所造成的任何阻礙。換言之，主角可以說就是「神」，而有關他的故事便是「神話」。

2.「傳奇」（romance）

主角的「性質」在程度上比其他人優越，而他的「能力」也可以克服環境所造成的阻礙。不過，他仍然是屬於「人類」，

只是他的行爲高過眾人之上，在世人之中顯得非常出類拔
萃，所以有關他的故事便是充滿著浪漫色彩的「傳奇」（含
「民間故事」）。

3.「高等模仿模式」（high mimetic）

主角的「性質」在程度上雖比其他人優越，但他的「能
力」並無法克服環境所帶來的阻礙。他雖然是人群的領袖，
擁有權威、過人的能力與激烈的情感，但他的作爲仍需臣服
在自然的規律與社會的批判之下，所以有關他的事蹟便是像
「史詩」或「悲劇」之類的「高等模仿模式」了。

4.「低等模仿模式」（low mimetic）

主角的「性質」在程度上並不比其他人優越，他的「能
力」也經常無法克服環境的阻礙；他是和我們一樣的平凡人。
不過，正因爲如此，他的遭遇常常會引起我們的共鳴，甚至
讓我們獲得某些值得思索的人生經驗，所以有關他的故事便
是喜劇或寫實小說類的「低等模仿模式」了。

5.「反諷模式」（ironic）

主角的「性質」比一般人低劣，也無「能力」掙脫各種
現實環境的阻礙。閱讀他的故事，甚至會使我們對其挫折與
荒唐的可笑的窘況產生輕蔑的心理；不過，有時也會讓我們
感到其中所暗含的反諷意味。因此，有關他的故事便是屬於
「反諷模式」了。

弗萊提出了這五種模式後，進一步指出：從「神話」，
經過「傳奇」、「高等模仿模式」、「低等模仿模式」到「「反
諷模式」，可說是「歐洲文學史」上「文學類型」自古至今

的進展和演變模式。

（三）第二篇專論：「倫理批評：象徵理論」
（Ethical Criticism：Theory of Symbol）

在這一篇專論中，弗萊借助卡希爾的象徵形式論點，將「文學」看做一個象徵系統，強調「文學作品」是一個獨立自足的創造品，而「文學」則是一個由外在形式上類似的「文學作品」所構成的許多不同的「文學類型」之集合體。更具體地說，弗萊把「文學」視為由許多可以分離的單位（即「象徵」）所構成的「假設性的語詞結構」，而「文學批評」就是以把「詩」（即「文學作品」）與「詩」聯繫起來的「象徵體系」為其研究領域的學問。

弗萊認為，任何「文學作品」都是多義性的，因為它具有許多層次（phase）。例如：「詞語層」是指文學作品內的重要詞語與各種象徵之間的關係；「描述層」則指文學作品對外在世界的描述情況；「形式層」是指文學作品作為一種假設性的語詞結構時，它所模仿出來的自然與真實世界之間的關係；「神話層」則是指在歷史洪流中，文學在各方面雖然都會產生變化，但卻仍可含有一些重複出現的象徵，也因而可看出它們在時代先後上的繼承關係；至於「總體層」，便是有關個別文學作品和全部文學經驗之間的關係了。

（四）第三篇專論：「原型批評：神話理論」
（Archetypal Criticism: Theory of Myth）

因這一篇專論所探討的正是「原型批評」，因此可視爲這本書的重心，而其主要論點有下列三項：

1.由「儀式」與「夢」組合而成的「神話」

弗萊以《聖經》（The Bible）和古希臘神話中的象徵系統爲據指出，「神話」是由「儀式」與「夢」透過語言的表達方式所組合成的。而因「神話」係遠古時代的文學「原型」，所以含有最基本的文學規律與構造原則。

當文學將重複出現的「象徵」性活動敘述出來時，便成爲一種「儀式」。因此「原型批評」家乃認爲，「儀式」是對人類某些具有整體性的行爲之模仿。至於「夢」，雖屬人類睡眠中的無意識幻想，但更是人類心中「意願」和「嫌惡」兩種矛盾心理交互作用的情形。據此，「儀式」屬文學的「敘述」，而「夢」則爲文學的「內容」，而「神話」正是一種將兩者結合起來的說明文字。

2.「置換變形」（displacement）

弗萊認爲，「神話」和「寫實主義」（或稱爲「現實主義」）分別代表文學的兩極；而若以比喻來形容，則「神話」可說是一種「不明顯的隱喻」，而「寫實主義」則屬一種「不明顯的明喻」。至於它們兩者之間在文學發展上的變動規律，則可在「原型」的「置換變形」上找到相關的線索。

弗萊從西方文學發展史中歸納出與「文學的五種模式」

互相對應的「五種意象世界」：第一種是展現出天堂景象和人類理想的「啓示意象」；第二種是表現出和人類願望相反的「魔怪意象」；這兩種「神話」中的「意象世界」係源自宗教裡的「天堂」與「地獄」。另外三種「意象世界」則是介於「天堂」與「地獄」之間的「類比意象」，即第三種的「天真的類比」，如「傳奇故事」；第四種的「自然和理性的類比」，如「高級模仿模式」；以及第五種的「經驗類比」，如「低級模仿模式」。

3. 「敘事結構」（mythoi）或「類型情節」（generic plots）

　　弗萊認爲西方文學的敘事結構係模仿自大自然界的循環往復、首尾相連的運動規律。例如：大自然界有「春、夏、秋、冬」四季進行著周而復始的循環律動，所以西方文學便有與之相應的四種「文學類型」：「喜劇」文類 —— 敘述作品中主人翁的誕生與復活，是象徵春季的敘事結構；「傳奇」文類 —— 敘述作品中主人翁的成長與勝利，是象徵夏季的敘事結構；「悲劇」文類 —— 敘述作品中主人翁的末路與死亡，是象徵秋季的敘事結構；「反諷與諷刺」文類 —— 敘述失去了主人翁的世界。這四種文學類型和一年中四季的關係一樣，不僅依次銜接，而且還具有循環往復的關係。換言之，弗萊認爲「神話」可以呈現出全部文學的結構原則，而其中當然包括了這四類作品的敘事結構與相互的關係。

（五）第四篇專論：「修辭批評：文類理論」
（Rhetorical Criticism：Theory of Genres）

在這一篇專論裡，弗萊從「修辭」的角度來討論主要的文學類型，進而指出「史詩」、「戲劇」、「抒情詩」、「散文」、「小說」等不同的「文學類型」，都有其特定的用詞、造句、比喻手法、韻律和節奏等。

（六）「嘗試性的結語」（Tentative Conclusion）

在這一部分裡，弗萊一方面重申「文學批評」因具有科學性，所以應該擁有獨立的地位；而因「原型批評」乃是以整個文學領域爲討論範圍，故而在所有的文學批評中實佔有中心的位置。但是在另一方面，由於弗萊自己對於這一「原型批評」能否用來解釋全部的文學現象並無法完全肯定，所以乃對未來的文學批評提出了若干期許，譬如能在「創新與知識」之間、「藝術與科學」之間、以及「神話與通論」之間找到可以聯繫起來的關係。

總之，對現當代文學批評而言，「原型批評」至少已產生以下四項「貢獻」：

1.將「文學作品」放入範圍廣大的文化背景中去探討，破除了極端封閉的「新批評」對文學的限制。

2.將「文學」視爲一個整體，然後關注文學在時間洪流中的變動規律，使文學的本質、起源、發展和演變等情況能夠清楚地呈現出來。

　　3.以「文學類型」為切入點,清楚地呈現出西方文學史
上的主流模式之變動趨勢。

　　4.以「文學批評」具有獨立性為基,一方面析辨各種「文
學批評」之間的關係,同時也澄清了「文學批評」與其他學科
之間的關係。「文學批評」因而得以列入具有科學性的學門中。

　　但相反的,「原型批評」也含有一些值得注意的缺陷,例如:

　　1.過於重視文學的總體性,以至於忽略了個別作品的特
色與價值。

　　2.將「原型」視為「文學」的唯一起源,而且是來自對
「大自然」的模仿,因而使文學與「社會」脫鉤;各個時代
的文學也因此失去了與「當時的人」的緊密關係。

　　3.主張大自然界的循環律動可用來解釋所有的文學形式
之產生與文學歷史的演變,此種論點既含有過度強烈的主觀
色彩,也呈現出過度僵化的機械性;此外,更有無法周延地
解釋所有文學現象的缺點。

主要參考書目:

Frazer, James G., *The Golden Bough : A Study in Magic and Religion.* London : Macmillan, 1954.

Frye, Northrop, *Anatomy of Criticism : Four Essays*, Princeton : Princeton University Press, 1957.

Jung, Carl G., *The Archetype and the Collective Unconscious*, Princeton : Princeton University Press, 1968.

約翰·維雷克著,潘國慶譯:《神話與文學》。上海:上海

文藝，1995。

恩斯特‧凱西爾著，周興漢譯：《符號、神話、文化》。臺
　　北：結構群，1990。

詹姆士‧弗雷澤著，汪培基譯：《金枝》。臺北：桂冠出版，
　　1991。

葉舒憲著：《探索非理性的世界：原型批評的理論與方法》。
　　成都：四川人民出版社，1988。

諾思洛普‧弗萊著，陳慧譯：《批評的剖析》。天津：百花
　　文藝，1998。

第四章　以「讀者」爲探討
中心的文學批評

　　當代的人類社會，主要特色之一應是在民主潮流席捲全球下，各個被殖民多年的地方紛紛獨立成「民主」國家，而社會的型態也走向「多元化」。尤其在科技的力量幾乎橫掃一切的趨勢中，有心之士也開始詢問：「人」們應該要思考如何再度取得屬於自己的「主體性」。於是，「發揮自我」與「尊重他人」乃成爲人們之間比較具有共識的一對相輔相成的認知與態度。「文學世界」也在這一潮流影響下，促使「作品」與「作者」之外的另一個組成要素「讀者」應該扮演甚麼腳色，以及它需要擁有甚麼功能等，也逐漸受到重視。這一思考趨勢後來甚至發展演出「讀者」乃是「作品的意義」的創造者之論述。換言之，這一論述主張「讀者」再也不只是從「作品」取得利益的人；相反的，他們不但是分析作品

的意涵與斷定作品的價值的人，他們甚至可說是作品意義的創造者。而若從綜觀式的角度來看，在 20 世紀裡，以這種論述爲主要立場的文學批評至少有以下三種：「詮釋學文學批評」、「接受美學」與「讀者反應批評」。底下便分成三節，將這三種文學批評分別加以描述與討論。

第一節　「詮釋學」（Hermeneutics, 又譯爲「解經學」、「解釋學」）文學批評

「詮釋學」在歐洲可謂源遠流長。從亞里斯多德（Aristoteles, 384 B.C.-322 B.C.）的《詮釋篇》（*Peri Hermeneias*）首次使用「詮釋」一詞之後，它主要是被運於宗教與法律兩大領域中。當它直接影響到文學時，已經是 20 世紀了。更具體地說，在 20 世紀中，「詮釋學」不僅在哲學領域裡每每和「現象學」有互相跨越的複雜情況，它在文學批評領域更直接影響了「接受美學」和「讀者反應理論」兩種理論。

依其內容被論述的性質而言，「詮釋學」通常被學者區分爲「一般的詮釋學」（如史萊瑪赫的論述）、「體驗的詮釋學」（如狄爾泰的論述）、「此在的詮釋學」）如海德格的論述）、「語言的詮釋學」（如迦達瑪的論述）與「批判的詮釋學」（如哈伯瑪斯的論述）等類別。但也有學者以歷

史展演的先後爲著眼點，把「詮釋學」劃分爲近代、現代和當代等時期。由於「詮釋學」的內容豐富而博雜，而本書所探討的是「文學」，所以筆者將以與「文學」有關者爲討論對象，然後再依其出現先後來說明它們的起源與發展情況。不過，在進入本題之前，我們先來看看到底「詮釋學」的主要內容與特色是什麼？

「詮釋學」（hermeneutics）的詞根是「hermes」，原是古希臘神話中一位神祇的名字。這位神祇是天神「宙斯」（Zeus）與「邁雅」（Maia）所生的兒子，負責掌管將天界中諸神的消息傳遞給人類。而由於神的語言與人類的語言有別，所以「hermes」這項傳遞訊息的工作便包括有：（一）轉換語言的「翻譯」與（二）將不明處說明清楚的「解釋」在內。換句話說，「詮釋」就是把一種聽者所陌生的語言轉換成他們所熟悉的語言，而且以讓他們能清楚地了解其意思爲目的。

從溯源的角度來看，最早提及「詮釋」一詞的是古希臘哲學家亞里斯多德。他在其著作《詮釋篇》中，從「語言」的層次指出，由於語言一被說出來之後，就被限定在語言自身的結構中；而正因爲如此，它才會有固定的意義，讓不同的使用者能對他們雙方所說出來的語言產生共同的理解。其後，「詮釋」便以「語言」爲中心，被普遍運用於神學和法律上。

在「神學」方面，隨著基督教與天主教的興起與傳播，《聖經》流傳的地區包含了許多種族與國家。因《聖經》的

使用者語言各異，故而對經文的理解也有了差別，於是，注釋《聖經》的「解經學」乃因應而生；換言之，解釋經文的目的除了要正確解釋《聖經》文本的「文意」之外，也要將文本背後所隱含的「神意」傳釋出來。但是，因不同的種族在不同的時代都會有其獨特的文化，所以使《聖經》的解釋不僅差異越來越大，而且也漸漸無法符合各地人們的實際生活經驗，最後，乃造成各族人們或各宗教支派都依據自己的歷史傳統與經驗來解讀《聖經》，而造成了《聖經》的新解釋越來越多的情形。

至於在「法律」上，古希臘之後的羅馬帝國曾制定一套在帝國所有管轄地區之內的各個不同種族與國家在政教上都必須奉行的法典。但隨著時間的推移，法典的內容也逐漸與各地的社會實況脫節。因此，為了使法典能適用於各個時代的各個不同地方，法典的執行者乃不得不在某些時候拋開法典條文原來的權威解釋，而採用回到原始條文本身，以尋求如何解釋出讓它們能適合實用的新意義。

總之，隨著時間與地點的改變，無論是在神學或法律上都出現了經典應該要重新理解，條文也必須重新解釋以有效解決實際問題的情況；而「詮釋學」便在這兩大主軸上逐漸形成其基本理念。

底下，筆者將以幾位現當代「詮釋學」界的重要理論家——尤其是與文學批評有關者——為對象，說明他們每一位所提出的「詮釋學」主要內容與特色。

20 世紀裡，「詮釋學」界裡的這類代表人物依時間先後

應可列出貝蒂、海德格、迦達瑪、李科等人。他們各有自己
的立論立場和角度,也因此形成了各自的論述特色。

一、貝蒂（Emilie Betti, 1890-1968）

　　貝蒂是特別重視方法論的德國詮釋學者;她上承史萊瑪
赫和狄爾泰的「精神科學」(即與「科學」具有根本性差異
的「人文學」),主張人們若想正確掌握所謂「理解」的過
程與其結論的客觀性,便必須從方法論切入,才能防止「詮
釋學」繼續落入相對主義的窠臼。更具體地說,貝蒂所探究
的中心課題就是「理解」;而想「理解」某一對象,她認爲,
必須要特別注意到兩個術語:「含有意義的形式」與「詮釋」。
　　所謂「精神科學」,乃是一種以「人」爲探討中心的學
問,因此,也就具有人人都有不同之處的個別性。既然如此,
這當然與追求以「普遍性」爲理想的「科學」有異。貝蒂認
爲,我們作爲「詮釋者」,因所要探討的「對象」(即「人」
所說的「話語」)已被投射入「人」(即「說話者」)的主
觀性,故而該「對象」雖然原是一種客體,卻已經變成一種
「含有意義的形式」,也就是具有「人」(說話者)的精神
的客觀化。所謂「詮釋」,也就是對此一「含有意義的形式」
之分析,並由此呼喚出此一對象內所含有的客觀化的精神。
據此,作爲「說話者」的「人」實可視爲一個「主體」;同
時,作爲「詮釋者」的「我們」也就是另外一個「主體」。
這兩個「主體」透過被探討的「對象」這一個「含有意義的

形式」為中介，乃開啟了一種兩個「主體」之間的交流，而形成了所謂的「主體間性」（intersubjektivitat）。於是，在「主體」都含有個人的「意向性」之創作與詮釋的動作中，乃達成了最後的目的 —— 「理解」。

貝蒂這一「詮釋學」論述裡雖提出了「創作者」與「詮釋者」兩個「主體」相互交流的「主體間性」，但基本上仍然是以「含有意義的形式」這一「客體」（也就是所謂的「文本」）和「詮釋者」為兩個重心的；而為了達到「理解」的目的，她認為「詮釋學」具有以下四項原則：

（一）「客體」具有「自律性」（autonomie）

貝蒂指出，被理解的「客體」—— 也就是「含有意義的形式」的「文本」—— 中雖含有創作者的主觀意思，但在它被表達，也就是創作完成之後，便已獨立。此時，其意義不僅已不必依附於創作者，同時，也不必依賴詮釋者，而是存在於其自身的內部結構之中。因此，詮釋者必須尊重「文本」—— 即使他（們）的詮釋並無法完全避免個人的主觀性，同時，也含有他（們）自己的創造性。

（二）「客體」具有「整體性」（ganzheit）

貝蒂主張，「文本」的意義係由其結構中的「整體」與「部分」之關係所決定的。至於這兩者的關係，首先必須要有對「文本」意義的「整體」擁有預期性的認識，才可能去確定「文本」的每一「部分」之個別性意義。接著，再以每

一「部分」的了解爲基，進一步去確認「文本」的「整體」性意義。換言之，「整體」和「部分」之間的關係乃是相互循環的；因而對「文本」的「意義」之了解，也就是在這種方式上完成的。

（三）「理解」的「現實性」（aktualitat）

貝蒂從「意義」的產生上指出，「文本」與「詮釋者」之間的關係並不是前者影響後者，或是說後者的功能只是在還原前者的原意。相反的，乃是「詮釋者」在展現自己的主體性；因爲「詮釋者」是以「文本」所屬的語言系統爲基，然後將其置入該語言系統的歷史語境中，去重建與理解「文本」的意義的。換句話說，就是詮釋學將已經被「客觀化」了的「文本」，回歸到「主觀化」──雖然此時的「主觀化」已不再是「文本」的「創作者」，而是「文本」的「詮釋者」。

（四）「詮釋」的「和諧性」（sinnentsprechung）

貝蒂認爲，「詮釋」既發生於「主體」（即「人」）和「客體」（即「文本」）之間，則「詮釋者」便須在「法理」與「事實」之間取得協調，使「主體的主觀因素」與「客觀性」兩者維持和諧的關係。而若想達成此一目標，則「詮釋者」一方面須在自己的「理解」過程中儘量排除太過於主觀的看法，另一方面也要相信「作者」，並將可能的相關因素都考慮進來，如此，才能做到不致損害「含有意義的形式」之「文本」的「客觀性」。

　　總之，貝蒂所探討的乃是如何去「理解」「文本的客觀意義」。她在自己所提出的詮釋學論述中指出，許多詮釋者在「詮釋學循環」的過程中，因加上了太多自己和作者的主觀性，以至於無法達到真正的「理解」。據此，她才會特別強調詮釋的首要條件，係在承認「含有意義的形式」的「文本」乃是一個獨立的存在體，它既不再依靠作者，也不需全仰賴詮釋者，而是靠自己的語法和結構來顯示意義的。最後，她很清楚地說明了「詮釋學的循環」（hermeneutic circle）：它是一種在「含有意義的形式」的「文本」中之活動，也就是該「文本」內的「語詞」和「文本」之間不停地循環互動；而此一循環互動的結果，即爲該「文本」的意義。

二、海德格（Martin Heidegger, 1889-1976）

　　海德格是現象學名家胡塞爾（Edmund G. A. Husserl, 1859-1938）的指導學生，從德國弗來堡大學取得博士學位後，便留校任教，並於 1928 年接替胡塞爾，擔任哲學教授。

　　胡塞爾現象學理論的主要論述是：可以經由「還原」的方法，將事物中不屬於「人」的意識範圍之判斷「擱置」一旁，如此，「人」便可直接面對事物本身。換言之，這樣的作法可使世界上的一切知識、理論和結構等，只要「人」認爲與意識無關，就可將它們「括弧」起來，讓其「存而不論」，則「人」便可成爲唯一主觀的純粹自我。不過，胡塞爾這種現象學方法若要有效，顯然必須擁有一個前提，就是非把

「人」與「世界」對立起來不可。問題是，「人」乃是要去
經驗事物的「主體」，而不可能只是一個被經驗的事物，因
而乃遭到海德格提出質疑：胡塞爾這種現象學所「還原」的
並非實際上的「自我」，而是已經被片面化或縮小化的「自
我」。海德格認為，我們必須將「自我」放回「世界」之內，
才能夠真正做到「面對事物本身」。因為「人」既無法從「世
界」之內被抽離出來，且與之對立，便須在「世界」中尋求
「此在」（即「人」）的內在結構，並且得到其存在的意義。
據此，海德格因而指出，胡塞爾現象學其實是一種「方法」，
而其功能則只是在描述對象「如何」，而非對象是「什麼」；
同時，該對象乃是經由它（們）自己的「談話」過程來逐步
揭開自己的隱蔽狀態，以顯現其真實自我的，而不是我們將
「意義」投射到對象身上，也不是我們把「範疇」強加在它
身上。因此，我們必須讓對象自身擁有開展自己的權力，讓
它（們）去解釋自己；而在這種開展的活動中，現象學的詮
釋只是在隨同進行中，從對象的開展中把它所開展出來的東
西提升為概念。

　　在這樣的思考下，海德格這種論述乃被描述為「現象學
的詮釋學」（也被稱為「此在詮釋學」）。它的重點顯然是
在通過詮釋，而將「存在」的意義與「此在」的基本結構呈
現出來。海德格此一論述，我們可將其概括為下列三個要點
來說明：

（一）「現存狀態」（vorhandenheit）與 「使用狀態」（zuhandenheit）

海德格認爲，「世界」早於所有的「客觀性」（指「科學」）與「主觀性」（指「人的精神」）而存在，也是人們想認識事物時所要依據的基礎；因此，凡「理解」都得通過「世界」才可能進行。不過，由於「人」每每只有在「使用」（指進行理解事物）時才會注意到，所以海德格乃提出「現存狀態」與「使用狀態」的區別。

（二）「理解」的「前結構」

在海德格的論述中，人們之所以能夠在「世界」中把握事物，所依靠的就是「理解」。但是，當我們在用「理解」賦予事物意義時，並不是沒有依據的，因「理解」實包含了三項「前結構」。其一稱爲「前有」（vorhabe），也就是人們在對事物進行「理解」之前早已擁有的「理解」。其二稱爲「前見」（vorsicht），指人們想「理解」某事物時所採取的立場或視角，也就是對該事物的詮釋方向。其三稱爲「前把握」（vorgriff），指在對事物有新的詮釋出現之前的暫時性假定。

爲避免這一「理解的前結構」落入惡性循環裡，也就是使人陷入一次次的「前理解」之中而無法自拔，海德格乃特別強調，這種「理解的前結構」必須建立在以事物本身作爲理解對象的基礎之上。因此，它的立足點與一般性的看法（即

「常識」）是不同的；而在這樣的「理解」前提與過程中，詮釋者必會先去確定自己這次要進行「理解」時，他的「理解的前結構」所預期的意義是否真的建立在事物本身之上。如此，「理解」的結果就擁有正確的基礎，而由此所得到的事物的意義也就必定具有可靠性。

（三）從「此在」（dasiens）到「存在」（faktizitaet）的詮釋學轉向

如前所述，海德格的詮釋學論述主要係以「世界」的「存在」作為根本，來討論「人」的「此在」之意涵。但到了他在學術思辨上的晚期，海德格自己卻明顯地翻轉了這一論述，轉而強調「世界」的「存在」之敞開必須以面對「人」的「此在」之敞開為條件，如此，才可能產生「存在」所帶來的最高層次的訊息。

海德格據以論證出此一觀點的基礎是「語言」。他認為，「語言」與「世界」的「存在」係同屬於根本層的經驗，我們甚至可以把「語言」視為「存在的家」，因為「語言」超越了個人的自我理解，能使人的思想走上它預先所規範的道路上之故，而它也因此得以參與真理。海德格以史實為例指出，「語言」就是人類歷史的見證者；然而它那兼括揭開隱蔽與遮蓋真相的性質，使它成為一種無法經由深入追問而得出一個明確答案的被詮釋狀態。人們僅能從其「暗示」中去「理解」它，而「詩」就是最能顯現出「語言真理」的一種藝術。換言之，真理常自行隱藏於作品之中，藉由詩語言表

現出來。

三、迦達瑪（Hans-Georg Gadamer, 1900- 2002, 又譯為「迦達默爾」、「高達美」）

由於迦達瑪是胡塞爾與海德格的學生，所以他也認同歷史現象絕不只是純粹的事實之說法。又因他也受到史賓格勒學說的影響，故而也同意歷史乃是人類精神的發展史之觀點。以這些觀念為基，迦達瑪認為歷史乃是一個具有自主性的主體，也是含有象徵意涵的人類精神表現，故而無法用科學方法去探究清楚。據此，他乃主張新哲學必須借助此一新的歷史哲思，來重新理解自我、社會和世界，而他的這種詮釋學，便被稱為「哲學詮釋學」了。

根據迦達瑪的論述，擁有理解力乃是人類的共性之一，且人類就是經由它來互相理解的。這種理解的活動主要是利用「語言」去「對話」，但必須注意其目的並非在「理解」「語言」本身，而是要通過「語言」去「理解」「存在」（指「世界」）和「此在」（指「人類」）兩大課題，因為「理解」的目標是「真理」，而不是「方法」。而由於構成「存在」的主體是「此在」，所以「理解」的主要特色便必然是具有「有限性」與「歷史性」了。

大致說來，迦達瑪的詮釋學論述重心可說集中在下列三個領域上：

（一）歷　史

從時間面向而言，迦達瑪曾明白指出，因作為「理解」主體的「人」與被「理解」的「對象」都具有歷史性，所以「人」當然也必具有「侷限性」。不過，「人」的「理解」並非要去破除或擺脫此一歷史的侷限性，而是要去適應它，並加以評價。尤其重要的是，由此所導出來的結果，也必然會是任何「對象」（或可稱為「文本」）的「理解」也是具有「歷史性」的。

在海德格的「理解」之「前結構」影響下，迦達瑪提出「理解」的「歷史性」有三項要素：理解前的社會歷史因素、理解的對象之構成、當代社會的評價標準。這三項要素形成了「人」的「主見」（vorurteil，也有譯為「偏見」、「成見」的），「它」是「人」的「理解」基礎，也是「人」的「存在」意涵；「它」使「人」向「世界」敞開，讓「人」能辨識出「正確」或「錯誤」的「理解」，由是，更形成了「人」的「視界」（也有譯為「視域」或「視野」的）。

必須注意的是，由於「主見」是在「歷史」之內形成的，而「歷史」中最具影響力的乃是「傳統」，所以「人」不可能在「傳統」之外進行「理解」；因此，「人類」和所有的「文本」都是在「傳統」之中的。於是，「人」的「理解」便是在「過去」和「現在」間不斷融合，也不斷由此產生新的「主見」。

進行「理解」的「詮釋者」（也就是「人」）當然有其

「主見」和「視界」。「他」以「它們」爲基，對「文本」
進行「理解」。這一「理解」的過程，包括了「文本」作者
的「原初視界」與詮釋者的「現今視界」這兩個不同「歷史
性」背景的「視界」之接觸、進而「融合」成另一「新」的
「視界」。由於具有不同的「歷史性」內涵，每兩個不同「視
界融合」的結果，必然具有其獨特性。這說明了「視界」乃
是流動不拘的，而「理解」也因而可視爲一種「敞開」的過
程和結果。

　　據此，「主見」會形成「視界」，而「視界」又構成了
「人」對「世界」的「理解」；於是「文本」的意涵與「詮
釋者」兩者乃同時不斷地重新生成，而形成了「效果歷史」
──它絕非純粹的歷史真實，而是一種對歷史真實的「理
解」；更正確地說，是一種「詮釋者」與「文本」融合的結
果。換言之，「詮釋者」與「文本」之間乃是一種「對話關
係」。在這一「對話」形式的「理解」過程中，詮釋者不斷
地經由與「文本」的「對話」來超越自我「視界」，然後形成
新的「理解」。如此，「文本」意義的可能性便是無限的了。

（二）語　言

　　由於迦達瑪把「理解」的過程視爲「詮釋者」與「文本」
的「對話」，因而「對話」的媒介──「語言」──在他的
詮釋學論述中便佔有非常重要的地位。在這一點上，迦達瑪
也以海德格所提出的，哲學家並非在「語言」中思考，而是
沿著「語言」的方向思考之說法爲基，將「語言」視爲「人」

進行「理解」的必要媒介，而且也是「過去」和「現在」之間的中介。迦達瑪甚至認為，任何對「文本」的詮釋都可看作「語言」的詮釋。換句話說，「人」的本質乃是「語言性」的，因「人」必須用「語言」去「理解」「存在」，用「語言」去體驗「世界」，因為「語言」的最高作用即在揭示「世界」，而「人」只有掌握「語言」，才可能「理解」「世界」。

　　為了讓「人」更清楚地了解「語言」在詮釋學上性質與功能，迦達瑪以「語言遊戲」為例來說明。他指出，「語言的對話」就像「遊戲」一樣，是一種沒有主體的、自行展現與不斷更新的「理解」活動。其中的關鍵是，玩遊戲的人並非主體，因為主體即為遊戲本身，而「文本」的新意義也就在遊戲中不斷出現。至於其結果，當然就是對「文本」的每一次「詮釋」都是一次新的「語言遊戲」，而「文本」的意義，也因而是無限的了。

（三）藝　術

　　迦達瑪認為，藝術和哲學一樣，都在探討「在」── 不論是「世界的存在」或「人的此在」── 的意義，所以藝術美學也可說是詮釋學的一部分。更具體地說，藝術品的「審美理解」也是在「傳統」中進行的；詮釋者帶著自己的「主觀」「視界」，與藝術品的「原初視界」互動後，達成了「視界融合」（horizintverschmelzung），於是，一個新的藝術品的意義便因而出現。以此而論，藝術品乃是一個永恆的「存在」，「藝術真理」即存在於意義的連續出現中；它這種象徵

的意義超出了創作者與欣賞者的視界，而傳達出普遍的真理。

迦達瑪這一重視詮釋者與文本的視界融合，認爲詮釋者的體驗和理解乃是對藝術真理的揭示，對後來的「接受美學」影響頗大。

四、赫施（Eric Donald Hirsch, 1928- , 又譯爲「賀許」）

在 20 世紀的詮釋學與現象學關日趨緊密的潮流中，美國的詮釋學者赫施卻認同更早期的詮釋學者史萊瑪赫索提出的論點，而對迦達瑪的詮釋學論述則提出了質疑。他認爲「理解」的目的，應是在把握、甚至重建「作者」的意圖，而非在尋求「文本」的無窮新意，否則將失去詮釋是否有效的客觀標準。

赫施這一論點係建立在他對「語意」（meaning）和「意義」（significance）的區分上。他認爲，「語意」是可以依據語句的字面去把握的意思，且具有明確性和穩定性；而「意義」則是詮釋者的經驗世界與「語意」相互作用的結果，因此會隨著語境的不同而改變。赫施以此爲基指出，凡有效的詮釋必然不能遠離作者的意圖，因爲它是使詮釋能夠成爲有效的判準。事實上，作者的意圖早在他用來表達的語言之意思和意義之前便已存在，故而「文本」的意義不應超出「作者」的意圖之外；而且，「詮釋者」所要掌握的也不能只是文本，作者的意圖應該更爲重要。

但赫施必須解決的問題爲：詮釋者的「理解」可能與作

者的「原意」相同嗎？他自己雖認為這確實有困難，但卻主張不能因為如此就不去面對。而他所提出的方法是：先假設有作者的意圖，以確定詮釋結果的有效；其次則經由猜測與證實的過程，去達成該假設。赫施所提的這種方法顯然是以如此的觀念為基礎的：各種詮釋其實也都只是猜測，而各種猜測的方法，也就是詮釋者所提出的方法。據此，則只要所使用的方法能達成「證實」的要求，該猜測便可視為正確的作者的意圖了。

五、李科（Paul Ricour, 1913-2005, 又譯為「利科」、「里科」）

李科是法國的詮釋學者，因受到現象學的影響，而將自己所要探討的重心由現象學所關注的「意識之活動」轉為「話語」，尤其是有具體形式的「書寫」。他認為，「詮釋學」就是研究如何理解和詮釋「文本」的哲學。我們可以用以下幾點來了解他的詮釋學重點：

（一）文本理論

李科認為，「文本」是一種用語言或文字把社會意識形態固定住的形式。它一方面將人們的生活凝結成語義，另一方面又因其本質係屬於符號系統之故，致使其意涵擁有多種可能性。又或者從反面來看，人們對「文本」的理解也不可能只以重建作者的意思為唯一目的，因這種理解乃是一種極

富創造性的活動，所以最後的結果也必然會是塑造出另一個
「可能的存在」，譬如：虛構世界、想像世界或文學世界等。

李科這一論點，係建立在他所提出的「書寫」的三大特
色之上：其一，「文本」完成後便已獨立，其說話者的背景
也已不復存在；其二，因「文本」可以讓所有的讀者用不同
的方式來理解，故其意義乃是依讀者與「文本」之間的關係
產生的；其三，「文本」因具有超越事實限制的性質，所以
詮釋的方式與結果便充滿無限的可能，而所得的結果也絕非
「現實世界」，而是「文本世界」。

李科這一重視「文本」的論述，顯然是因爲對詮釋學的
本體論走向不太滿意，因而乃向更早的詮釋學前輩史萊瑪赫
等重視「文本」的觀點去取經的結果。不過，他特別強調的
是「文本」因被創造完成而具有獨立性之後，其作者便可說
已經死去，而其背景也已經不再有關，所以讀者的閱讀當然
並不是在與作者對話，而是在與「文本」互動。但因這種閱
讀已和作者的世界、甚至所有的現實世界無關，故而使得「文
本」的意義可在其內完全開放。而其結果就是「文本」在與
讀者互動後，乃開展出一個具有廣大詮釋空間的虛構世界——
即「文學世界」。

（二）弧線（arc）理論

李科主張以「文本」爲詮釋的主要對象，乃是在強調「語
言」的客觀化性質；因爲只有以「語義」的客觀化做爲「理
解」的中心，人文學科中才有客觀化詮釋的可能。這樣的詮

釋活動既然是在探求「文本的意義」，則詮釋者最重要的課題當然就是如何去面對「文本」了。

李科認為，「文本的意義」係在「詮釋者」與「文本」的文化歷史背景之間不停的往返與調整中產生的，所以兩者間的關係顯然不是屬於直線式或環繞式的路線，而是一種具有彈性的、不斷互動的「弧線式」路徑。在這種弧線式的路徑中，詮釋者一方面要設法掌握與處理「文本」被創造出來時的文化歷史背景，另一方面也須注意自己詮釋「文本」時所持的態度。此外，為了避免自己與「文本」因距離太近而陷入主觀性強烈的心理主義窠臼中，詮釋者應該審慎地考慮自己對「文本」的趨近與距離問題，如此，才能使主體和客體之間維持平衡的狀態，而使「文本」意義的產生擁有客觀且穩定的基礎。

（三）據為己有（appropriation）與自我反思（reflection）

李科認為，「文本」的意義客觀化之後，便脫離其創作者的束縛而獨立；「詮釋者」對「文本」的閱讀與理解，就是由他做為主體來詮釋的，這樣，一方面排除了作者的影響，但在同時也剝奪了「文本」自身的可能原意，而將這個本來與「我」（即「詮釋者」）並非同一的「文本」據為己有。緊接著，就是詮釋者以敞開的自我去面對「文本」，將「文本」的意義具體化，然後再返回自我，進行反思，去體驗本體的存在以理解自我。最後，詮釋者終於達到對自己生命意

義的嶄新理解而找到新的自我。

（四）詩歌語言與隱喻

　　如前所述，李科的詮釋學顯然是以「語言」與「書寫」作為「文本」的基礎來展開的。由於他認為「語言」是一個符號系統，所以其內部實充滿歧義性。這種語言的歧義性質，雖使語言充滿張力，卻也常常造成人們對語義產生誤解的情形。為了解決這一問題，李科提出了將「語言」區分為「科學語言」和「詩歌語言」兩類的方法。所謂「科學語言」，就是具有系統性，語義明確，而且能和現實生活相對應的語言；因此，也可說是人們日常生活中所使用的語言。至於「詩歌語言」則非常肯定語言的歧義性；它不但強調，正因語言有意義分歧的現象，故而使語言產生張力，同時也重視語言應該可以讓人用來表達出特殊、新奇及個人性的意涵。這兩項特色使「詩歌語言」擁有了「隱喻」性質，讓語言中的意義獲得轉移和變動的功能。如此，乃使語言的意義所能涉及的領域擴大到超越日常生活語言的範圍之外。因此，這種語言使「文本」（尤其是「詩歌」）可以形成一個特殊的「作品世界」——一個可能的世界；當人們用不同的方式去理解「它」時，就會重構其不同的生命形態，而人們也能因此更深刻地了解自我。如此，不但「文本」的意義乃可以為人性開放，且「文本」的意義也可不斷開展出新的內涵。

補充：20 世紀詮釋學之淵源

一、新科學的提倡者維柯
（Giambattista Vico, 1668-1744）

在詮釋學發展史上，義大利學者維柯佔有奠基般的重要地位。在他的時代，因科學的影響力巨大，因而認為客觀的知識可以依靠理性與科學方法來獲得的觀念非常普遍。但維科在此潮流中卻提出不同的主張；他在《新科學》一書中指出，科學方法與理性兩者並無法完全探究知識的領域，譬如「人」這個課題。他具體地指出，理性必須靠哲學來深化其思考，方能達到認識真理的結果。因此，他以文學能夠觀察人類的意志為據，提出必須經由文學才能認識事物的看法。更具體說，維柯認為自然科學所探究的，不過是被研究對象的外在過程而已；但是，只有歷史才是深含人類精神的產物，因歷史學能經由研究人類，對他們取得理解，並以此獲得比科學更加深刻、更具普遍性的知識。於是，他把哲學、文學和歷史學統合起來，稱為「新科學」，以別於原來以理性為中心的「科學」。

維柯把歷史依照時代先後劃分為：「有上帝的時代」、

「英雄時代」與「人的時代」等三階段；然後再以人類知性發展的三個時代：「沒有感情的知覺」、「激動不安的靈魂」與「純粹知性的反思」來呼應那三階段。以這樣的歷史描述爲據，維柯塑造出「詩性智慧」一詞來形容有上帝掌握人類的知覺的時代。所謂「詩性智慧」，乃是一種可感覺到，並充滿想像與創造性的形上學，因而乃與科學的抽象思維相對立。這是因爲維科認爲，人類世界是先有擔任「人類感官」的詩人之後，才出現擔任「人類理智」的哲學家的，而且是到了最後才創造出科學。當然，維科也承認歷史並非永恆不變，而且更因人類常有偏見，故而也常常無法認識真正的歷史。除此之外，人類對歷史的理解也只是一個過程而已，尤其這種理解是一種在歷史之中的理解，故而絕不可能達到永遠正確的理解之程度。換言之，人類只能儘量做到接近正確的理解而已。

總之，維科的論述至少具有如後的三大特色：1、以「人」爲研究中心；2、凡是理解，必然都在歷史之中；3、哲學、文學與歷史合一的「新科學」與科學的對立。值得注意的是，這三大特色都深深影響了後來的詮釋學。

二、現代詮釋學之父 ── 史萊馬赫
(Friedrich Schleiermacher, 1768-1834)

史萊馬赫是德國著名的《聖經》的注釋者。他認爲神所創新的世界有兩大特質：其一，它是一個具有生命的有機體；

其二，在它之內的所有事物，都是由一種兩極的張力先形成
對立，但最後卻會融合在一起的狀態。這兩大特質表現在人、
事、物上，就是彼此的排斥與吸引；而當它們表現在知識領
域上，最明顯的例子就是感覺與理智了。據此，史萊馬赫乃
導出如下的論述：部分與部分之間，以及部分與全體之間的
狀態，是不斷在衝突與融合的。他這一論點，可說奠定了：
「部分」只有在「整體」之中才能被深入理解，而對「部分」
的理解，又能強化如何去理解「整體」的所謂「詮釋學循環」
（hermeneutic circle）之雛形。

　　史萊馬赫的詮釋學最大的貢獻在掙脫傳統詮釋學的窠
臼，即在對《聖經》的理解上，最後必須要有一致的結果。
他的詮釋學一方面把詮釋的對象擴大到一切文本，同時主張
在理解的方式上應具有開放和自由的精神。以這種論點為基
礎，詮釋的結果當然不會只有一種答案。因此，他乃被稱為
「現代詮釋學之父」。

　　從詮釋的實際內容來看，史萊馬赫顯然係以作品和作者
為主要的詮釋對象。他認為「作者」能被「我」所理解，係
因兩者都具有共同的「人性」所致；而由於「作品」是「作
者」的「人性」之展現，「我」當然可用這共同的「人性」
為據，通過「作品」來理解「作者」，甚而進一步來了解「我」
自己，最後甚至還能達到讓「我」比「作者」還了解「作者」
自己的結果。

　　從實際的理解內容來看，史萊馬赫顯然係把理解的管道
建立在由人類對生命的共同體驗中所得出來的主要成果之一

「語言」上；只不過當「我」（這裡指「讀者」）在經由「語言」理解「作者」時，也需要盡量了解作者的背景和其創作的動機等歷史因素，才可能深入了解作品文字背後的深層意涵，進而重建作者的生命意義，並藉此增進對自己的理解。

總之，史萊馬赫的詮釋學內容把「理解」的過程與結果大致描述為：「讀者」以「語言」為中介，站在自己所認知的「人性」為立場去理解「作品」，然後重新建構出「作者」的生命，再進而更加了解「自己」。因此，它所導致的結果將是：因讀者可以用自己的觀點為基，其詮釋方法又是自由開放的，所以形成了「文本」的意義絕對不會只含有一種確定的內涵，而是可以無限展延的。

三、人文科學的奠基者 —— 狄爾泰
（Wilhelm Dilthey, 1833-1911）

在德國的詮釋學史上，狄爾泰可說具有上承史萊馬赫，下啓海德格的地位。在他的時代，不但「科學」強勢地主宰著知識領域，歐洲大陸也在法國大革命後處於動盪不安的氣氛中。因此，狄爾泰乃在 1883 年出版了《精神科學導論—為社會與歷史的研究奠基之嘗試》一書，希望以「人」為社會時代的主體，建立一門與「自然科學」不同的「精神科學」（也被譯為「人文學」或「人文科學」）。他在這本討論人類精神科學的書中，專注地探討了如後的幾個大問題：「人」如何理解「自己」？如何再創造「自己」？如何理解「他人」？

如何理解「人」所創造的「文化」？以及「人」既爲「歷史」
上的存有物，又如何能建構「歷史」？……等。最後，希望
能使這門「精神科學」因具有客觀性與確定性，而具有可以
成立的基礎。

　　爲了要使這個以「人」的主體爲基點來研究支配社會現
象和理智、道德現象的法則，並進而探討「人的歷史」的精
神科學能夠成爲專業的正式學科，狄爾泰乃提出了「體驗
—— 表現 —— 理解」的詮釋學方法論。這一方法的具體內容
有如下三項：

（一）體驗（erelebnis）

　　狄爾泰雖然對當時的大多數人只重視科學，以及哲學家
們只專心鑽研形上學，因而忽略了「人」的生命意義與價值
的現象等深感不安，但在同時，他也慶幸還有「詩」與「藝
術」能夠深刻反映「人」的生活本質與生命意義。於是，他
提出了以「體驗」爲方法來闡述「人」的生活與生命內涵。
他認爲，「體驗」與「經驗」不同，因「經驗」是經由把對
象（客體）與自己（主體）對立起來，然後再由自己去客觀
地認識對象的方法；但「體驗」不同，它是一種把自己和對
象融合爲一，使主體進入客體之中的體會方式，尤其在過程
中，客體也將以新的意涵來面對主體，最後，終於使「人」
從客觀的「物質世界」走入活的「生命世界」與「藝術世界」
之中。狄爾泰以「詩」爲例指出，「詩」就是「人」的生命
本體去體驗「藝術世界」之後所表現出來的外在形式；故而

讀者讀「詩」時，便能透過「再度體驗」（nacherlrben）的方式去與詩人溝通。因此，「詩」不僅傳達了詩人的生活內涵與生命意義，而且也讓讀者可以經由它而體驗到具有普遍性和客觀性的「生存」的意義。

（二）表現（ausdruck）

如前所述，「體驗」是一種人類內在精神的活動和結果，因此，係存在於無形可見的心理層次上。換言之，如果這一心理層次的活動和結果並未呈現爲具體可見的形式，則將使人無從了解它。爲了解決這一問題，狄爾泰所提出的方法就是「表現」。所謂「表現」，就是人在獲得了「體驗」之後，進一步運用語文、動作或文學、藝術等符號形式，將其具體地形象化；如此，不但可以使此一「體驗」被保存下來，人們也可以藉由進入此一具體的形式中，去感受其內所蘊含的東西，進而去了解作者的「體驗」。換句話說，「表現」乃是一種把人的精神世界符號化，讓人們可以經由它去與作者對話，進而認識作者的中介橋樑。

我們把範圍再稍加擴大來看。因「體驗」雖然被保存在具體有形的「表現」中，卻有能力打破時間與空間的限制，所以人們便可以經由它去與古代接觸，與歷史連結，進而造成人類其實就是生活在歷史之中的事實。更重要的是，人類的經驗雖然原本十分有限，但卻可以在透過「表現」而與歷史接軌後，使自己的眼界與心靈獲得了可以無窮地擴大與延伸的可能；而就在這種情況下，「人」也就不只是一個當代

的社會人而已，而是一個也可以穿越古今的歷史人了。

　　若再更加擴大來說，世界裏面其實充滿了人們所「表現」出來的無數「文本」；而在這些「文本」中，其實不僅保存著人類的各種「體驗」，也同時在揭露人類生命的意義。在這些「文本」中，狄爾泰特別指出，「詩」是最能夠把「表現」中所具有的創造性、完整性和有效性保存下來的形式，所以是一項最能展現人類生命意義的載體。

（三）理解（verstehen）

　　狄爾泰認為，讀者要能把握住意義，必須透過「理解」這種精神科學的重要方法來掌握具有符號形式的「表現」才行。而如前所述，「表現」乃是作者的內在精神活動具體化為外在形式的結果。因此，狄爾泰乃以文藝作品為例指出，詮釋者必須掌握如後的三種關係：其一是作品中的單詞與作品整體的關係。這是因為「整體」的意義係由其組成部分所組合而成，所以必須由已知的「部分」開始，去理解範圍更大的未知「整體」。其二是作品與其作者的心理關係。這是因為當作品一完成，它就成為一個不僅獨立於其作者和研究者之外，而且還擁有屬於自己的生命內涵與意義的「文本」。這一「文本」，藉由隱喻或象徵等方式，使讀者在與它對話之後，因著人類具有共同的心理結構，而且同樣屬於歷史之中，所以能掌握它所傳達的真理，再進而了解其作者，然後也更深刻地了解自己，並進一步讓自己能夠藉由它來創造出另一個新的「文本」。其三則是作品與其所屬文類的關係。

也就是說，解釋者必須以瞭作品的全部為基礎，然後再進一步去了解作品的的各個組成部分，並且，也可以反方向進行。於是，解釋者便在作品的全部與細部之間移動，最後才達成深入了解作品的結果。這就是有名的「詮釋學循環」（hermeneutic circle）

主要參考書目：

Dilthey, Wilhelm,'The Rise of Hermeneutics', tr. Frederic Jameson, *New Literary History,* vol.3, no.2,1972.

Gadamer, Hans-Georg, *Philosophical Hermeneutics,* tr. and ed. David Lange, Berkley : University of California Press, 1976.

Heidegger, Martin, *Being and Time,* tr. John MacQuarrie and Edward Robinson, Oxford : Basil Blackwell, 1962.

Ricour, Paul, *The Conflict of Interpretations : Essays in Hermeneutics,* ed. Don Ihde, Evanston : Northwestern University Press, 1969.

Schleiermacher, Friedrich, *Hermeneutics and Criticism and Other Writings*, ed. Andrew Bowie, Cambridge: Cambridge University Press.

王慶節著：《解釋學、海德格爾與儒道今釋》。北京：中國人民大學出版社，2004。

洪漢鼎著：《詮釋學史》。臺北：桂冠圖書出版社，2002。

洪漢鼎著：《當代詮釋學導論》。臺北：五南出版社，2008。

第二節 「接受美學」（Theory of Reception） 文學批評

一、姚斯（Hans Robert Jauss, 1921-1997）：接受理論

　　姚斯的文學論述頗受現象學與詮釋學的影響。他早期的觀點可以 1967 年所發表的〈文學史作為文學理論的挑戰〉一文為代表；在該文中，他藉著把讀者的「前理解」和「期待視野」融入「歷史」之中，而建立了「接受史」的理論架構。但到了後期，姚斯的文學論述轉成以「審美經驗」為重心，而於 1982 年出版《接受美學》（*Toward an Aesthetic of Reception*）一書；同時也是因為這個原因，姚斯乃被視為「接受美學」的創始者。他的「接受美學」大抵可用下列三個重點鍊說明：

（一）文學接受的基礎與方式： 期待視野（horizon of expectation）

　　從方法上來說，姚斯的「接受美學」可說是以「期待視野」為中心的論述；依其論述內容來看，這一文學術語中的「視野」一詞，顯然係借自詮釋學。姚斯的論述重心是：文學作品的接受，乃是「文本」和「讀者」在「歷史」的框架

中不停地互相作用的過程和結果。其作用過程大約如下：

1.「讀者」在閱讀「新作品」之前，其自身早已有文學上的「審美經驗」；這種審美經驗被稱為讀者在文學上的「前理解」。這一**「前理解」**即是「讀者」將要對「新作品」做出反應，以建立新的文學視野的基礎。

2.任何被視為「新」的文學作品，都必與歷史淵源、文學傳統，以及當時的社會有關，也因此並非處於真空之中。同時，在它被創作完成後，也必會以公開或隱約的方式傳達出自身的訊息，並展現出它獨有的特色與風格。當讀者與這些訊息接觸之後，他原有的審美經驗中與此有關的部分將會被喚醒，而使他在這一經驗的基礎上，在內心之中產生對此一「新作品」的「期待」心理，也就是**「期待視野」**。

3.因讀者的「期待視野」與「新作品」之間必有一個或大或小的距離，所以他在閱讀此一「新作品」的過程中，他心中原有的「期待視野」必會在不停的激盪中處於不停變動的狀態，最後才達到讀者的「期待視野」與「新作品」中的**「視野」相融合的另一個「新視野」**。通常，讀者的這一個接受過程，必定包含了通過：他所熟悉的文學類型與批評標準、他所熟悉的文學史中與此有關的訊息、文學中的虛構性與現實之間的關係等等文學認知要項，才可能產生最後的新視野。

4.讀者每一次對新作品的接受，必以否定先前的接受經驗為基；而據此所產生的新接受意識，必然又會使讀者以它為基，而再次與新作品產生審美的新距離，這就是所謂的**「視**

野的變化」。

（二）挑戰文學理論：文學接受史

姚斯所以提出「接受美學」，是因他有感於：近代以來的歐陸文學研究，若不是把重心放在「作者」的創作上，便是放在「作品」的表現上，以至於忽略了使文學能真正具有生命力的「讀者的接受」情況。因此，他希望重建一種以「接受」爲主的方法論，恢復過去以「歷史」爲文學研究的重心，使「作品」與「當代人」的興趣重新擁有緊密的關連性。他在這方面的論述要點如下：

1.近代以來，文學史上的主流觀點係把「文學作品」視爲純粹客觀的認識對象，故而「文學作品」的藝術、思想、以及其「作者」的地位，也都可以超越時間和空間的限制。但姚斯認爲，一部「文學作品」絕不應像一座「紀念碑」（monument）一般，只是獨立地向每個時代的每一個讀者展現它那永遠不變的被認識的客體。他強調，**「文學作品」其實應像一部「交響樂譜」**（score of symphony）般，能夠在不同時代的演奏中，因屢屢獲得新的演出及反響，而在每個時代都有不同的新解釋與新評價。

2.文學的接受除了包括「作品」與「讀者」間相互關聯的**「歷時性」**關係外，也包括了同一時期裡的文學參照體系之**「共時性」**關係。因此，一部「文學作品」的時代評價，乃是歷來許多批評家（和讀者）的看法所累積的結果，而「作品」中的意義，也在不同的時代被不斷挖掘出來。換言之，

「作品」的意義在不同的時代都會產生具有與該時代的文學參照體系相關的獨特性，而不可能被某一時代或某一讀者所窮盡。因此，它的最大特色乃在其意義會隨著時代的改變而不停延伸和發展。

3.姚斯這種文學作品的接受具有「**歷時性**」的論點，其實是受到俄國形式主義的「文學演變觀」所影響，所以他才提倡每一傑出作品的出現，若非因為它成功地在原有的文學形式中達到了最高峰的成就，便是它打破了該原有形式的成規而創造出新的形式，並且被普遍肯定所致。據此，文學的歷史演變規律乃是建立在作品被接受的基礎之上。在這樣的觀點下，不但文學作品、作家及文學史家因而能夠在文學歷史的發展上找到自己的位置，文學的經驗和意義也因此擁有了在時間展演上的深度。

4.從「**共時性**」上來說，每一時代的文學作品都是處於同一個「共時體系」之內；在這個文學體系中，文學作品的創作手法或風格類型是屬於傳統或創新，都是可以明確釐析的。此外，文學作品也能藉由其藝術性而產生對社會的影響力，甚至有時候還以可突破舊有的道德規範與價值標準，為社會開闢出一條新道德和價值觀的道路。

（三）創發性的審美經驗：愉悅

到了晚期，姚斯的審美論述產生了若干轉變。他以美學的實用功能為著眼點，不再強烈主張突破舊有的形式，因那與阿多諾的「否定美學觀」頗為相同，也就是認為只有不斷

否定產生藝術作品的社會，藝術才算擁有社會功能。姚斯指出，這種觀念等於是把藝術與社會的關係切斷，使藝術無法與社會產生交流，如此，又怎能使藝術擁有社會功能？因此，他爲了使藝術貫穿各時代的實用功能，乃主張審美功能應該是使讀者能夠從閱讀作品中獲得快樂與享受的愉悅感，而這種審美感受，可以產生下列三項功能：

1.具有創造意涵的接受

姚斯認爲，以往有關觀賞者（或是讀者）接觸審美對象（或是閱讀作品）的過程，可說是屬於消極式的「沉思」。然而所謂「接受」，其實應具有更積極的意涵；因它使讀者擁有積極主動的參與機會，使讀者在這一接受過程中，因親身融入作品裡面而成爲一位參與式的創造者。換言之，接受者在審美過程中，其創造力可說是非常重要的關鍵因素；而也正因爲如此，接受美學才可能在文學史上找到必然性的位置。

2.愉悅的審美感受

姚斯指出，既然任何觀賞藝術品（或閱讀文學作品）都是在增加觀賞者的審美經驗，那麼，消極式的否定審美觀便必須被限制在傳統式的觀賞上；但在同時，對當代藝術的接觸卻應該要強調它具有會使觀賞者產生快樂和享受的感覺，故而帶來的是愉悅的審美效果。這樣的審美方式，一方面有力地反擊了某些論者以「萎縮的審美理論」來批評它的說法，另一方面也可以經由它所使用的審美語言實具有生產力，來擺脫掉有關它的語言只不過是「文化工業中的附庸」之譏刺。

3.淨化心靈的功能

當藝術品（或是文學作品）與接受者之間產生了實際上的交流時，作品中的主要角色所隱含的種種深刻的象徵寓意，每每能對接受者的心理產生「淨化」的功能，譬如：主角的品格高尚完美，可引發接受者的仰慕，進而產生欽佩之心；又如：主角在心理和言行上有缺陷時，可引發接受者的憐憫心，進而產生同情；又如：主角遭遇到危難時，可導引接受者宣洩其壓抑的情感，……等。這些功能，可說都具有能使接受者的心靈淨化，甚至昇華的結果。

總之，姚斯的美學論述因結合了歷史和美學兩個領域，所以兼具了「歷時性」與「共時性」的特色；而毫無疑問的是，他的美學觀點不論是在文學的認識上或美學方法上，都有甚為突出的貢獻。

二、伊瑟（Wolfgang Iser, 1926- ）：效應理論

一般以為，「接受美學」需由伊瑟的「效應理論」和姚斯的「接受理論」結合起來，才能顯現出其全貌。而伊瑟這一理論的重點大約可用以下數點來說明：

（一）文本的「召喚結構」（inviting structure）：文本與讀者交流之處

伊瑟指出，文學文本所採用的語言是與「一般語言」不同的「描繪性語言」。「一般語言」能在人們的日常生活中

被人們有效採用，乃因它是「解釋性」的語言，是用含意明確的詞語，通過一定的語法程式與語文慣例，來使意思明確的表達出來。但「描繪性語言」則剛好相反，它每每以突破「一般語言」的程式與慣例為重要的表現方法；而這樣的表達方式，常造成文學文本中出現許多意義「空白」之處，也使其意義呈現不確定的情況。更確切地說，這些意義「空白」之處大都出現在文學文本中各部份的連結處；而因其意義不明確，故而乃具有「召喚讀者」來探詢、理解，使讀者與文本產生不停交流、互動的力量。當讀者將文學文本的各個意義「空白」處統合之後，便可使文學文本形成一個意義體系了。除此之外，由於文學文本的內容與現實並不相同，也常與讀者的觀點並不一致，因而也會讓文學文本中的許多地方出現意義不確定的情況，以至於吸引讀者去進行深入的探求。於是在文本內外的意義不確定處，讀者可不斷賦予意義，而文本的意義便可無窮地延伸了。

（二）文本的「保留劇目」（repertoire）與「組織上的策略」

就像要正確理解「語言」的意義時必須遵循一定的文法程式與語言慣例一樣，想發掘文學文本的潛在意義，也需要在某些框架或參照體系內來進行，例如：早期的作品、社會與歷史的規範，以及產生文本的文化背景等，伊瑟將它們稱為文學文本的「保留劇目」。必須注意的是，這一「保留劇目」其實是讀者自己在各項因素中加以重新選擇與組合而成

的，因此具有相當濃厚的讀者個人色彩，但卻是讀者與文本交流的基礎。當這一「保留劇目」表現在文本上時，伊瑟將其稱爲「策略」，也是文本的內在結構。通常，這一「策略」係以如下的術語來作爲其主軸：

1.焦點與背景

在組合成文學文本的許多組成元素中，常會有某一元素被突顯出來，成爲「焦點」，如：人物、事件或者是敘述觀點等，而其他元素則扮演該焦點元素的「背景」。在這種情況中，這兩者的關係必會引發張力，並帶動一系列不同元素間的互相作用，因而乃產生審美的對象。

2.主題與視野

任何文學文本內必包含有許多不同的「視點」，如小說中有：敘述者視點、人物的視點、情節的視點等，而且常會有不同的視點同時出現的情況。讀者每次閱讀到視點之處時，祇能選擇其中的一個視點作爲其「視角」（觀察的立足點或角度），而從這個角度出發所看到的一切，便是他對文本所產生的視野。最後，他還會以這個視角作爲基礎，來形成他對文本主題的認識和理解。

3.格式塔（gerstalt）的閱讀方式

如前所述，每一文學文本（尤其是指小說）中都含有許多視點，而讀者在閱讀文本的過程中，他的視角會在文本的不同視點中不停轉換，稱爲「游移視點」；然後將其中的某些視點連結起來，形成他個人對文本的「一致性闡釋」（又稱爲「格式塔」），也是讀者和文本互相作用後的產物。值

得注意的是，這種「格式塔」是不會自行連結的，而是需要
靠讀者在他閱讀文本中去完成；因此，它也可以說是讀者的
「游移視點」的綜合結果。

4.隱在讀者（the implied reader）

伊瑟以小說為例指出，小說作者在創作之前與整個創作
過程中，他的心理面常會出現一個假設性的讀者，而且，還
會以這個讀者的可能反應來作為其小說佈局的依據。因此，
這個實際上並不存在，但卻隱藏在小說中的假設性人物，對
小說創作的影響其實非常巨大；伊瑟把他稱為「隱在讀者」。
此外，因「隱在讀者」對小說的影響出現於作品中時，常會
成為引起讀者反應的結構性焦點，所以它在讀者對文本的接
受上，也佔有相當重要的地位。

主要參考書目：

Iser, Wolfgang, *The Implied Reader: Patterns of Communication in Prose Fiction from Bunyan to Beckett*, Baltimore: The John Hopkins University Press, 1974.

Iser, Wolfgang, *The Act of Reading : A Theory of Aesthetic Response*. Baltimore & London : The John Hopkins University Press, 1978.

Jauss, Hans Roberts, *Toward an Aesthetic of Reception*. tr. Timothy Bahti, Minneapolis : University Of Minnesota Press, 1982.

朱立元著：《接受美學》。上海：上海人民出版社，1989。

金元浦著：《接受反應文論》。濟南：山東教育出版社，1998。

金元浦、周寧譯：《接受美學與接受理論》。瀋陽：遼寧人民出版社，1987。

鄔國平著，《中國古代接受文學與理論》。哈爾濱：黑龍江人民出版社，2005。

第三節　讀者反應批評（Reader- Response Criticism, 又稱爲「讀者反應理論」 Theory of Reader-Response）文學批評

一、「讀者反應批評」出現的背景

　　1980 年，美國學者簡・湯普金斯（Jane Thompkins）編輯《讀者反應批評》（*Reader-Response Criticism*）一書，不但對「讀者反應理論」的源流、形成、發展及主要代表人物的論述都有全面性的描述，「讀者反應批評」與「讀者反應理論」之名稱也因而成形。

　　從歷史的角度來觀察，「讀者反應理論」其實是因爲反對 20 世紀前半葉的文學論述主流－文學研究的中心是「文學作品」—— 而出現的。因爲在這一主張的影響下，自 20 世紀後半葉開始，逐漸有文學研究者或從心理分析學說、現象學、詮釋學、解構主義、接受美學等等的理論中，汲取若干論點，一方面反對將「文學」的意義窄化到只有「文學作品」本身而已，因爲這種做法不僅切斷了「文學作品」與「文學傳統」的關係，也阻絕了「文學作品」與「社會」、「文化」、「歷史」等的關聯性；另一方面，也各自以自己的論述依據，提出「文學作品」的內涵與意義應由「讀者」對「文學作品」

的反應來決定的共同主張。

　　換言之，這一文學論述趨勢中所提出的文學批評，不但各有不同的理論淵源，而且也各有不同的論述內容與立論依據，因此，很難將它們視為一個「學派」。不過，這些內容與並不完全相同的批評主張，若從綜覽的角度來看，確實會出現一個共同的特色，就是認為：一部「文學作品」的意涵與意義，並非「文學作品」本身所能單獨決定，而是在「讀者」與「作品」接觸後，經過兩者互相作用的複雜過程所得出的結果。據此，我們應可用下面兩個要點概括他們共同的文學批評主張：

　　（一）「文學」意義的產生，絕不能只限於「文本」而已，而須以「讀者的閱讀」為據才能實現，因此，它乃是一個以「讀者」為核心的動態過程。

　　（二）「文學作品」的意義取決於「讀者個人」的「創造性闡釋」；因此，作品的意義乃是讀者的創造物。

二、「讀者反應理論」的前驅

　　由於「讀者反應理論」大抵流行於 20 世紀 80 年代的美國，所以它的重要理論家，如費許、卡勒、布魯姆、布萊奇、普萊與霍蘭德等，都是美國學者。然而，在上列美國的讀者反應批評家提出各自的「讀者反應理論」之前，也有一些文學理論家曾提出與「讀者反應理論」有關係的論述。因此，在說明美國的「讀者反應理論」之前，這裡先選三位曾影響此

一理論的批評家為例，重點介紹他們所提出的相關論述：

（一）羅曼・英迦登（Roman Ingarden, 1893-1970）： 讀者意向的具體化

在文學批評領域裡，胡賽爾的現象學中被認為最有名的一句話是：「意識的意向性流動。」英迦登是胡賽爾的學生，他在 20 世紀 30 年代所提出的「文學作品是一個純粹客體」的說法，在 60 年代被引入美國，而對「讀者反應理論」造成了不小的影響。英迦登認為，「文學作品」需要有「讀者」的「意識」之參與，才能產生具體的意義，而這是因為「作品」中必會有若干地方出現意義「不確定」或「空白」的情形，當「讀者」在自己的「意向」引導下接觸「作品」後，必會在「閱讀」過程中依據自己的生活經歷與閱讀經驗來「填補」這些地方的意義，並以之形成對「作品」的完整理解。

（二）羅蘭・巴特（Roland Barthes, 1915-1980）： 複數文本觀

由早期的「結構主義」名家，到後來成為「後結構主義」大師的羅蘭・巴特，在他晚期時主張「語文」乃是一套「符號系統」，因此含有多層意義。「文學作品」既是由「語文」所組成，則它應該就像是語言符號系統中的「能指」一般，具有「多重意義」的性質。據此，他認為「文學作品」根本不可能有「確切且單一」的意義，更不可把這樣的意義強加給「不同的讀者」，因為真實的情況乃是「文學作品」在向

「不同的讀者」暗示著「不同的意義」。基於此一觀點，羅蘭‧巴特乃具體地提出「作者已死」的說法，並主張「文學作品」應該改稱爲「文本」，而「文本」的意義則是由不同的讀者所自行創造出來的屬於自己的理解，而非「作品」本身或其「作者」所能決定。

（三）麥克‧里法泰爾（Michael Riffaterre, 1924-2006）

麥克‧里法泰爾基本上雖然仍屬於以「文學作品」爲研究中心的結構主義者，但卻也十分注意某些讀者對「文學作品」意義的影響。他認爲「文本」存在於「語言」之中，但是，全然依賴語言法則和慣例的讀者，其實並沒有能力去察覺出「文本」中所蘊含的深刻意義；而這些意義則需有「超級讀者」的解讀才能挖掘出來。所謂「超級讀者」，就是對文學非常內行的作家、批評家與學者。不過，里法泰爾仍堅持「文本」具有客觀性，其意義係存在於「語言」中，而「超級讀者」所能做到的，只是「證明」「文本」中含有更深刻的意涵而已，而不能賦予「文本」新的意義。

三、「讀者反應理論」的代表

底下，筆者將以「讀者反應理論」領域中較具代表性的六位批評家爲例，藉著說明他們所提出的論述來勾勒這一文學理論的要點：

（一）史丹利・費許（Stanley Fish, 1938-）：
客體的消失與理想的讀者

　　費許首先指出，因為「語言」的性質充滿了說話者的主觀色彩，所以並不具備完全的客觀性；而以「語言」為表達媒介的文學「文本」，在意義上當然也就不可能是一個固定不動的客體了。以此為據，費許進一步宣稱，「文本」乃是一個在「讀者」的閱讀活動中不停變動的客體，或者，甚至可以說根本沒有客體可言。

　　其次，費許主張「文本」的意義係在「讀者閱讀它」的時間流程中產生的。換言之，費許認為閱讀的目的並不是想在閱讀之後能得到什麼結果，因為，閱讀的流程本身就是意義所在。據此，費許堅持反對以「文本」為中心的論點，而特別強調「讀者」在「文本」意義的產生上所佔有的重要位置。

　　值得注意的是，費許雖反對「文本中心主義」，卻也不認為「讀者」可以完全脫離「文本」的限制，因他認為閱讀的理解應有其必須共同遵守的基本條件；更具體地說，他主張若想在閱讀中獲得「穩定」的理解與解釋，一方面需要有本身具備相當程度的語言和文學知識的「理想讀者」（ideal reader）才能達成，另一方面也希望能注意「解釋共同體」（interpretative community），也就是制約著當代多數讀者的思維和感知方式的一套解釋策略和規範，因這套策略和規範不但受到同時代的多數讀者所共同相信與遵守，而且可以自理論上使讀者所提出的解釋擁有「穩定」的基礎。

另外，費許曾與接受美學理論家伊瑟發生一場頗受矚目的論辯。他們兩人雖然都同意「讀者」的「閱讀」乃是使文本產生意義的重心，但在程度上，伊瑟卻主張文本仍應有其穩定的本質，因此，當讀者與文本互動時，他的閱讀活動中也有一部分是受到文本的制約的。費許雖然也承認，文本的語言早於讀者提出解釋之前即已經存在，但在讀者賦予這些語言以特定的意義之前，它們是沒有任何意義指涉的。換言之，費許給讀者對文本的主觀解釋空間比伊瑟要大許多。

（二）強納森・卡勒（Jonathan Culler, 1944-）：讀者的文學能力與閱讀程式

強納森・卡勒，於 1975 年出版《結構主義詩學》（*Structuralist Poetics*）。他一方面把羅蘭・巴特的結構主義與後結構主義引介到美國（尤其是康乃爾大學），同時卻進一步提出自己的觀點，就是讓「文本」得以產生意義的根源並不在「文本」，而在「讀者」的閱讀上。他主張「文本」一完成，便已擁有自己的固定形式（即「文類」，如：小說、詩等）；不過，其意義卻非由「文本」來決定，而是由閱讀者依照自己所熟悉的文學形式作爲基礎，先把該「文本」歸入某文類中，然後再從文學形式的知識出發，進入「文本」之中去挖掘它的意義。從方法學的角度來看，他顯然是以杭斯基（Norm Chomsky, 1928-）的語言學論述中所主張的「說話者」可以掌握語言中的語言序列之「語文能力」爲據，而將它轉爲「文學能力」，也就是文學知識，然後用它來辨識

和發掘「文本」在文學程式上的特徵。換言之，卡勒的文學
理論重心爲：首先，須確定「文本」並非只含有一種所謂正
確的意義；其次，讀者係以自己的「文學能力」爲基點，然
後再從自己的意圖出發，並依照一種固定的閱讀程式（如某
一文類在文學形式上的特色）去挖掘出「文本」的意義。據
此，文學批評乃具有一個固定且合理的基礎和路線；而讀者
依據這種閱讀行爲所得的解釋，也因而能被他人所接受；同
時，讀者自身在閱讀過程中也因熟用文學知識作爲自己解釋
「文本」的基礎，而得以讓自己的文學批評意識和能力比以
前更爲增加了。

（三）哈羅德・布魯姆（Harold Bloom, 1930- ）：誤讀理論

　　美國的文學批評學者布魯姆反對「新批評」，因這一批
評理論缺少歷史和社會兩大基礎；他也不贊同「原型批評」，
因這一批評理論並未能掌握住詩歌的根本。他從詩歌的「歷
史內涵性」出發，指出詩歌在其歷史傳統中乃是不斷變化的，
而且，其內涵更是歷代詩人在各代歷史中所呈現出來的自我
意識。而根據這一看法，他提出了有名的「影響焦慮」（the
anxiety of influence）和「誤讀理論」（theory of misreading）。

　　布魯姆引用心理分析家弗洛伊德的「弑父情結」觀點，
認爲後代詩人（與批評家）就像家庭中的孩子一樣，心中一
直藏有想要消除父親（前輩詩人與批評家）的權威之焦慮感。
因此，他乃努力設法去擺脫前輩的影響，讓自己有出頭的機

會。換言之，布魯姆的主要論點是，由於詩人（與批評家）的心裡藏著這種因畏懼前輩的影響，故而盡力設法推翻前人，甚至取代他們的成就與地位的想法，才促使文學歷史擁有不斷推陳出新的力量。

　　為了達到此一目的，布魯姆提出的方法是刻意去「誤讀」前輩，包括他們的歷史地位、作品與批評；因為若能如此，便可避免抄襲或重複前輩的創作與批評，讓自己保有原創力和特色。

　　不過，這一理論也有無法否認的缺點，就是刻意扭曲與誤解前輩的成果與地位，其結果必將使文學批評失去「取信於人」的基礎，而審美的準則也將陷入毫無標準可循的混亂之中。

（四）喬治・普萊（George Poulet, 1902-1991）：意識的批評

　　普萊是美國約翰・霍普金斯大學法文系教授，因受到現象學的影響，所以他的文學理論乃關注在「意識」上。首先，他認為文學作品是被閱讀的客體，但卻可區分為以語言為載體的「物質形式」和代表作者精神內涵的「意向形式」。接著，他進一步指出，因讀者所思考的主要是作品的內在精神，所以在閱讀過程中便以接受作者的「意識」為主；而在進入到閱讀深處時，讀者也就往往會將作者的思維轉化成自己的思想，甚至在意識中會出現自己已成了作者的情況。換言之，當閱讀達到這個程度時，讀者的意識已經和作者意是融合在

一起了。

　　在批評領域裡，批評主體和被批評的客體通常有兩種關係：其一是「沒有理解的統一」，也就是因讀者沒有自己的主體，所以在尚未真正理解作品（和作者）之前，他已經完全認同作品了；因此，他乃失去了自我的意識。其二是「沒有統一的理解」，也就是讀者一直與作品保持距離，拒絕認同作品。普萊的「意識批評」則以將這兩者結合起來為目標，也就是使讀者能夠深入了解作品中作者的想法，並且使該想法進入自己的內心深處。如此，一方面是作者透過作品，在讀者身上揭露自己，另一方面，讀者也可藉著作品，來分享作者的想法。

（五）戴維・布萊奇（David Bleich）：主觀式批評

　　布萊奇以精神分析學為基，指出文學批評其實是最能讓人發揮「自我意識」去解釋現象與事物的人文學科。但從「形式主義」到「新批評」等，卻全都服膺科學主義，而盡力去強調與推展文學批評的「客觀性」。因此，布萊奇乃提出「主觀批評」（subjective criticism），主張在文學批評這種主觀的人文學科中，文學作品（或「文本」）絕非獨立的客體，因為即使是宇宙間的新真理，也必然是在一種新的語言運用與新的思為構造下所創造出來的，所以文學觀察者應該和哲學家一樣，具有崇高的地位，並擁有絕對的權力去以自己內心的意識和閱讀經驗為基，對其內充滿複雜含意的語言和表達方式具有強烈象徵性的作品或文本提出新的解釋。

布萊奇的具體方法是，先將「意識」活動區分爲前、後兩個階段。第一階段爲：「人」（讀者、觀察者、批評家等）將其內心之中的感知意識「象徵化」，也就是當心中的感知產生對某外在現象或事物有解釋的需要時，會把該現象或事物「象徵化」；這可稱爲初步的解釋。第二階段則是：「人」以自己的「動機」爲出發點，對該已被「象徵化」的現象或事物提出進一步的解釋，這也就是把「動機」「再象徵化」的行爲。其次，布萊奇強調，這一解釋活動仍然需以「人」在當時社會的「解釋共同體」爲原則，才可能有效的進行。

總之，布萊奇的「主觀批評」提供給批評家極高的的權力和極大的空間，以自己的「意識」爲基礎，對文學作品（或文本）提出專屬自己的新解釋。因此，他這一批評應可歸納爲兩大重點：讀者的「動機」與閱讀的「再象徵化」。

（六）諾曼・霍蘭德（Norman M. Holland, 1910-2003）：交流理論

提出「交流理論」的霍蘭德想解答的問題是：「爲何讀者會『以這樣的方式』去『反應』文學作品？」首先，他認爲所謂「作品是客觀的存在」之說法實過於狹隘，因爲它並無法完整地解釋「讀者爲何會想去閱讀作品」的原因。其次，他也認爲「作品會主動引發讀者心理反應」的觀點也太過簡單，因它顯然忽略了「不同的讀者會有不同的反應」之情況。至於「作品的意義係產生於讀者與作品交互反應」之說，他也覺得過於機械化，因爲讀者與作品的交互反應，實際上並

不只是單純的「往」與「返」般之前、後互動關係，而是同時以多面向，且不斷互動的方式在進行的。因此，他乃提出「讀者」面對「作品」時，其反應之次序應有如下的四個進程：

1.首先，讀者以自己獨有的心理去過濾文本。

2.接著，讀者將自我想像投射到作品之中。

3.然後，讀者將自己對作品的體驗轉化成能被社會所接受的方式。

4.最後，讀者提出自己對作品的新解釋。

從文學批評進行的過程而言，霍蘭德的「交流理論」顯然主張，「作品」的意義乃是在「讀者」的心理（包括想像）投射到作品中，與作品中的詞語之意義結合之後，才產生出來的結果。換言之，文學作品的批評乃是讀者使自己象徵化，甚至是複製自己，然後在解釋中將自己變成作品的一部份之活動與結果。此外，由於他認為讀者係在一個模式的範圍內閱讀文學作品，而因該範圍之內的各部分都有關係，同時，讀者又是在該範圍之內使閱讀活動運轉的人，而且，是以他獨特的方式來和作品發生關聯的，所以，這樣的閱讀方式所產生的結果乃有兩項特色：一是作品可以產生新意義的地方甚多，二是作品意義的產生都可視為讀者所創造出來的。

主要參考書目：

Bleich, David, *Subjective Criticism,* The John Hopkins University Press , 1978.

Holland, Norman M., *Holland'Guide to Psychoanalytic Psychology and Literature,* London & New York : Oxford University Press, 1991.

Iser, Wolfgang, *The Implied Reader: Patterns of Communication in Prose Fiction from Bunyan to Beckett.* Baltimore : The John Hopkins University Press, 1974.

Iser, Wolfgang, *The Act of Reading : A Theory of Aesthetic Response.* Baltimore & London : The John Hopkins University Press, 1978.

Poulet, George, *The Structuralist Controversey : The Language of Criticism and the Sciences of Man,* ed. Richard Macksey and Eugenio Donato. Baltimore : The Johns Hopkins University Press, 1972.

Suleiman, Susan and Inge Crosman ed., *The Reader in the Text : Essays on Audience and Interpretation.* Princeton : Princeton University Press, 1980.

Thompkins, Jane P. ed. *Reader-Response Criticism.* Baltimore & London : The John Hopkins University Press, 1980

簡政珍著：《讀者反應閱讀法》。臺北：文建會，2010 年。

龍協濤著：《讀者反應理論》。臺北：揚智文化，1997 年。

第五章　以「時代」、「環境」爲探討中心的文學批評

　　在當代社會裡，科技的普遍流行不僅已深入人們的生活中，並且改變了各國的制度與文化，撼動了各地的社會組織與型態，更重要的是其巨大的影響力已主導了全人類的走向。在這一個波濤洶湧的衝擊中，「人類」已失去了「主體性」，而只能在龐大的組織中擔任一個完全配合團體的組成分子。因此，人類生命的存在與意義乃常常被被定位爲「大機器裡的一個小螺絲釘」，沒有任何自主性，而只能附屬在團體之中，就像泡沫一般只能隨波逐流，瞬時破滅。面對如此嚴峻的情勢，以「人文」與「社會」爲研究領域的學科，爲了替「人」解除這一困境，幫「人」爭取到一些「主體性」，乃各自提出許多因應的新論述。屬於「人文」領域裡的「文學」，此時乃以它和「人」的密切關係爲立足點，設法從這

些領域所提出的新論述中,聰明地將其中若干種論述融入「文學研究」中。於是,如五彩繽紛般奪目,且生意盎然的「文學批評」景象乃出現於 20 世紀裡。本章便以「時代」和「環境」爲觀照面,自各種「人文」與「社會」學科所提出的新論述中,選出七種其理論並非以「作品」、「作家」和「讀者」等爲主要探討對象,但卻已實際影響了「文學研究」的「文學批評」,包括「新馬克斯主義」、「文學社會學」、「對話批評」、「女性主義」、「後殖民主義」、「新歷史主義」、「後現代主義」等,來說明它們被化「文學批評」時,其主要內涵和特色如何。

第一節　「新馬克思主義」
(New Marxism) 文學批評

「馬克思主義」是以「物質」重於「精神」的「唯物主義」(materialism)爲基,而以社會、政治、經濟爲探討對象,進而演譯出一套歷史是如何透過階級鬥爭來發展的理論。雖然其體系龐大而複雜,內容也非常豐富,但因一直都能擁有巨大的影響力,所以在後來乃引發不少學者從不同的立足點和觀察面去分析和評論它。例如在分類方式上,便有美國的傑弗遜與羅比(Ann Jefferson and David Robey)將其分析爲:反映型、生產型、發生型、否定型、語言行等類型;

也有英國的伊格頓與米尼（Terry Eagleton and Drew Milne）
將其區分爲：考古型、政治行、意識形態型、經濟型等類型。

　　因爲「馬克思主義文學批評」是建立在「馬克思主義」
的基本信條上所發展出來的文學批評，當然具有強烈的入世
性質；而正是這一特質，促使它在各個時代裡都與其他思潮
發生激烈的競爭，並造成它具有不停地自我修正和更新，且
一直保有實際的影響力的結果。基於此，乃有學者以時間的
推進爲著眼點，將這一文學批評的發展趨勢仔細地劃分爲：
「傳統馬克思主義文學批評」、「早期西方馬克思主義文學
批評」與「當代西方馬克思主義文學批評」等三期。不過，
因也有不少學者將這三期中的後兩期合稱爲「新馬克思主義
文學批評」，而比較合乎本書的論述範圍，所以本節裡的標
題也選擇這一種稱方式。

　　底下，便以這兩期的代表人物爲基點，將這一派文學批
評的主要論點說明如下：

一、「傳統馬克思主義」文學批評

　　德國的馬克思（Karl Marx, 1818-1883）與恩格斯
（Friedrich Von Engels, 1820-1895）兩人是「傳統馬克思主
義文學批評」的代表人物。他們的學說雖集中在政治和經濟
理論上，但也曾具體地論述過文學，並且也產生了極大的影
響。譬如馬克思即指出，文化與文學文本的重心在其「內容」，
而不在其「形式」；而且，它們所扮演的腳色乃是意識型態

的工具，主要的功能是傳播社會知識。他曾在《神聖家族》
裡對尤蘇的小說《巴黎的秘密》提出深刻的批評，揭發小說
中所隱含的資本主義意識形態；而這一批判方式，後來也成
爲「傳統馬克思主義文學批評」的典範。至於恩格斯也曾說
過：寫實主義的作品必寓含有政治社會的真理，因它如實地
將「典型環境」下的「典型人物」「再現」出來。在他們的
理論中，以下面兩項論點對「文學批評」的影響最大：

（一）下層建築（infrastructure）與上層建築（superstructure）

　　「傳統馬克思主義」認爲，一個社會必由「上層建築」
與「下層建築」組合而成；而它的主要內涵，就是人民在社
會裡的實際生活。這一人民的社會生活，基本上係建立於「物
質」之上，所以具體來說，社會的「下層建築」就是由人民
的「生產力」與社會上的各種「生產關係」結合而成。其中
的「生產力」，是指人民以他們的勞力，透過工具、廠房、
機器等設備，將材料生產出日常生活所需的各種用品。而「生
產關係」，則是指人與人的關係，以及階級與階級之間的關
係。當這兩項相結合而形成社會的「下層建築」時，這一社
會的「社會經濟結構」也就完整地成形了。

　　不過，人民的內心之中當然也含有觀念、思維與精神等
內在活動。這些內在活動不但會形成文學、藝術、宗教、哲
學、倫理、道德等普遍性的「意識形態」，並且也會塑造出
特別的國家制度、政治體制和法律等特殊性的「意識形態」。

由於這些「意識形態」掌控在統治階級之手，所以是社會裡的「上層建築」。

　　「傳統馬克思主義」強烈主張，將社會裡的這兩層「建築」關係認定為「由內心的意識來決定實際生活」其實是錯誤的觀念。正確的觀念應該是「生活決定意識」。也就是說，它們兩者的關係是「下層建築」影響「上層建築」，而非「上層建築」控制「下層建築」。

（二）文學與上層建築

　　「傳統馬克思主義文學批評」認為「文學」是一種「意識形態」，所以屬於社會的「上層建築」。但因社會之內不只含一種意識形態，而且它們之間也在不停地相互作用與影響，所以「文學」自身也具有隨時在改變的性質。此外，社會裡的「上層建築」與「上層建築」之間也不是全然一對一的關係，所以「文學」除了可以消極地「反映」社會現實，並呈顯出社會經濟的基礎之外，在積極面上，它其實也具有能夠推動或「改變」社會現實的能力。

二、「新馬克斯主義」文學批評

　　「傳統馬克思主義」於 19 世紀中期出現於德國後，逐漸流行於歐洲的許多國家，而在 19 世紀末被介紹到蘇俄。20 世紀初，帝俄沙皇的政權被推翻，列寧（Vladimir Ilich Lenin, 1870-1924）等成立了蘇維埃社會主義共和國。在鬥垮其他不

同的政治路線的人後，列寧開始強化共產黨對國家的全面領導性。而在文學上，他所領導的政權便要求文學作品必須服膺共產黨的路線，而作家也須對黨絕對忠誠。到了史達林（Joseph Stalin, 1879-1953）主導黨政時期，因他成功地帶領國家抵抗德國的侵略，並大幅提升國家的經濟力量而贏得國人的推崇後，便採用極端殘酷的手段整肅異己，且將事事都納入政治範疇裡。在文學上，他的政策是以「黨性、人民性、階級性」等爲文學創作與批評的最高指導原則，而文學作品乃逐漸一致化，最後更成爲政治的宣傳品，而文學批評也成了宣示政治政策的傳聲筒了。

　　自 20 世紀中期開始，西方開始出現批判列寧式的「傳統馬克思主義文學批評」的聲音。這類爲數不少的批評家雖都各有自己的論述重點，不過，卻可歸納出兩項共同點，就是「具有札實的哲學理論基礎」，以及「將文學批評視爲文化批評中的一環」。底下，便選其中幾位頗具影響力的批評家爲對象，依序介紹他們在文學批評上的主要觀點。

（一）盧卡奇（Georg Lucacs, 1885-1971）

　　盧卡奇是猶太裔的匈牙利人，因屬貴族家庭，所以非常熟悉德國的語言與文化。1906 年後，與德國海德堡的社會學界密切往返。1918 年，因受到俄國革命的啓示，乃加入匈牙利共產黨，並且在共產黨掌握匈牙利政權期間，曾任政府的重要官員。匈牙利共產黨垮台後，盧卡奇到奧地利的維也納開始流亡的生活；後來，因言論無法被當地政府所忍受，而

流亡於蘇聯、德國與匈牙利間。在流亡期間，盧卡奇完成了
《小說理論》（*The Theory of Novel*）、《歷史與階級意識》
（*History of Class Conciousness*）等許多影響力甚大的著作。

盧卡奇被公認是「西方馬克思主義文學批評」的開創者，
他在文學批評上的主要論述大約可歸納爲下列兩點：

1.文學反映論

俄國的馬克思主義理論家普列漢諾夫（George Plekhanov,
1856-1918）曾主張，經濟社會生活與文學創作之間的關係，
乃是前者影響後者－雖然其方式是間接而非直接，是複雜而
非單一的影響。盧卡奇應是接受了這一觀點，所以主張文學
（與藝術）既然是一種「意識形態」，當然是由社會的存在
所決定；也因此，文學作品乃是反映社會現實的。不過，因
社會真實與歷史現象非常複雜，所以文學作家必須經由自己
的理解、選擇和想像去捕捉現象底下的本質或規律 —— 真
理，故而這種反應與機械式的反應並不相同。

盧卡奇進一步指出，傑出的「小說」能夠掌握這種本質
或規律，就是透過塑造「典型人物」來展現其社會生活的「整
體」，或者倒過來說，就是透過塑造「典型環境」中的「典
型人物」之活動，來揭開支配個人命運與社會整體的本質或
普遍規律。盧卡奇在此特別強調，小說（與藝術）所反映的
社會整體，並非指某一（些）社會裡的實際情況，而是人類
社會的動態發展過程。而他會有這種說法，乃是因他相信人
們在資本主義社會裡，在遭受到洶湧的商品拜物風潮影響下
而產生了「物化」的心理，並進而破壞了人們與社會的和諧

關係，使人們產生無家可歸的「異化」感覺。因此，他乃提出只有掌握住資本主義社會中這種人與社會的衝突和分裂情形，才能夠透過辯證法將人與社會再統一起來，形成一個複雜且活動的整體。而小說（與藝術）家所做的，便是將這種複雜的社會整體反映在作品之中。

2.現實主義（即「寫實主義」）

　　盧卡奇的主要觀念是：文學是反映社會現實的，因爲文學能夠披露出社會現象底下的本質和規律。只是要達成這一目標，便必須注意到「社會整體」的根本性質，也就是它所含有的「共時性」與「歷時性」。所謂「共時性」，是指在同一個時期裡，社會中的各種階級必都處於不停地互動的狀態；至於「歷時性」，則是指社會在其內部的各種力量不停的互動下，所呈現出來的發展或變動方向。當然，這兩個面向實際上是不可分割的「一個整體」；但是，若從文學研究的角度來分析，則因它們兩者幾乎可分別化約爲社會的生產關係與階級衝突，所以，應該可據此推論出：文學必須服膺社會主義，而它所反映的不但是一個動態的社會，更是歷史的真相。

　　對盧卡奇而言，「小說」既然是用來展現社會的整體，它當然不應只用來描寫一個階級的生活，或一些事件的始末，而必須選擇一些典型的人物、典型的環境，以及重要的事件，然後再以上、下階級之間的互動、衝突的過程爲描述重心，來呈現出某一時代的主要精神和歷史真相。如此，人與社會才算緊密相連，而社會生活也才算具有歷史的深刻義涵。

因此，好的小說顯然就是服膺社會主義的現實主義的作品。

（二）班雅明（Walter Benjamin, 或譯為 「班傑明」, 1892-1940）

　　在匈牙利的盧卡奇提出前述的「西方馬克思主義文學批評」之後，有一群德國的社會學者於 1924 年在法蘭克福大學成立「社會研究中心」，繼續深化「馬克思主義」的論述；其中，阿多諾（Theodor Adorno, 1903-1969）、馬庫色（Herbert Marcuse, 1898-1979）、霍克海默（Max Horkheimer, 1895-1973）、弗洛姆（Erich Fromm, 1900-1980）與班雅明等都提出了理念相同的論述；因他們都出身於法蘭克福大學，故而被學界稱為「法蘭克福學派」。在這些學者中，由於班雅明的論述觸及文學批評者最多，譬如《作為生產者的作家》（*The Author as Producer*）及《機械複製時代的藝術作品》（*The Work of Art in the Age of Mechanical Reproduction*）等，所以這裡便以他為例，透過這兩書的重要論點來介紹「法蘭克福學派」的「新馬克斯主義文學批評」觀點：

1.作家乃是生產者（The Author as Producer）

　　馬克思主義的基本主張之一，就是當社會裡的生產方式和生產關係發生衝突時，社會的基層就會出現革命，進而影響社會的上層結構。班雅明將這一主張運用到藝術上，認為藝術創作和其他形式的生產並無不同；說得更具體些，就是將藝術品創作出來的「藝術創造力」也是社會生產力的一種，所以在藝術創作裡當然也含有藝術生產者和其群眾之間的社

會關係。

班雅明透過比喻的方式來說明這一觀點:譬如「書籍」,既是一本內含意義的結構,也是出版商為了利潤而將它銷售於市場的商品。又如「戲劇」,也不只是用來演出的腳本而已,因它同時也是一種包括了劇作家、導演、演員、舞台佈置者、行銷人員等的努力,而讓觀眾可以消費,並使相關者可以賺錢的商品。此外,「文學批評家」也不只是作品的評論者而已,他也常是被雇用的學者和教師,將意識形態教給學校裡的學生,讓他們學得將來能獨立工作的能力;同樣的,文藝創作既然是一種生產,而作家乃是作品的創造者,則作者當然也是生產者了。總之,班雅明的論述頗為清楚,就是:文藝不只是被研究的對象,它本身就是社會實踐;文藝既是文本,也是社會活動。它是一種和其他形式並存,而與社會、經濟等密切相關的形式。

2.機械複製時代的藝術作品（the work of art in the Age of Mechanical Reproduction）

不同於盧卡其將「現代主義」的作品視為徒具藝術形式而缺少社會內涵的產物,班雅明認為,這類作品其實也含有正面的意義。他以「攝影」為例指出,早期的肖像攝影是由攝影師與被拍照者雙方透過默契與信賴感,一起忍受長時間的曝光,以及對光與影的連續設計與安排,最後才使影像產生了由暗到明的效果;而這一過程及其組合要素,主要是在創作者的「靈光與氣氛」（aura）主導之下完成的。

班雅明進而指出,因攝影器材的功能在科技持的續進步

影響下大爲提升，所以這一趨勢在造成攝影時曝光的時間縮短，影片的清晰度增加外，也使攝影工作所需要的「靈光與氣氛」逐漸被削減。不過，也就在這一趨勢中，因機器也具備了「複製」的功能，而使作品可以被大量複製，於是，人不僅能夠隨時隨地觀看作品，而且還可以經由「重複的觀賞」來不斷修正自己的知覺，進而產生「震驚」的效果。班雅明以攝影爲例，指出「蒙太奇」（montage）手法的發現與運用，不但可將不同的事物聯繫起來，而使觀賞者產生震驚的感覺，並且能進一步讓觀賞者認識事物的本質。

　　據此，班雅明乃宣稱：文藝觀念已因「複製」的特性而產生變化，藝術形式也因此而不停進步。在這一情形下，文藝作家提供了生產，而且是透過不斷革新的手法來改進生產方式，因而釋放出日日更新的生產力，而藝術作品的產生也因而出現了革命性的效果。

（三）阿圖塞（Louis Althusser, 1918-1990）

　　在法蘭克福學派之後，馬克思主義因法國的阿圖塞將結構主義與心理分析學說融入其中，而出現了「結構主義馬克思主義」（Structuralist Marxist）。這一新的理論有底下兩個重點與傳統馬克思主義明顯不同：

1.在有關社會的組成上

　　1940、50年代，流行於法國的馬克思主義逐漸出現「人道化」的色彩，也就是把一個時代的社會視爲由許多部份組合成的總體，而每個組成部份裡面也含有總體的因素；故而

社會之內乃含有一個支配的力量。阿圖塞反對這種觀念，他認爲社會是由許多雖然彼此相關，不過卻屬於不同層次的成分所構成，譬如：經濟、政治、意識形態等；而在這個成分非常複雜的社會裡，則隱含了一個擁有巨大能量的「主導結構」（structure in dominance），也就是經濟裡的生產力和生產關係之間的矛盾。因這一矛盾具有決定那一層次占有社會主導地位的能量，所以在它的帶領下，社會層次的結構因而重組；譬如在封建體制下的社會結構，即由政治占著主導的地位。說得更具體些，在複雜的社會總體之內，以政治和意識形態爲主的「上層建築」中雖包含了許多互有關連的不同層次，只不過這些層次其實仍具有相對的獨立性，而且也都各有自己的發展方式。除此之外，它們也與「下層建築」有關；譬如在經濟上，它們的關係便是由支配和從屬的不同地位來決定的。

總之，對阿圖塞而言，社會是一個內涵甚爲複雜的總體結構。這個結構裡的各個組成分子與各個層次雖然互有關聯，但卻也都各有自己的發展，因此也產生了許多矛盾和衝突。這樣的衝突因爲是發生在彼此既相互依存而又互相矛盾的不同層次之間，其結果當然是由「多種因素所決定」（overdetermined）；而這種決定的結果，也主導了社會總體的發展方向。因爲經濟因素常居於某個層次內部結構裡的主導地位，所以也能擁有支配與重組其他層次的力量；同時，讓它擁有支配力的原因，也經常成爲被探討的對象。但相反的，受支配的每個因素既已失去其影響社會發展方向的能

力，則它們當初出現的原因是甚麼，也就沒人去探究了。這就是阿圖塞所提出的「結構因果性」（structural causality）。

2. 「意識形態」（ideology）與「國家機器」（state apparatus）

傳統馬克思主義的基本觀念是：「意識形態」是統治階級用來維持其統治地位和權力的方法。只是，普羅大眾為何會接受此一現象呢？阿圖塞指出，那是因為統治階級做到了「生產條件的再生產」。所謂「生產條件」，是指「生產力」與「生產關係」。「生產力」的「再生產」需靠工資的維繫與勞動者認可的統治階級所建立的秩序與規範。至於「生產關係」的維持，則需要靠國家權力的支持；而統治階級（或資產階級）想合法地運用國家權力，則需要能夠掌握「國家機器」。在此，阿圖塞特別說明，「國家機器」的運作方式包括「壓制性」與「意識形態」兩類，前者如：政府、行政機關、軍隊等，係透過強制方式來產生作用；後者如：宗教、教育、家庭、傳播、文化等，則以意識形態的影響來產生作用。換言之，阿圖塞顯然認為凡是能讓「生產條件」「再生產」的事物都可算是「意識形態」，它並沒有固定的內容。

在資本主義社會裡，「意識形態」被認為是一種「個人」的想像及其表現出來的具體存在，所以具有物質性。但阿圖塞認為，這種「個人」雖然「自以為」是一個完全自主，自由自在的「主體」（subject, 即「小主體」），其實並未具備自主的能動性，因「他」既屬於社會某一階級裡的一份子，當然也只能表現出社會結構裡的一個功能而已。據此，「他」可說是一個由社會的眾多控制因素所造成的產物，是從屬於

一個絕對而獨一無二的「大主體」（Subject）的「小主體」。這一情況當然是由「國家意識形態」所造成的；因為當「個人」自以為完全自由地在表現自我時，他其實已在國家機器主導下，不知不覺地融入社會之中了。

（四）詹明信（Fredric Jameson, 1934～）

著名的美國「後現代主義文化」學者詹明信，可說是當代馬克思主義文學批評領域裡的代表人物。在勾勒他的文學批評論述之前，先了解他對後現代主義文化的批判應該有些幫助。

詹明信在《後現代主義：當代資本主義的文化邏輯》（*Postmodernism：The Cultural Logic of Late Capitalism*）指出，在現代西方社會裡，人們普遍相信「市場經濟」是社會運作的基礎；社會若沒有市場經濟的調節，人們將無法維持日常的生活。但是，這種「市場符合人性」的論點原本是資產階級所提倡的經濟理論，是資產階級用來抵抗社會主義的計劃經濟論；只不過隨著商品化觀念的逐漸深入人心，最後竟然被人們視為理所當然了。詹明信把這個「市場概念」稱為「意識型態素」（ideologeme），然後指出，「市場」既然是一種「意識形態」，當然含有意識形態的虛假性。事實上，「市場經濟」所大力鼓吹的自由貿易、自由選擇，以及消費者也享受最大的自主權等觀念等，若經過仔細的思辯，應該可察覺出這些「自由」的範圍其實很小！因為雖然消費者可以「自由挑選」商品，但這種挑選其實是在「事先已經

決定了的範圍之內」的選擇，因此，已經沒有多少自由可言！市場理論之所以會在後現代社會獲得如此的成功，主要應歸功於媒體的作用。市場和媒體之間的密切關係，正是後現代社會文化的特點。

詹明信在文學批評上所提出的論述中，以下面兩點最為重要：

1.文學批評的歷史責任

在《馬克思主義與形式》（*Marxism and Form*）中指出，作為被觀察對象的「客體」，絕不可能是固定而不變的，因為任何「客體」必都屬於一個更大的整體性思想主體之中，而且這個思想主體，又一定是歷史形式裡的一部份。因此，「作品」顯然不應被獨立出來進行分析；文學批評的正確做法，是把「作品」放在社會或歷史的脈絡中去探討其內的複雜關係。

在《政治潛意識》（*The Political Unconscious*）中，詹明信以法蘭克福學派將「意識形態」視為社會文化批判對象的論點為基礎，主張對「作品」進行分析時，必須將審美觀念與社會、歷史結合起來，去揭示其內的政治性與意識形態性，因而提出了「意識形態素」的說法。所謂「意識形態素」，是指「敵對的社會階級間以集體方式來對話中的最小的語意單位」，也是「作品」和「意識型態」之間的中介；透過「意識形態素」，可以讓人了解「作品」中某一階級對另一階級的批判思考是甚麼。譬如在「作品」裡面，就是人物的描述、技巧的使用等「意識形態素」讓「作品」的內涵呈現出來的。

這些「意識形態素」不僅呈現在「作品」的表層上，也深入到「作品」的內層裡，而且也和現實事物結合在一起。

2.後設性文學評論法（meta-commentary）

在文學批評方法上，詹明信提出了「後設性評論法」。這是一種寓含著「自我解釋」性質的方法，也就是對所選擇的範疇、內容，甚至其解釋方法等自身，也進行評論，以了解它們背後可能隱藏的原因與動機。這種文學批評法的特色是並不重視批評的內容是否正確，因它的主要目的，在透過分析問題的本身和形成問題的思維過程等，來揭發其背後所隱藏的矛盾和意識形態。

詹明信提出這種文學批評法的原因，是他既不認爲「作品」會有一個肯定而正確的意義，也不同意有所謂的客觀且公正的批評。他曾以美國文學批評家韋恩·布思（Wayne C. Booth, 1921-2005）的著作《小說修辭學》（*The Rhetoric of Fiction*）爲例指出，當布思提出小說中含有「敘事觀點」（narrative viewpoint）（可簡稱「視點」）時，已經明白地顯示出他「否認」有「絕對、標準」的敘事觀點了；而當布思在強調「作品」中藏有「隱在作者」（implied author）的「再現視點」時，也反映出他對過去中產階級時代的態度是懷念的。

換言之，詹明信這一文學批評方法隱含有兩項功能，一是顯現出文學批評的本質，二是建立了一個新的批評模式。如果從他這一文學批評法的重點並不在意批評的內容，而在內容背後的「密碼」，並希望透過「解開這些密碼」來顯現

出這些密碼所隱藏的訊息等來看，詹明信和「傳統馬克思主義文學批評」家不同，因他不再把文學批評與社會現實緊緊連在一起。另外，從他把文學批評的基礎限制在「作品」之中，先分析「作品」內各個因素之間的相互關係，然後再考慮外在的歷史現實因素，以表現出批評家的詮釋活動等，也可以看出詹明信對文學批評的認知，和盧卡其等「新馬克斯注意批評」家將「進步／反進步」等絕對的階級對立觀念視為文學評論的最高價值之立場，也是有差異的。

主要參考書目：

Bottmore, Tom, *A Dictionary of Marxist Thought,* Cambridge : Harvard University Press, 1983.

Eagleton, Terry and Drewmiline ed., *Marxist Literary Theory, a Reader,* Oxford : Blackwell, 1996.

Jameson, Fredric, *The Political Unconcious : Narrative as a Socially Symbolic Act.* New York : Cornell University Press, 1981.

林建光著：《馬克思主義》。臺北：文建會，2010。

高宣揚著：《新馬克思主義導引》。香港：天地圖書有限公司，1986。

第二節 「文學社會學」
（La Sociologie Littéraire）文學批評

一、「文學社會學」的產生

　　曾有不少學者從各自的角度對「文學社會學」下過定義；他們所提出的說法雖頗不相同，但在仔細比較後，仍可匯聚出它們所共有的論點，就是：它是一門專業的社會學，一門討論「文學」在社會中的角色和地位的學問。更具體地說，是研究作家，作品的出版、發行與銷售，以及讀者等三者之間在社會裡的互動情況之學問。由於它在 20 世紀中的文學界佔有頗爲重要的地位，所以也值得文學界的人士來討論。

　　18 世紀的歐洲，隨著科學和技術的逐漸發達，社會型態已趨向專業式的分工化，而人民的生活方式不僅因而隨之改變，經濟能力與知識水準也大爲提升。譬如說，以往只限於某些階級才能享受的文藝活動，已不得不接納許多不同的社會群體的參與，甚至成爲社會上的普遍活動項目。若以「文學」爲觀察對象，則一方面由於印刷術的進步和出版業的發達，使得已擁有專業知識和消費能力的百姓也開始積極參與和文學有關的活動，如創作、閱讀和批評等。但在另一方面，不少人民也因爲參與了文學活動之故，而使得生活的內涵更

爲豐富，心靈世界更爲寬廣。

這一潮流到了 20 世紀後，促使越來越多的人民從了解「文學」對自己在實際生活中的身心有深遠的影響，進而想繼續追問「文學」與「社會」到底有何關係之類的複雜問題。於是，下列問題便成爲文學活動的重要課題了：個人、社團、階級、甚至社會風氣、習俗、制度和意識形態等等，到底在社會中各自擁有何種腳色和地位？它們之間又有何種關係？作家寫作的原因是想要抒發情感？批判社會？提供娛樂？或者是希望引領潮流？改變風氣？同時，作品在完成之後，到底是經由什麼方式傳送到讀者手上？而作品的出版、發行與銷售在文學的傳播上又各佔有何種地位？此外，讀者大眾是否區分爲不同類別和層次？他們的個性、嗜好和心理是否會影響作家的創作與作品的銷售？…等。

到了 20 世紀 50 年代的法國，有一批年輕的文學教授對當時的文學教育甚感不滿。他們一方面認爲，把文學的授課內容侷限在作者的生平、作品，以及對文學進行概念式的思辨，實在過於狹隘；另一方面認爲，把文學教學方式一直集中在重覆評價他人的觀點，也實在缺少創意。因此，他們便嘗試從許多不同的角度和方法，譬如：語言學、結構主義或其他文學理論等，來研究文學作品。其中，在法國西南部的波爾多大學任教的埃斯卡皮（Robert Escarpit, 1910- ，又譯爲艾斯噶比）教授，便試圖從「傳播學」的角度來「全面考察社會中的文學現象」，且於 1958 年由法國大學出版社爲他出版了當代第一部以「文學社會學」（*Sociologie de la*

Litterature）爲名的專著，因而不但使「文學社會學」成爲現當代文學理論領域裡的一種，更使這一文學理論成爲 20 世紀 50 年代末歐美文學界裡非常受到矚目的一門學科。

二、斯達勒夫人（Mme de Stael, 1766-1817）

在淵源與傳承上，一般都同意這一文學理論的出現係肇始於法國的斯達勒夫人。斯達勒夫人在 1800 年出版了《從文學與社會制度的關係論文學》一書，一本西洋文學批評史上首先將「文學」與「社會」兩個不同的領域緊密結合共論的專著。她在書中所表達的基本觀念，顯然是受到她所熟悉、並推崇的孟德斯鳩（Montesquies, 1689-1755）的《法意》（*Le Spirit des lois*）之影響，因爲孟德斯鳩在《法意》中所呈現的主要論述基礎，就是建立在「法律」與「社會」所結合而成的共同領域，然後提出：「法律」不應該離開「社會」而單獨存在的宏觀式觀念。斯達勒夫人便是將這種觀念運用到文學研究上，主張「文學」不但無法與宗教、風俗、道德、氣候、環境等完全分開，而且甚至於可說是深受時代的政治制度等社會因素所左右。因此，她在此書中乃特別強調：「文學」絕對無法脫離「時代精神」（zeitgeist）和「民族精神」（volksgeist）。換言之，對斯達勒夫人而言，「文學」正是因爲會隨著人類社會在時間和空間上的變遷而改變，所以才會呈現出其多種內涵和外型的現象。

三、鄧納（Hippolyte Taine, 1828-1893）

　　到了 19 世紀中葉，在法國文學和哲學上都備受推崇的鄧納，先在他的博士論文《拉・封登及其寓言詩》指出，拉・封登的詩作中所呈現出來的最大特色，主要是由其「種族」（他屬高盧族人）、「環境」（他生活於香檳省）及「時代」（他生活在路易十四時代）等三大背景匯合而成的。到了 1870 年，鄧納更以實證式的科學方法來對作家加以分類。他在以心理學為研究課題所出版的《智慧論》（*De Intellegence*）一書中所導出的結論為：人類最重要的內在特質為「感覺」和「衝動」，而這兩個特質則深受許多因素所限制。歸納起來，他在書中所提出的影響因素實包含三個面向：一是人在生活時，即已帶有先天的遺傳特質（即「種族」）；二是人所生活的環境不可能不受到自然的天候季節與社會組織的影響（即「環境」）；三是人所處的時代也無法不受制於歷史的變遷（即「時代」）。換言之，在種族、環境與時代的影響下，文學家的主要才能必定無法不受到許多限制；而也正是這個原因，文學家所創作出來的文學作品自然是在這些與「社會」息息相關的限制下所形成的必然結果。

四、郎松（Gustave Lanson, 1857-1934）

　　大約在 40、50 年之後，法國學者郎松以科學方法為據，

提出了他著名而嶄新的「文學史方法」。他首先認為，具有與歷史事實同樣客觀的當代社會之「事實」，才是判斷與批評「文學史」的最根本、也是最高的標準。因此，要進行編纂「文學史」，宜包含下列三個步驟：其一，收集被列為研究對象的作品和作家，而且須兼括和他（她）們有關的材料與研究成果；其二，以這些材料為據，釐清「作品」（與「作家」）的產生過程，並特別突出其獨創性；其三，重視作品的手寫本及不同版本，由此深入挖掘其內所含有的主要思想與特殊風格的形成過程。

　　郎松的「文學史方法」還有另一項非常重要的特色，就是其理論中所指的「作家」與「作品」兩者，都同時兼具有「整體」（ensembles）、「團體」（groups）與「個體」（undividus）等三種角色。因此，他曾從「作家」與「社會」兩個角度來說明「文學史」，且提出如此的論述：做為一部「文學史」，雖然其「作家」的創作結果是明白可見的，但在他這一創作成果中，卻也隱藏著一個雖無形可見，卻對「作品」擁有強大影響力的因素－閱讀群眾及其文化活動。換言之，對郎松而言，一部「文學史」雖然是其「作者」所直接顯現出的他個人的文化活動歷史，但我們其實也不應忽略的是，它裡面更包含有隱而未見的「讀者群」的文化活動歷史。

五、埃斯卡皮（Robert Escarpit, 1910- ，又譯為「艾斯噶比」）

　　自鄧納之後，認為社會環境對文學活動擁有強大影響力

的看法在法國越來越普遍。值得特別注意的是，這一看法若推到極端，通常會出現把文學作品中所描述的事件誤認為就是真實社會的實際現象，因而混淆了「文學」與「事實」之間的差異。

到了 20 世紀 50 年代，主張「文學」係「社會現象」之一的論述可說集中於法國的波爾多大學，而其中最著名的代表者當係從「傳播學」角度來探討「文學」在「社會」裡的活動狀況與所扮演的角色之埃斯卡皮。

埃斯卡皮與同校的一群文學研究者，一方面反對傳統上只是一昧地重覆或評介他人觀點的文學教學內容，同時也大力批判只以「作者」生平與「文學作品」進行概念式的文學思辨。他們的共同主張是，文學研究應有許多不同的方法與角度，尤其是應該把「文學」納入「社會」中，探討「文學」在「社會」中的特色與意義。以埃斯卡皮為例，他便是從「傳播學」的角度來討論社會中的文學現象，並於 1958 年出版了第一部以「文學社會學」為名的專門性著作。

埃斯卡皮這本書的特殊意義，除了有正式宣告「文學社會學」為文學研究領域中的新方法與新名稱的作用外，也在建構出一門以系統化方法來研究文學的新學科。在這本書中，埃斯卡皮所重視的顯然是「文學事實」，而所謂「文學事實」，則係由「作家」、「書籍」（即「作品」）與「讀者」三者所組合而成。他認為，文學創作乃是一種具有創造性的「生產」，所以除了一般所認識的作者的構思與實際創作行為之外，想了解「文學事實」更應該從「社會」的角度

去觀察。當從這個角度去了解時，應不難發現「文學事實」的主要內容乃是如此的一系列過程：先是，作家的創作必須經由出版，才能成爲作品；接著，再以專業的方式和管道去發行和銷售作品；最後，作品才成爲讀者購買的對象，而完成了此一社會性的消費行爲。依照如此的論述，所謂文學活動當然是一種社會現象。我們或可用「作家」、「作品」與「讀者」三項來對此稍加申論：

（一）作　家

作家本是社會的一份子，而且是生活於某一時代之中，因此，他爲何想創作，以及他所選擇的創作方式是什麼，…等，都是屬於特定的時代社會之中。據此，當我們要深刻且全面地了解「作家」的生活，所需要收集的資料便應包括該作家的心理檔案、個人信函、報紙的相關報導、以及其作品的出版說明等。總之，作家都必具有其特定的時代性與社會性。

（二）作　品

作品固然是由作家創作而成，但作品所歸屬的的社會與時代特色實深深影響著它，如：當時社會的經濟條件、人民的生活水準、出版的難易與方式、批評的風尙，以及作品發行與銷售的傳播方式等「物質條件」，在在都是會影響作品的具體因素。因此，作品的創作背景與傳播情形，也是了解作品不可少的因素。

（三）讀　者

　　當代有哪些不同層次的讀者群，如：工人、中產階級等，又讀者的購買能力與習性如何，例如：購買自流動書販或固定書店？以及讀者的閱讀目的是什麼？如：想充實生活與心理的內涵，…等。

　　我們或者可以說，埃斯卡皮及其同事所提出的「文學社會學」在正面意義上，確實擴大了「文學」的基礎及系統化的文學研究方式。但因它並未能觸及文學美學，以至於無法提升文學的感人力量，例如：挖掘人性、闡釋理想等，而只能以其實是不怎麼完備的機械化方式來研究文學的外在因素，應是它的缺點。

　　在埃斯卡皮之後不久的法國，出現了一位非常著名的文學社會學學者，就是將自己視為「新馬克思主義者」盧卡奇的弟子的高德曼（Lucien Goldmann, 1913-1970）。原本，高德曼把自己所提出的文學理論稱為「文學的辯證社會學」（Sociologie dialectigue la liaterature），後來，則將它改稱為「發生論結構主義」（Structuralisme genetique）。高德曼這樣做的主要原因，即是以「馬克斯主義文學理論」為基而指出，埃斯卡皮及其同事們所提出的「文學社會學」並不完整，因為「文學社會學」的研究必須加入「歷史學」的方法，也就是須包含文學作品的起源問題，才能夠達到真正了解文學的目的。他更明白地提出：凡是非屬於歷史的社會學，都不可能是實證的；同時，任何歷史研究也必須是社會的，如此，

才可能成為實證性的真科學。

　　在基本性質上，高德曼這一理論顯然與結構主義的論點非常相近。結構主義的主要論述之一，即把「社會」視為一個「整體」（totalities），而在這個「整體」中，則包含了許多「部分」。高德曼的「文學」論述，便是把「文學作品及其作者的創作」都視為「屬於社會裡的一部分」，並據此主張：想了解作者及其創作，對他（它）們所屬的社會需擁有全面而深入的理解，乃是必要的先決條件之一。而當討論範圍縮小到「文學作品」時，高德曼所提出來的論述便是：每一部文學作品中都包含了許多部分，而每一部分與其他部分之間，則有一個稱為「協調關係」（coherence）的因素貫串其間。換言之，若想真正瞭解作品，則必要的進程應該是：先了解「作品」之內的「各個部分」，再進而掌握貫穿其間的「協調關係」，最後才能得到作品的真正內涵與意義是什麼的解答。

　　更具體地說，高德曼在有關「讀者」了解「作品」方面，提出了一個包含有兩個步驟的過程。首先是「理解」（comprehension）；「理解」就是讀者閱讀作品時，必須先深入了解作品的內部到底含有那些組成因素？然後，再找出讓這些因素組合成意義的意涵結構，而使作品的整體性意義顯現出來。其次是「解釋」（explication），「解釋」和只集中於作品內在關係的「理解」不同，因它的重心主要是放在如何把作品及其與外在現實社會－尤其是「作品的起源」－建立出一種關係。前面已指出，所謂作品，並非只是作家

個人的創作而已,而是由社會內的許多因素所共同促成的,所以讀者或批評家在「解釋」作品時,便不應只是在找出作品的內容是什麼?也不只是在尋找有關「作品內容」和它在「社會的集體意識」之關係是什麼?而是必須從重視「作品的起源」開始,然後經由詮釋性的閱讀,去找出「作品中的意涵結構」與「社會集體意識的心理結構」兩者之間的關係。

主要參考書目:

何金蘭著:《文學社會學》。臺北:桂冠圖書公司,1989。

何金蘭著:《法國文學理論與實踐》。臺北:秀威資訊科技公司,2011。

呂正惠著:《小說與社會》。臺北:聯經出版社,1989。

阿爾方斯・希爾伯曼著,魏育青、于凡譯:《文學社會學引論》。合肥:安徽文藝出版社,1988。

埃斯卡皮著,王美華、于沛譯:《文學社會學》。安徽:安徽文藝出版社,1987。

Mary Evans 著,廖仁義譯:《高德曼的文學社會學》。臺北:桂冠圖書公司,1990。

第三節　「對話批評」（Dialogism）文學批評

　　「對話批評」是蘇聯文學理論家巴赫金（Mikhail Bakhtin,
也譯爲巴赫汀、巴克定, 1895-1975）於 20 世紀的 20、30 年
代所提出。由於他正置身於 19 世紀與 20 世紀之交，而當時
的文學批評若非特別重視文學的內在規律，就是強調歷史、
社會對文學的絕對主導性。因此，他乃極力主張打破這種「二
元對立」的文學批評現象，而主張這兩者之間的關係應該是
「對話」，而非「對立」的。可惜，因他的論點並無法見容
於當時蘇聯的政治與社會局勢，所以一直黯而不彰。一直要
到 20 世紀的 70、80 年代，他這一觀點才在西洋文學批評界
重見天日，並產生鉅大的影響。

　　巴赫金的文學論述內涵甚爲豐富，而其重點則大約是集
中在文化批評的領域裡。一般而言，學界中人大抵都會同意，
「對話批評」在他的文化批評中應佔有最重要的地位。

　　從重點上來看，巴赫金「對話批評」的特色大約可以用
下列數點來加以勾勒：

一、修正「形式主義」文學批評

　　巴赫金認為，由於俄國的「形式主義」文學批評過度誇大語言的影響力，致使其文學批評的整個內涵幾乎被化約為一種語言分析法。「形式主義」文學批評藉著分析詩歌語言與日常生活語言的差異，進而主張用「陌生化」的方法來創作文學作品。這種論述，固然在某些程度上確實有效地把文學的真正特徵突顯出來，但巴赫金一方面反對「形式主義」將語言視為一個封閉的系統，同時對「形式主義」把歷史的推展力量歸給文藝作品的語言在歷史的縱線上產生了創新或改變之說，也不表認同。他的文學論述，基本上是從以下兩個面向來提出的：

　　首先，巴赫金認為文學研究的主要對象並不是作品的「語言」特色或結構，而是其「審美對象」。他指出，「審美對象」就是文學作品中的各個主體，也就是每一個在與他人「對話」的人（包括說話者和聽話者）。這些人物不但都具有自己的主體性，而且他們的主體性就是經由彼此間的「對話」所塑造出來的；也就是說，藉著「對話」這個在不同的主體間不斷往返互動的說話方式，使每一個主體在與他人互相「對話」中，彼此都建立起屬於自己的特色。因此，這些主體不但是彼此相互依賴的，同時，整部作品也在經過此一過程之後，成為一個不可分割的整體，並且也擁有與眾不同的色。

　　其次，巴赫金也指出，「語言」其實並不是一個客觀的

存在體，因此，它並未擁有一個完整而封閉的系統來供人分析。這是因爲語言的生命只有在「社會裡的人們」使用它來交流時，才能展現出來。換言之，語言本來就具有強烈的社會性；因爲當人們在使用語言來表情、達意和彼此溝通、交流時，這一「對話」的內涵除了涉及語言自身的原本意思，以及語言所可能含有的雙關語、隱喻和象徵等性質與功能之外，也包括了說話者和與他對話者雙方的說話的聲音、語調、節奏、韻律，甚至於表情和動作等在內，因此，巴赫金乃把「語言」視爲一種意涵開放而豐富的「符號」，而社會環境也就是一個「符號世界」。根據這樣的論點，人們顯然是生活在一個充滿意識形態的符號世界之中的。最後，巴赫金便具體指出，「語言」當然不是一個封閉而自足的系統。

除此之外，巴赫金還指出，文學作品乃是對社會的一種反映；而且，這種反映除了可能將社會的「經濟基礎」和「上層建築」（兩個屬於馬克思主義的專門用語）等物質世界反映出來外，也反映了「意識型態」（也是馬克思主義的專門用語），而且還能對「意識型態」加以反省。這種既反映現實與意識，又能自我反省的特色，正是文學作品的特殊之處。因此，文學作品所表現的不但有別於真正的現實社會，也與純粹形而上的宗教、哲學與倫理、道德不同；它既含有社會性，又有屬於自己的規則。這一點，巴赫金曾以小說爲例指出，小說中的故事、情節、甚至小說的類型等，不應該像「形式主義」所主張的，可純粹從創作技巧上去評價，而應要注意到它們不僅在語言交流層面上具有作品的統一性，而且整

部作品也必然無法避免地會受到社會評價的大系統所制約。

二、「日常生活語言」與「藝術語言」

蘇聯文學理論家薩庫林在 1925 年所出版《文學研究的社會學方法》中，以藝術史和文學史作為觀照面，把文藝（含文學與藝術）區分為「內在」與「外在」兩部份。所謂「內在」，是指組成文藝作品的核心部份，譬如小說的情節、人物，或是詩歌的節奏、韻律等「文藝創作規律」，也就是「形式主義」所稱的文學作品的「形式」；但這個「文藝創作規律」卻受到「外在」的社會、經濟發展因素所制約。由於此一說法在當時的蘇聯頗具影響力，所以巴赫金乃於 1926 年發表〈生活中的論述與詩中的論述〉提出批評。

巴赫金認為，薩庫林對文藝研究的「二分法」不僅過於簡單，而且還把文藝與社會原本不可分離的關係硬生生地割裂了；而薩氏的研究會出現這種結果，一方面是因為他忽略了文藝作品的載體「語言」所佔有的關鍵位置，同時，也因為他也並未真正了解「文藝語言」和「日常生活語言」的不同性質和它們兩者的關係所致。

巴赫金明白地指出，人與人之間的思想和情感上的溝通管道乃是「對話」，而「對話」則是由「說話者」、「話語」（discourse）與「聽話者」三個要素所組成。就「話語」而言，用語言的原意來展現話題、並完成意思固然重要，但要達成雙方的溝通和交流的目的，說話的「音調」卻更為重要；因為「音調」不僅可表現出說話者的意見和價值判斷，同時

也隱含著說話者的情緒。在日常生活中，人們的「對話」其實都是在社會的語境中進行的；因此，他們所說的話語本身固然已是一種情境，而且這個情境若要有效，必然都是以社會的大語境作爲背景來實現的。這裡顯然必須要注意到，「話語」所表達的「意義」，除了已經說出者外，也常包括雖未說出，但他人卻能夠體會出的部份。因此，巴赫金乃指出，「話語」的「意義」具有如此的三項特色：（1）既非說話者所能獨佔，也非聽話者所能任意理解；（2）它包括了已說出與未說出兩部分；（3）它存在於自我與他人，或說話者與聽話者之間。

「話語」這一情況表現到文藝上，便是作者、作品和讀者之間的關係了。巴赫金指出，文藝作品所用的語言乃是「藝術語言」；這種語言雖然與日常生活語言有別，但並非在性質上有異，而只是程度上的不同而已。換句話說，也就是在依賴社會語境的程度上，「藝術語言」要小於「日常生活語言」；而其關鍵，即在「語調」（也可稱爲「音調」）上。「日常生活語言」的「語調」是會隨著社會的實際語境中所發生的情況而改變的；但「藝術語言」不同，它可以不受實際的社會語境控制，而依據其藝術上的需要來將「日常生活語言」的「語調」加以放大，使其具有藝術性。更具體地說，「藝術性語言」並不以實際生活中人們之間在交流上的實際運作爲其依據，而是以藝術價值上的判斷來作爲其「語調」設計的要求。

三、批判「弗洛伊德主義」

20 世紀初，弗洛伊德的「精神分析學」不僅在文學界受到矚目，也因它與蘇聯官方所肯定的心理學家巴伐洛夫（Ivan P. Pavalov, 1849-1936）所提的「條件反射心理學」擁有同樣是在強調生理機制的傾向，因此乃受到蘇聯官方與思想界的重視。但巴赫金卻在同一時期對弗氏的心理學說提出了以下的批判：

弗洛伊德主張在人類的心理結構中，以本能、慾望和性衝動為重要成分的「潛意識」一直受到「意識」的壓抑，因而乃使兩者之間形成了永恆衝突的關係。當人的「意識」獲勝時，表現出來的自然是正常的言行；但若「潛意識」衝破了「意識」的壓制，則會有不正常的言行出現。巴赫金雖然肯定弗氏這種把人的心理活動視為人類自身的力量，而且是與社會文化形成鬥爭的態勢之觀點，但卻反對把「意識」和「潛意識」兩者，以及它們之間的互動情況，都看作是純粹屬於人類心靈內部的活動。他以社會和歷史的大範圍視野為出發點，指出弗氏所說的「意識／潛意識」的關係，其實就像是「自我／他人」的關係，或像是「醫生／病人」的關係，因此是屬於社會性的活動，而非只屬於個人的內心活動而已。換言之，弗氏的理論一方面含有非常強烈的「個人主觀心理」傾向，也因此呈現出忽略、或甚至反社會性的特色；二方面，因他的理論幾乎是以人的身心之生物性機制作為推

論的基礎，致使其研究方法和論證都以自然科學的理論與方法為主，也因而忽略了人類心理在相當程度上其實是受到社會和歷史所影響的事實。

除此之外，弗氏的理論也把人類的心理結購建立在語言表達的基礎上，也就是認為我們可用「語言」來表達或治療人類的心理情況，而且還相信「語言」乃是自然的客觀現象。因此，巴赫金乃批評，弗氏既然把「人類心理」定位為「個人」與「主觀」的，那又怎能用「純粹客觀」的「語言」來治療它呢？若如弗氏所說，那麼語言和心理便應該是互相排斥的才對。

四、以「馬克思主義」為基的語言哲學

基本上，巴赫金的「對話批評」係建立在以「馬克思主義」為基的語言哲學上。由於他這種語言哲學的主要探討課題，是關於人們在實際社會生活中與他人交流時的語言現象及意義，也就是經由「語言」為中介，去了解和實現「社會價值」的產生、互動與交換等過程，然後再更進一步去揭示「文化與文學」的發生與發展過程，因此，有時會被稱為「後設語言學」（meta-linguistics）或「超語言學」（trans- linguistics）。底下，便以數項巴赫金在闡述他的「對話批評」時曾觸及的「馬克思主義」語言哲學為例，來說明巴赫金的「對話批評」之語言哲學：

（一）「語言」與「意識形態」、 「階級鬥爭」的關係

巴赫金指出，「語言」乃是一種符號系統，而且是現實的物質社會中不可或缺的一部份。既然「語言」是符號，就必然擁有表達意思的功能，而且是充滿了象徵的意涵。此外，因它也屬於現實的物質社會中，所以也必具有物質性、現實性與社會性。

巴赫金會提出上述主張，是因為他認為：內心之中充滿意識及精神活動乃是人類所共有的現象；而這一心中的現象能夠表達出來，則是透過「語言」符號系統所致。這一論點繼續推衍下去，便可得出：「語言」乃構成人類內心「意識」的基本材料，而「意識」也就成為現實社會中的一部分之結果。當把這一論點發展到最後，其結果必然為：「意識」具有具體而可讓人了解的特色，故而與那些抽象且難以掌握其涵義的「靈魂」、「意志」等，是有區隔的。

此外，巴赫金還指出，「意識」雖容易讓人誤以為它只是屬於個人的心理活動，但事實並不如此；只要從社會性的角度來觀察，便可發覺：人類在現實社會中與他人往返互動時，其內心之中的「意識」實無法避免受到他人或社會的種種情況所影響。巴赫金更以此為基而得到如此的結論：若沒有語言符號的交流，就不會有人類社會；而若沒有了社會，人類的「意識」，或者更正確地說，是「意識型態」，也就不可能存在了。總之，因為「意識」無法避免外在社會的影

響，「意識型態」當然是存在於社會之中的。

　　巴赫金還從語音的交叉現象指出，「語言」中也含有階級鬥爭的意涵。他認為，人類社會既然是依賴「語言」來互動、發展的，則現實社會中的各種價值系統，例如：依靠勞動創造出來的各種不等價的物質商品、文化或文學中各種不同的類型所能反映或批判社會的深度和力量，以及社會中不同階級所擁有的不同意識形態等，它們之間的交流和交換過程不僅都是經由「語言」的互動在進行，而且它們之間各種價值和意義的產生、變動和交換等，也都充滿了階級鬥爭的現象。這種人類社會中各種價值的交換，一方面是不可避免的利益衝突，但同時也是人類社會之所以能充滿創造力和不停往前進步的動力。

（二）話語（discourse）中的「意義」和「主題」

　　巴赫金從「對話」的角度分析「話語」後指出，「意義」和「主題」乃是「話語」中的兩大重要課題。他認為，人們在實際的交談中，一方面希望自己所說的話能把心裡的意思清楚而有效地表達出來，並讓對方完全了解；二方面也希望能聽懂別人所說的話是什麼意思。因此，兩人所說的話是否有效，只有在「對話」的架構上才能判斷。所謂「意義」，就是兩人所說的話之字面意思或其內在含意。由於它係依據大家所共認和了解的語言規則與習慣來呈現，所以它的意思不僅確定，而且它的形式也可以重複出現。至於「主題」，乃是雙方在交談時，雖然語調和語言的材料無法不受到時

間、場合、甚至作者的個性和情緒所影響，因而具有獨特且無法重複出現的特色；但在溝通的目之下，交談的內容一直緊扣著同一個意思 —— 也就是雙方的整體交談中所具有的完整且統一的意思。換言之，「意義」是交談中的話語所含的固定含意，但只有在實際的交談中才能實現，並且創造出交談的「主題」；而「主題」，則是由交談的雙方所說的話語和其語調間相互對應時產生出來的。因此，「意義」和「主題」乃是「話語」中的兩大課題。它們兩者的關係可謂相依共存，但並非「對立」狀態，而是一種雙方連續互動的「對話」。

五、小說批評

巴赫金曾以俄國小說家杜思妥也夫斯基（Feoder Mikhailovich Dostoevsky, 1821-1881）的小說為研究重心，深刻地論述其中的兩個主要特色：

（一）複調小說（polyphony）

為打破傳統小說中充滿作者掌控的色彩，巴赫金主張作者和作品中的主角並非「主」與「從」的關係，而是平等的；更具體地說，乃是各自獨立的「對話」關係。他們兩者透過「對話」，形成了一種互為主體的關連性；而他們兩者的「對話」式語言，乃大異於過去由作者主導一切的「獨白」式語言。這就是所謂「雙聲部」，甚或是「多聲部」的「複調小說」。

巴赫金所提出的這一小說觀念，其意義至少包含如後的

三個層次：其一是在「哲學」與「美學」的層次上，主張作者與小說作品中的主角，甚或是各種角色，他們的地位都是平等的，並且是以互相對話的方式來表現人物（即角色）的自覺意識。其次是在「語言」層次上，形成了「藝術語言」與「日常生活語言」（或者說是「文學語言」與「社會語言」）的對立關係，並在「藝術語言」上突顯了「對話語言」和「獨白語言」的差異。最後是在小說的「敘事學」層次上，以「複調」來突出小說在「敘事觀點」上可以表現的複雜又豐富的意義。

從「個人」上言，巴赫金透過上述這三層次的論述來指出小說中的角色（尤其是主角）不但經由與其他角色的平等對話過程來逐漸進行自我反省、質疑，最後完成獨立的自我意識，同時，小說的作者也在與小說中的角色不斷論辯和「對話」中，逐漸地發現、甚至是創造了自我，最後也達成了自我意識的覺醒。

再從社會的範圍來看，巴赫金其實是想藉著提出「複調小說」來呈現歷史與社會的真正內涵，也就是：在現實社會中，尤其是在歷史上出現劇烈變動的時期，該社會裡絕對不會是只存有一種掌控一切的權威聲音，而是會充滿著各種互相衝撞，甚至想顛覆權威的不同聲音。這些聲音都是不同的意識之代表，象徵著人人想打破大一統而封閉的權威，如黑格爾、馬克思的辯證法等；因而乃使這時的社會呈現著開放、多元、眾聲喧嘩、人人都在與別人「對話」的情況。

（二）嘉年華風格（Carnivalesque）

嘉年華原為中世紀歐洲的一個民間節日。該節慶期間，

原生活在含有各種規律和禁忌的人民，被允許擺脫一切束縛，盡情狂歡地舉辦宴會和遊行表演。巴赫金以之為例，主張小說本來應該也屬於民間文化的一種，所以也應該以描述民間大眾的日常活──尤其是掙脫束縛的狂歡情狀，例如：任意吃喝，隨意排泄，忘情交媾，盡情喧鬧等，於是小說中所出現的便是人物軀體的扭曲變形，以及心靈釋放後的百無禁忌；於是，人人都有自己的生命，也都以自己為中心，說著自己的話語，展現出自己的主體意識。然後再以戲擬、諷刺等寫作技巧，使作品打破過去由作者主導的框架，形成雙聲部或多聲部的對話形式。

　　總之，巴赫金認為小說乃屬於民間大眾的文化與文學形式，而其隱藏的深意則是一方面反對教會神學的信仰權威，以及反對官方政治的專制管理，另一方面則提倡人民爭自由、爭平等的精神。

主要參考書目：

Bakhtin, Mikhail, *The Dialogic Imagination,* tr. Caryl & Michael Holquist, Austin : Texas University Press, 1981.

Clark, Katerina and Michael Holquist, *Mikhail Bakhtin,* Massachusetts : Harvard University Press, 1984.

王德威著：《眾聲喧嘩》。臺北：遠流，1988。

呂正惠著：《文學的後設思考：當代文學理論家》。臺北：正中書局，1991。

劉康著：《對話的喧聲：巴赫汀文化理論述評》。臺北：麥田，2005。

第四節　「女性主義」
（Feminist Criticism）文學批評

　　自 20 世紀下半葉起，人文社會科學領域裡備受矚目的現象之一便是「女性主義」（Feminism）的風行。它的內容繁富且流派紛雜，而之所以獲得學術界的重視，並吸引現實社會人士的目光，主要是因為它在這一領域裡產生了既深又遠的影響，譬如在人文學上，它便藉著心理分析理論成功地使「人」的本質深化，豐富了所謂「人」的意涵，且經由提供可以充分發揮才德與智識的機會給「女性」，而使「全人類」對社會與世界的貢獻能力明顯倍增。

　　從起源上說，「女性主義」係起於歐洲女性的自覺，也就是在 20 世紀之前發生於歐洲的的「女權運動」。透過這一運動，「女性」從注意到可經由工作來擁有獨立的經濟能力開始，進而提出能夠與男性同樣接受教育，以取得知識的要求，再到希望與男性享有相等的政治權力與社會地位等。在這一以女性為思考中心的政治、經濟觀點和行動逐漸滲入各個領域並形成一種普遍性的文化現象時，文壇裡也出現了受到這一「女性主義」所啟發的「女性文學」。若我們將這一情形稱為「女性主義文學」，則我們將可發現，20 世紀的「女性主義文學批評」主要是出現在英、美、法三國與若干第三

世界國家中。底下，筆者將以這一文學批評思潮的代表學者
爲軸，依她們所提出的論述之先後爲序，勾勒出「女性主義
文學批評」的重點及特色：

一、維吉尼亞‧吳爾芙（Virginia Woolf, 1882-1941, 又譯爲「維吉尼亞‧烏爾芙」）

　　於 1929 年出版《自己的房間》（*A Room of One's Own*）
的英國女作家維吉尼亞‧吳爾芙可說是以女性身分積極從事
文學批評的先鋒人物。她所提出的具有劃時代意義的「女性
文學觀」顯然是建基在她個人的親身經歷和感受上。她的主
要論點約可歸納爲以下三點：

（一）女性的經濟獨立問題

　　英國的吳爾芙因喜歡閱讀，所以經常閱讀從圖書館借來
大量的「作品」。然而當她越讀越多時，卻發現那些「作品」
竟然含有一項共同特色，就是它們的「作者」全部都是「男
性」。固然，那些「作品」的內容中偶而也出現了若干「女
性」人物，但那些「女性」人物的形象或特色往往雷同性甚
高，而且若非屬於陪襯的性質，便是具有負面色彩。因此，
當吳爾芙在莎士比亞的「作品」中忽然讀到一些個性非常鮮
明的女性人物時，她乃敏銳地提出疑問：「女性」爲何只有
在「虛構的世界」裡才能擁有比較獨立的地位，而無法在真
正的文學歷史與現實世界裡出現？經過一翻仔細的推敲與考

察後，她提出了這一問題的答案：此乃因長期以來，「女性」都是依附在男性身上生活，甚至也須依靠男性才能生存所致；而造成這一情況的主因，便是女性從來不曾擁有獨立的經濟能力。

（二）女性創作的困境

吳爾芙根據自身的經驗指出，女作家在寫作時常會遇到許多窘況與挫折，包括：

1.生活空間的侷限。「女性」雖然將自己的一切都奉獻給「家庭」，但在家裡卻找不到任何可以獨自擁有的空間，如而無法安靜而專注地創作。

2.生活內涵的單薄。因「女性」無法像「男性」一樣，爲了能夠在外發展而積極參與社交活動，因此無法擁有與社會文化緊密結合的各種人生經驗。這一情況，造成了女性所創作的作品因題材單調與內容貧乏而缺少吸引讀者的力道。

3.知識的缺乏。由於「女性」不曾像男性一樣接受正式的教育，所以既缺少由智慧與經驗所累積成的歷史知識，對現實世界的探索能力也不足，因此，她們的創作品常聚焦於內心世界的摸索，以至於出現格局甚小的共同特色。

（三）女性角色的壓抑與扭曲

吳爾芙指出，「女性」長期以來不僅在家庭裡的地位遠遠不如「男性」，同時在社會上更屬於被壓抑與孤立的一群；而這種不公平、不合理的遭遇則是歷史積習所造成的結果。

換言之，是因爲在遠古時期，人類爲了生存而必須與大自然
的天候環境、其他部族的人類、以及兇猛的野獸等競爭，乃
使身體較爲勇武的「男性」逐漸成爲族群的保衛者；然後，
再進而成爲居住地區的領導者，主導該地區的政教制度與社
會文化機制，並掌握其歷史的撰寫與詮釋權。這一情況長期
沿襲下來的結果，便是塑造出陽剛勇武的性格與出外戰鬥的
生活爲男性的標籤，而女性則以性情溫柔良善與全然奉獻給
家庭爲典型的形象。這樣的歷史傳統與制度習俗，當然也造
成了「文學史」的內容也全都是以「男性」（即「父權」）
爲中心來書寫與詮釋的結果。因此，文學史中的「女性」幾
乎完全被消音，或者在偶而的機會中出現時，也很少被描述
爲具有獨立性格的人。此外，「她們」的功能與形象也非常
刻板，若非屬於成功男性身邊的小幫手，便是大力破壞男性
志業的壞人。

二、西蒙‧波娃（Simone de Beauvior, 1908-1986, 又譯爲「賽門‧波娃」）

　　法國的西蒙‧波娃認爲，「女性」在歷史上的「身分」
一直是以「男性」的「他者」（Other）而存在，也就是屬於
社會裡面一個比較低下的階級。從理論上來看，這一長久以
來的不公平現象似乎正好可由馬克思與恩格斯等創立於歐洲
的「社會主義」（Socialism）加以徹底解決，因此，西蒙‧
波娃乃成爲「社會主義」的支持者。她最著名、並且曾經引

起巨大影響的著作是出版於 1949 年的《第二性》（*Le Deuxieme Sexe,* 1953 出版英譯本 *The Second Sex* ）。這本書包括一、二兩集，第一集為〈事實與神話〉，主要的內容是在挖掘與討論三項課題：女人的生理與心理的發展過程、歐洲女性的歷史、以及男性作家筆下的女性神話。第二集的標題為〈當今婦女的生活〉，主要是藉著層次分明的結構，析論「女性」在「以男性為中心的社會」中，其地位的發展趨向可區成「形成期」、「處境」、「調適」、「趨向解放」等四期，因而高明地呈現出長期以來「女性」地位的卑微與遭遇的不堪。

　　西蒙・波娃最引人注目的論題應是「性別」。她深刻地指出，一般俗稱的「性別」其實並非指男性與女性在「天生」的身體結構上有明顯不同的「生理差異」（sex）；相反的，這一術語乃是指在「人為」的政經制度、文化習俗和社會階級等外在環境的長期雕塑下，因而逐步形成的一種男性與女性在「文化上的差異」（gender）。她認為，這些外在環境的標準和規範，其實都是以「男性」為「中心」所制定出來的。不幸的「女性」因長期被圍困於這些彼此相關、交織綿密的制度與規約下，才不得不壓抑自己天生的特質和專長，並刻意地培養出可以獲得男性讚許一些特色，例如：溫柔的性情、慈愛的心、以及為家庭犧牲奉獻的精神等。在這些制度與規約的長時間教導下，最後，連女性自己也在不知不覺間認同了這些特色，而將它們視為自己必須努力去養成的優點了。因此，西蒙・波娃乃大力批判，這一結果顯然是因為「男性」狡詐地利用「女性」身體的勞動力比男性弱的事實，

讓她們覺得和男性相比，自己確實是個弱者所造成的。換言
之，這是男性將女性「物化」的陰謀已經得逞的結果。於是
西蒙・波娃乃大力宣稱：我們今天所稱的「女性」之特性，
其實根本不是女人「天生即如此的」（be born），而是「後
來被男性形塑出來的」（become）。

三、伊麗葛萊（Luce Irigaray, 1930- ）

　　《另一個女性的反射鏡》（*Speculum de l'autre femme*）
是伊麗葛萊於 1974 年完成的博士論文，也是「女性主義」領
域裡的名著。這本書裡包含了三個標題：「古代『對立性』
夢想之盲點」、「反射鏡」與「柏拉圖的山洞」。總括來看，
伊麗葛萊顯然是以女性的身體與感覺為立論的基點，先從反
省的角度嚴厲批判盛行於 20 世紀初的「心理分析理論」，尖
銳地指出這一理論對女性的態度可說充滿了敵意與偏見。接
著，她再將討論的焦點逐步往前追溯，針對更早期的西方哲
學中對女性的扭曲解釋提出深入的分析與嚴厲的批判，最後
則追溯到柏拉圖的寓言式理論為止。

　　在弗洛依德的心理分析理論中，伊麗葛萊批評的內容包
括了小男孩因父親阻撓自己接近母親而產生厭惡父親的「伊
底帕斯情節」、小男孩因看到「女性」的身體缺少「陽具」
而對女性產生恐懼或鄙夷的心理、小女孩也因發現自己的身
體缺少陽具而產生自卑感與焦慮心理，甚至形成怯懦而被動
的性格等。其中，伊麗葛萊最表不滿的是，弗洛依德到底是

依據甚麼才會完全以正面的態度看待男性不正常的「歇斯底里」心態，而將它解釋為促使「男性」能夠創造出新穎作品的主要驅動力？因此，她嚴正地提出質疑：「為何女作家就不能如此」？

　　至於有關拉岡的心理分析理論，伊麗葛萊也提出了深刻的批判。拉岡主張孩子在進入一歲半的「鏡像期」（the mirror stage）後，一方面透過觀察自己映照在「鏡子裡的影像」來認識「自己」，同時也因開始學習「語言」而進入充滿象徵意涵的世界。由於透過「影像」所認識的「自己」與「真實世界裡的自己」有別，「孩子」對「象徵」「他自己」的「語言」之了解也與事實產生了「斷裂」的情形。在這時期裡，孩子發現：母親因缺少陽具而將它視為她的慾望，而他自己也將父親的語言視為權威的意符，於是「權威的意符」、「父親的陽具」與「母親的慾望」乃連結起來。而這一情形繼續發展的結果，對「女性」而言，即是為了滿足這一慾望，而將自己變成可慾（即「陽具」，也是「慾望的意符」）之物，以吸引男性；對「男性」來說，則是在利用他的陽具來滿足他的對象（即「女性」）之時，也為了滿足自己的慾望而不斷地尋找另一個女人，因而形成不忠於女性的本性。對於拉岡這種說法，伊麗葛萊大表不滿地指出，這是以男性為本位的性慾二元對立觀，亦即：男性主動而女性被動，女人的性慾取決於男人的性慾，女人的快感來自取悅於男人。而當這說法運用到身體上時，便是陰莖與陰道的對立，也就是男性是主動與女性交媾而獲得興奮的，而女性的興奮則來自被動

的應和，也就是女性的快樂必須在先有男人的快樂之後才會產生。因此，她乃採取了顛覆傳統的方式，強調這正好說明了「男人」獲得性滿足的方法其實是「單一」的，因為他必須借助手、陰道、性幻想等的摩差或刺激自己的「陰莖」才能達成性滿足。但「女人」則不同，因她可以用來愉悅自己的方式其實是「多元」的，她不但只須以自己的兩片陰唇互相摩擦即可輕易達到性興奮，她身上的性器官（即：可以引起興奮感的敏感部位）甚至可說無所不在，而且只要自己隨時觸摸，就可以達到性快感。

據此，伊麗葛萊乃進一步推論：正因為女性具有這種「多元」的特質，所以當然能夠擺脫男性中心的霸權話語，而建立出女性特有的既流動、且靈敏的女性語文。

四、克莉斯蒂娃（Julia Kristeva, 1941- ）

克莉斯蒂娃的著作甚多，而在有關女性主義論述上則以 1974 年出版的《語言理論之革命》（*La Revolution du Languaga Protitique*）和 1986 年出版的《婦女的時間》（*Woman's Time*）最具影響力。

大致說來，克莉斯蒂娃的女性主義論述係建基於語言學；而她的語言學觀點則充滿「符號學」的色彩。她先對拉岡的若干觀點提出質疑；譬如拉岡認為，「孩子」在「鏡像期」（也稱為「前──伊底帕斯情節期」）時，對外在世界及人、事、物的了解方式乃是「直接感受」的。但也是從「鏡

像期」起，他開始學習「語言」，並透過語言來了解既抽象
且充滿「象徵性」意涵的世界。由於這一變化太過於劇烈，
所以造成了此時的「孩子」對「象徵」著「他自己」的「語
言」之了解與實際上的情況發生了「斷裂」的現象。故而克
莉斯蒂娃指出，語言學家已經有力地證明語言符號（即「詞
語」）的「意義」其實是由它在句中的位置來決定的，而這
種情形就像是嬰兒與其母親的關係一般；也就是當嬰兒還在
母親的子宮內時，她（以及他）與母親互相溝通的震動方式
雖然繁富而多樣，但卻也深具節奏性。而當「女兒」成長到
「鏡像期」時，她與母親之間的溝通乃展演成一套流動而多
元的「母體符號語言」。只不過這套語言在女孩子的繼續成
長過程中，因遇到了父權社會中的主導語言而受到強力的壓
制，因而不得不潛藏於她的潛意識中。以此為據，克莉斯蒂
娃乃宣稱：父權體制所壓制的其實並不只是「女性」，而且
是「母性」；而這一受到壓制的遭遇，從此開始在女性的心
裡埋下了未來想要挑戰與顛覆父權體制的種子。終於，等到
女孩長大成人，而且有機會進行文學創作時，她便以一種複
製她自己在「鏡像期」時與母親溝通的那套「母體符號語言」，
也就是那一充滿流動、無拘無束、多元而富含節奏性的語言，
來抵抗、衝擊與破壞那佔有社會主流地位的象徵著秩序與法
規的嚴厲父系語言。

　　在此，更吸引人注意的是克莉斯蒂娃採取了「符號式語
言學」的觀念，並將討論的對象從「語言」轉移到「文學」
上。她清楚地表示，既然符號學者已經以「能指」與「所指」

的關係為據而證明了「語言」必然具有「多義」的性質,則以語言為傳達媒介的「文學作品」,其內涵當然也必定是多義的。此外,克莉斯蒂娃還採用符號學所提出的靜態「語言」(langue)與動態「言語」(parlo)並不相同的觀念為據指出,文學作品並不是一個靜止的語言現象,而是一種由「語言符號系統」依照某種情況所組成的「實踐」,因此,其內涵當然也不可能只有一種含意。換言之,如果從「意義生產」的角度來看,「文學作品」應該可說是一個可以產生很多意義的文學「文本」。不過,克莉斯蒂娃在此特別強調,文學「文本」並非指純然由「作者」所創作出來的「靜態產品」,而應該是一個「作家」、「作品」與「讀者」三者所會合的場所;這個場所讓「作家」、「作品」與「讀者」三者在其內產生複雜的互動,然後才鎔鑄出新的含意。因此,所謂文學「文本」,其實可視為一個「生產意義的過程」。

這一克莉斯蒂娃所說的「由符號系統依某情況所組成的實踐」,若從宏觀的角度來看,應可理解為「文本」的含意是在「說話主體」與不同的「社會體制」互動之下所產生的。克莉斯蒂娃這一觀點,可從她在討論「文學」時所提到的「互為文本」(intertextuality)一詞得到清楚的證明。她認為,任何「文本」都不可能是一種孤立的存在,因為在時間上,在它的前、後必定還其他文本存在,而在空間上,它的四周也仍有許多其他文本圍繞著;此外,它和那些文本之間不但可能在許多層次上,也在許多面向上都含有許多複雜的關係,例如:繼承、影響、改變等。換言之,「文本」正是通

過這些關係所形成的「論述」來進入社會體制的運作中的。

　　雖然克莉斯蒂娃自 1986 年出版《婦女的時間》（*Woman's Time*）之後，便將研究重點逐漸轉向「婦女的現實生活」上；不過，她在此書中仍然提出了不少頗具啓發性的「女性主義文學批評觀點」。其中，最具洞見的是她從「歷史」的角度切入，斷定以「男性」為主的文明史所顯現的時間觀，其實是由前一直往後走的線性時間；同時，「女性」在這樣的歷史文明洪流中被刻劃出來的影像，則是在難堪的處境中所呈現的被扭曲的性格，以及因無法繼續控制內心的壓抑而偶然發生的無奈又無力的抗爭。她認爲，女性的身體既然是屬於週期性的循環與律動，則女性的時間當然也應該屬於重複而永恆的狀態，因此，與男性的價值文明可說是完全不同的。克莉斯蒂娃因此倡議，女性應該要重視這種與男性不同的特性，不但不宜完全服膺男性文明的價值觀，反而應該充分發揮女性專有的特色，來滋潤、豐富歷來因被男性所獨霸而使得內涵已呈明顯偏枯的人類文明。

五、西蘇（Helene Cixous, 1937- ）

　　西蘇在《美杜莎的笑聲》（*Le Rire de la Meduse*）中，清楚地表達了她對「女性創作」的論點。她認爲，「女性」天生的稟賦中實包含有無所拘束的想像力和變動不居的性情，而這些特質原本是非常適合用來創作的。但是，在「男性」所建構出來的強大「父權機制」下，女性這些自然的稟

賦不僅一直被強迫性地禁錮在黑暗空裡,她們甚至被那些父權機制硬生生地塑造成性情溫柔而滿足於家居生活的形象。因此,女性應該拒絕接受把生物學與人為的文化混為一談的觀點,奮力洗刷長期以來自己被父權機制所扭曲的性格與形象;而最有效的方法,便是改寫自己過去被男性描繪成的「故事」,也就是擺脫父權機制的掌控,深入自己的內心之中去挖掘出被壓抑的潛意識,而藉著創作出真正屬於自己的生命紀錄,來發出自己獨特的聲音。

西蘇指出,「女性」之所以想創作的原因,其實和母親分泌乳汁以餵食孩子一般自然;而且在創作方式上,也可以不必受到任何理論的限制與規範,只要完全發揮自己的特色,便能夠對抗佔有主流地位的男性話語。西蘇還進一步提出,女性天生的本質即有「雌雄同體」(hermaphrodite)的優點;也就是與男性必須藉著「陽具」的權威才能創作的「單一性」不同,女性的身體天賦即有比男性更為完整的「雙性」優勢。因此,在創作時,女性應該從了解自己身體上具有兼容並蓄的優勢開始,越過男性的單一性質標準,而特別關注差異性與多元性。如此,將可創造出一種可以勝過所有階級和文法的規範,而且無法被破壞的女性語言。

六、伊蓮・蕭瓦特 (Elaine Showalter, 1941-)

美國的伊蓮・蕭瓦特所提出的「女性主義文學批評」有兩項主要特色。第一項是挖掘出英國文學史上被男性中心的

主流體制所壓制的女性作家。她在 1977 年出版的《她們自己的文學》（*A Literature of Their Own*）一書中，以歷史事實爲依據指出，歐洲的「女性」其實一直活在男性中心的社會文化機制下，故而長期遭受著非常不公平的待遇。這一情況到了 18 世紀時才有些改變，因爲在那一時期裡出現了人數雖少，但卻極爲敏銳的女性勇敢地爲自己發出了聲音。於是，蕭瓦特乃以 19 世紀以來的「女性文學」，包括了非白人的黑人文學、以及猶太人文學、加拿大文學、英印文學，以及美國文學等爲研究對象，而將女性作家們的奮鬥過程區分爲三個階段：（一）自 1840 年到 1880 年，可稱爲「陰性時期」（feminine phase）。在此一時期中，女性作家在掌握全社會的父權機制下，爲了能夠取得創作與發表的機會，乃以「模仿」男性的作品爲寫作的主要方式；（二）自 1880 年到 1920 年，可稱爲「女權主義時期」（feminist phase）。此一時期的女性作家有意識且努力地反對前述的男性標準和價值觀，並積極爭取自己的「權利」，而且把討論的範圍擴及到弱勢與少數族群在內；（三）自 1920 年之後則可稱爲「女性時期」（female phase）。在這一時期裡，女性作家全心致力於「自我的發現」上，尤其是刻意釐清、並盡力開展出與男性文學有別的「女性文學」所獨有的特色和價值上。

　　蕭瓦特的研究在「女性主義文學批評」課題上所呈現的第二項特色，就是她在〈荒野中的女性主義批評〉（Feminist Criticism in the Wilderness, 1981）一文中所採用的分析方式；也就是將女性主義文學批評的特色與方向區分爲四個領

域：女性作品與女性身體、女性作品與女性語言、女性作品
與女心性心理、女性作品與女性文化。從客觀的角度來看，
她這一做法除了與當時的實際情況頗爲相符，而且也具有堅
實的理論基礎外，也在相當程度上影響了此一文學批評的發
展方向。

七、珊卓‧吉爾伯特（Sandra Gilbert, 1936- ）與 蘇珊‧古巴（Susan Guba, 1944- ）

　　吉爾伯特與古巴也是「女性主義文學批評」的重量級人
物。她們對 19 世紀的重要女作家進行挖掘式的研究後，於
1979 年合著共同出版了《閣樓上的瘋女人》（*The Madwoman
in the Attic：The Woman and the Nineteenth Century Imagination*）
一書。在此書中，兩人具體地描述了在男性爲中心的社會文
化機制中，「男性作家」因是「文本」的創作者，所以其地
位的崇隆幾乎與「宇宙」的創造者「神」一般，不僅難以撼
動，也不能質疑。而「女性作家」如果想在這樣的環境中創
作，唯一的方法就是服膺男性的創作規則與標準。不過，這
樣的描述顯然只是她們的寫作手段而已，因爲她們正是以此
爲基來指出，在這樣嚴峻的創作環境中，其實仍然有若干女
性作家想在作品中表現出真正的自我；只不過這種擺脫父權
體制的壓力，拋棄男性的標準框架來堅持自己理想的行動，
替自己贏得的回報卻是「瘋女人」的污名。

　　不過，在吉伯特與古巴兩人的評價中，這類女作家其實

是擁有睿智的策略的，就是以「天使 vs.怪物」、「監禁 vs.
逃離」、「溫柔貴婦 vs.瘋癲婦女」等「二元對立」的方式，
讓自己可藉著「瘋女人」的意象來掙脫主流的男性框架之制
約，並經由回溯整個歷史，恢復過去的記憶等，去找出屬於
「女性」所特有的真正特質與力量，進而以顛覆父權的方式
展現出鮮明的自我意識。到了 1985 年，她們兩人更以具體的
作爲，即依照文學史的架構，選編了一部只錄取女性作家的
作品之文集 —— 《諾頓女性文選》（*The Norton Anthology of
Literature by Women*）。而這部文集，不僅成爲許多大學使
用的教材，引起頗大的迴響，也替女性文學批評留下了最具
體的成果。

小　結

如前所述，早期的「女性主義文學批評」因建立在「女
權運動」的浪潮之上，所以它的內涵與性質乃具有駁而不純
的複雜性。不過，如果以這一文學批評表現最爲亮麗的 20
世紀下半葉爲觀察的重點，不少學這都同意它含有一個頗爲
清楚的走向，即：從 60 年代末期到 70 年代中期，「女性主
義文學批評」的中心點是以「兩性的生理差異」爲據，來揭
露男性文化是如何地歪曲女性的特質與形象，並極力批判長
期佔有主流地位的陽具中心思想。到了 70 年代中期至 80 年
代中期時，「女性主義文學批評」的重心則爲轉爲以女性的
立場爲基點，深入探討文學作品中的女性心理和語言表達的

特色，並獲得了甚爲豐碩的具體成果，例如：卡普蘭（Sydney L. Kaplan）的《現代英國小說中的女性意識》（*Feminist Consciousness in the Modern British Novel, 1975*）、蕭瓦特的《她們自己的文學》以及珊卓·吉爾伯特與蘇珊·古巴於1979年合作出版的《閣樓上的瘋女人》等都是其中著名的代表作。

至於從80年代中期迄今，這一深具影響力的文學批評潮流已逐漸邁向跨學科的領域，例如將「文學」跨入「文化」等，而以下列四種趨向最令人矚目：

其一是受到以女性和男性的差別爲焦點的「性別研究」（Gender Studies）所影響，「女性主義文學批評」的重心集中在探討女性文學作品的主題、語言、人物刻劃、敘事結構和文類的選擇等與男性作品有何差別。

其二是在「社會主義」觀點的影響下，出現了強調閱讀活動和他所屬的社會文化擁有密切關係的「社會主義的女性主義」（Socialist Feminism）；它主要在探討作品的內容、意識形態與其內容的關係，也就是強調「女性」也是社會裡的一個階級，所以「女性文學」與當時社會的道德、文化、歷史和經濟等當然不能分開，因此，也需注意它的生產、出版和行銷等方式。

其三是反對心理分析學說中的父權觀點，進而以母親爲中心的「心理分析的女性主義」（Psychoanalytic Feminism）。它主張女性可以運用特有的流動、循環的感性語言來創作的文學作品，以打破依靠父親霸權所建立的象徵式權威和秩序。

其四是出現了以關心社會邊緣的黑人、女同性戀等少數

族群爲論述重心的「少數族群女性主義」（Minority Feminism），主張「女性」不應只想取得與男性平等的地位，而應更積極地彰顯女性異於男性的特質，藉著女性專有的直覺式語言、包容而模稜的手法，創作出以開放爲結尾的作品。

　　總之，「女性主義文學批評」實可歸納出以下幾項重點：

　　（一）關心女作家的創作情況，並倡導女性閱讀上的自覺性。

　　（二）討論文學作品中的女性形象，尤其分析其中的女性意識。

　　（三）挖掘女性作家的寫作特色，包括語言、題材的選擇，情節的設計、想像的安排，以及象徵手法的運用等。

　　（四）以女性的角度爲基，重新分析人類的語言與思維、文學的敘述方式與文類，以及作品的評價標準，進而強調男、女各有獨特的視域，以兩性的並存可以豐富文學的內涵。

　　（五）透過挖掘出長期被壓抑的女作家之作品來重新評價、改寫文學史，因爲原有的文學史乃是一套以男尊女卑觀念爲基所形成的父權式話語。

主要參考書目：

Belsey, Catherine and Jane Moore ed., *The Feminist Reader : Essays in Gender and the Politics of Literary Criticism,* New York : Basil Blackwell, 1989.

de Beauroir, Simone, ed., *The Second Sex*, tr. & ed. H. M. Parsley（1953）, New York : Vintage Books, 1974.

Evans, Mary, *Feminism : Critical Concepts in Literary and Cultural Studies,* New York : Routledge, 2000.

Gilbert, Sandra M. and Susan Gubar, *The Madwoman in the Attic: The Woman Writer and the Nineteenth-Century Literary Imagination,* New Heaven: Yale University Press, 1979.

Humm, Maggie, *A Reader's Guide to Contemporary Feminist Literary Criticism*, Harvester : Wheatsleaf, 1994.

Kristeva, Julia, *Desire in Language : A Semiotic Approach to Liteerature and Art*, tr. Leon S. Rouditz etc. Columbia University Press, 1982.

Millet, Kate, *Sexual Politics*, New York : Doubleday, 1970.

Showalter, Elain, *A Literature of Their Own*, Princeton : Princeton University Press, 1977.

Showalter, Elain, ed., *The New Feminist Criticism*, New York : Pantheon Books, 1985.

Warhol, R. R, and D. P. Herndl, *Feminism : An Anthology of Literary Theory and Criticism*, New Brunswitt : Rutgers University Press, 1991.

Woolf, Virginia, *A Room of One's Own*, London : Hogarth Press, 1929.

王逢振著：《女性主義》。臺北：揚智文化，1995。

李銀河著：《女性主義》。臺北：五南出版，2004。

邱貴芬著：《女性主義文學批評》。臺北：文建會，2010。

第五節　「後殖民主義」
（Post-Colonialism）文學批評

一、「後殖民主義」理論形成的政治背景

17 世紀時，歐洲的許多強權爲了擴張國家勢力，搶奪各地資源，乃仗著先進的堅船利砲，對世界各地的弱勢國家進行軍事侵略、土地佔領、資源掠奪等行爲，而逼迫許多弱勢國家畫出許多地區成爲它們的「合法殖民地」。這一波由西方科技強國所發動的侵略行爲，不僅造成了以資本主義爲中心思維的西方國家取得了主導世界經濟和政治的力量，也使這些西方國家成爲 20 世紀初的義大利思想家葛蘭西（Antonio Gramsci, 1891-1937）所說的「世界文化霸權」（cultural hegemony）——亦即透過包括強制性的力量，如軍隊與法律，以及無形中的誘導，如社會的價值觀等雙重方式，達到控制與操縱世界潮流的目的。

第二次世界大戰之後，民主思潮席捲全球，長期「被殖民」的弱勢民族和國家終於在政治上擺脫它們的殖民宗主國的控制，紛紛獨立。但這些西方資本主義強國其實並未真正放棄對殖民地的掌控，只不過把掌控的方式改爲無形中的滲透，同時也把關切的重心從政治與經濟領域轉到文化價值、

意識形態、知識話語和主體構成等，以使自己仍能繼續維持
「殖民宗主國」般的霸權地位。然而，被殖民的國家雖然國
力仍弱，卻已今非昔比，尤其是已經擁有了自主性的思維。
它們除了在科學、知識與技術上奮力往前邁進，以拉近自己
與西方資本主義國家的在物質文明上的距離之外，也在文化
上對資本主義國家的滲透行徑採取了抵抗的態度與政策。這
一努力，終於形成了一種以文化、思維和價值觀爲關注核心
的「後殖民主義」思潮。

　　自 20 世紀下半葉起，人文社會領域裡的許多學術思潮同
時出現了既開放且激進的現象，譬如：德希達（Jacques Derrida,
1930-2004）以「解構主義」去消解主導了西方數千年思維的
「唯道中心論」與「二元對立觀」，「後現代主義」更以開
放多元的觀念對西方現代科技文明進行深刻的反省，傅柯
（Michel Foucault, 1926-1984）也對「知識與權力的共生關
係」提出銳利的批判，…等等。「後殖民主義」其實就是在
這一開放的趨勢中出現於 70 年代，而後大盛於 80 年代的一
種思潮。深入來看，這一思潮在隱約間似乎含有一個共同特
色，就是它的重要理論家，例如薩依德（Edward W. Said, 1935-
2003）、史畢娃克（Gayatri C. Spivak, 1942-）、巴巴（Homi
K. Bhabha, 1949）等都是出身於第三世界國家，卻在西方著
名大學取得學位，然後，再以母國的主體性爲立足點去思考
和析論主導世界局勢的真正文化因素。他們努力著述，並積
極參與國際會議，尋求在各種場合替長期被西方霸權主義所
壓制的「邊緣地區」發聲，以第三世界的立場去和西方哲學

傳統與科技文明展開深刻的對話。果然，在相當程度上，他們有效地撼動了「西方即世界中心」的扭曲觀念，也廓清了「弱勢即世界邊緣」的錯誤認知。

不過，這一股以被視為世界邊緣的「第三世界國家」為主體，強調自己在文化與政治上應追求自主性，並且極力批判西方強勢文明的文化理論潮流，雖然是興起於 20 世紀的 70 年代，但在實際上應該可追溯到 19 世紀的後半葉，或至少應該是 20 世紀的 50 年代。其中，最具有代表性的學者應是 50 年代時，非洲的阿爾及利亞解放運動的領袖法農。

二、「後殖民主義」理論的主要先驅者：法農
（Frantz Fanon, 1925-1961, 又譯為「法儂」）

法農出生於法屬西印度群島的馬提尼克島（Martinique）。他在法國唸完中學後，到里昂大學醫學系就讀時，即察覺黑人所受到的歧視與不公平的對待。大學畢業後，他成為精神科醫師，並於 1952 年發表「後殖民主義」的先聲之作《黑皮膚・白面具》（*Peau Noire, Masques Blancs*；英譯本：*Black Skin, White Mask, 1986*）。1953 年，他與白人女子結婚，然後回祖國阿爾及利亞行醫。1954 年，阿爾及利亞開始了反抗法國的革命活動，法農不但參加作戰，而且成為阿國的革命宣傳家。1960 年，他被臨時政府任命為駐迦納大使；隔年，因白血病而過世。

法農有關「後殖民主義」的主要觀點約可歸納為下列幾

點：

（一）被殖民者的自我認知

　　法農以他的精神醫學專業爲立論基礎，清楚地挖掘出隱藏在「被殖民者內心」含有兩大心理特色：「自卑感」和「依賴心」。他以親身經驗和實際考察爲據，提出一個黑人所不能忽略的事實，就是對「白人」而言，殖民地的「黑人」和他們天生的皮膚一樣，可說是白人永遠無法同化的「他者」。因此，不管被殖民的黑人是否已經忘記自己的母語和文化，或已經學會殖民者的語言，甚至於也接受了殖民者的價值觀，他們永遠都無法脫離自己的膚色。據此，法農提醒黑人同胞，普遍存在於被殖民者心中的「遺忘自己，認同他人」的心理，其實是被外來的殖民者所塑造出來。殖民者利用他們在殖民地上所擁有的政治、軍事和經濟等優勢，先在殖民地上取得有權有勢的地位，然後再運用手段，營造出各種有利於他們統治的機制，並透過這些機制，塑造出被殖民者承認自己的社會地位低微，因而只能依靠殖民者的保護和指導才能生存和發展的自卑心理。換言之，法農指出了被殖民者的這種心理，根本不是天生的，而是在殖民者運用謀略所強加到他們身上的。因此，他乃大聲呼籲：黑人必須了解自己心理的真正結構，同時，也必須有具體的行動來打破殖民者所營造出來的各種殖民機制。

（二）被殖民者的語言

由於語言的功能甚大，不僅可以讓人表達內心，與人溝通，更是一種凝聚族群，代表文化的象徵。法農即有見於此，指出從外國來的殖民者在掌握了殖民地的經濟命脈與軍事優勢，並在政治上也佔有主導性的地位後，都會將他們母國的語文列爲殖民地的官方語文。這一做法所造成的結果，就是使被殖民者在自己的國家裡面，或爲了開展自己的前途，或想要掩飾自己的自卑心態，或爲了突顯自己高於同胞的身分，甚至是爲了在與官方打交道時可以方便溝通，…等，都會努學習殖民者所帶來的這種官方語言。然而這一情況所帶來的嚴重後果，正是被殖民者逐漸忘記了自己的母語，以至於產生鄙視、放棄自己的文化和傳統價值的心理。

（三）被殖民者的「國族」主張

法農認爲，殖民地成爲主權獨立的國家後，因其國內往往含有數個種族，所以不但很難在社會安定與國家發展等重大議題上取得一致的立場，而且甚至會因爲紛爭而陷入更混亂的局面。因此，他認爲國家應該明確地以社會、政治意識爲基礎，努力使國內各種族捐棄己見，團結一致，融合成一個「國族」，而進行全面性的改造，如此，新國家才有進步和發展的可能。

總之，法農除了具體有力的批判帝國主義者對殖民地在政治、經濟上的侵略之外，同時以精神醫學爲基，針對被殖

民者飽受摧殘的心理，提供健康且營養的良方，供給已擺脫被殖民命運的國家做爲參考與依據，以走出自己的發展大道。

三、「後殖民主義」的三大理論家

（一）薩依德（Edward W. Said, 1935-2003）

　　薩依德是公認的「後殖民主義」理論的開創者。他是巴勒斯坦人，出生於耶路撒冷，而於非洲的埃及、中東的黎巴嫩和歐洲、美國等地求學與工作。這一特殊的生活經歷，不僅使他能以「東方」爲立足點去看「西方」，而且常以兼容社會、階級、歷史、文化、種族、政治等宏觀的視野來分析、比較東、西方的社會和文化現象。

　　薩依德有關「後殖民主義」理論的著作非常豐富，而且在學術界與政界都曾引發許多討論。其中，尤其是《東方主義》（Orientalism）、《文化與帝國主義》（Culture and Imperialism）以及《論知識分子》（Representations of the Intellectual）等三本書最受矚目。由於《東方主義》是他最具代表性的著作，所以底下便先以這本書的論述爲主，將他在這方面的論點稍作梳理與說明：

1.「東方主義」的理論淵源

　　大致說來，薩依德的「後殖民主義」理論顯然曾受到下列兩位學者的理論所影響：

（1）傅柯（Michel Foucault, 1926-25 June 1984）的 「權力／知識」論

　　薩依德的「後殖民主義」理論深受傅柯有關「權力／知識」論述的影響。傅柯認為，將「權力」定義為命令或禁止人們做某事，只是一種表面的理解；所謂「權力」，應該是指如何主導國家和社會的實際運作方式。傅柯在仔細考察過現代的國家社會後，敏銳地指出，現代的「權力」已經和「知識」緊密結合，所以能夠使統治人民的種種機制先取得合法性，然後，再透過它們來巧妙地管控人民。

　　傅柯此一觀點與他所提出的「知識考古學」息息相關。他這一論述特別關注冷僻領域的知識和片面瑣碎的記憶之學問，所以特別重視局部性的、非連續性的、以及非正統的知識。傅柯將它們建立成一種有關局部的、微小的話語，然後再發揮它所蘊含的影響力，來對抗合法的、整體的、科學的抽象理論；結果，他成功地讓「歷史知識」獲得機會，從「權力」的壓制中解放出來。據此，他乃大力宣稱「權力」並非只是指合法的統治權、國家機器，甚至是隱匿於它們背後的意識形態。他主張「權力」的定義其實更應該將運用「權力」來控制民眾的「人」或「機構」包含在內。換言之，「權力」與運作「權力」的「機制和技術」兩者，其實是無法清楚區隔的結合體。

　　此外，傅柯也以圓形監獄的「中央監視點」為例，提出「凝視」（gaze）之說。他認為，這種含有高明技術的「觀看系統」一方面能使掌權者監視所要「凝視」範圍內的每一個

體，另一方面，也可將這種觀念灌輸給每一個體，並使他們也能監視別人，甚至自我監視。而當把此一「凝視」範圍擴大時，此一監視系統便可被擴及到權力範圍之內的不同國家和民族了。

總之，傅柯這種「權力/知識」理論對薩依德的「後殖民主義」理論層產生深遠的影響。

（2）葛蘭西（Antonio Gramsci, 1891-1937）的　「文化霸權」（cultural hegemony）說

葛蘭西是義大利著名的思想家。他認為 20 世紀初，西方文明國家已在一個龐大的體系控制下，成為一個如同外面被一條壕塹所圍繞的封閉世界；而這個主宰它們的力量，就是資本主義雜揉帝國主義的思想。他深刻地指出，這個控制西方國家的思想其實已經化為各種機制，透過綿密的組織系統，包括官方控制的政治、經濟、社會與學校等行政機構，以及教會、報紙、傳播媒介、社團等民間機制，在有形、無形之間主導著國家的各種運作。由於這樣的思想係以資本主義為最高價值，所以這些國家在這些機制的操控下，已使自己國內的社會變成一個對資本家非常有利，而對工人階級極不公平的型態。更甚的是其影響並不止於此，這些國家還在帝國主義思想的主導操控下，為了滿足自己的需求而積極向外國侵略，壓迫與剝削弱小的國家。

葛蘭西將這一主導西方國家的運作方式稱為「文化霸權」。他指出，這種以資本主義為核心理念的「霸權」思想，其實是建立在「統治」和「認同」兩種手段之上。其中的「統治」手段，是指通過國家機器的強制力量，譬如：軍隊、警察、

法律等，來實現控制的目的；而控制的對象，則包括了資本家之外的其他階層和階級，以及擁有不同思想的人。至於「認同」手段，則是以一種雖然隱微不顯，卻能夠切實有效地影響人民心理的方式，例如對意識形態的控制之類，來對資本家所稱的異端思想或異族等「他者」進行心理上的迷惑式領導。

　　總之，葛蘭西揭露了資產階級控制自己的國家與侵略他國的主要方式，就是「文化霸權」。它是現代帝國主義和資本主義的結合體，是資產階級以自利為立足點，設計出許多機制，再透過它們來取得國家社會的主導權，並從心理上掌控不利於它們領導的異端、異族和其他階級。更具體地說，就是透過權力的壓制和意識型態的誘導，以達到合法控制「他者」的領導形式。因此，「文化霸權」有時也被稱為政治領導權和思想意識領導權。這一「文化霸權」的論述，顯然也成了薩依德「後殖民主義」理論的重要基礎。

2.「東方主義」的主要觀點

　　薩依德所提出的《東方主義》（*Orientalism*），不僅運用了葛蘭西的「文化霸權」之說來剖析全球局勢，也以傅柯的「權力/知識」理論來分析「殖民國宗主」與「被殖民國」的關係。他這一理論的關鍵論點大約可歸納如下：

　　（1）「殖民宗主國」和「被殖民國」之間的
　　　　　不平等對立關係

　　薩依德綜觀世界局勢後，認為整個世界的大局在隱約間已經被架構在「殖民宗主國」和「被殖民國」之間的對立關係上。在這一架構中的對立雙方，薩依德值特別指出，它們

的地位其實並不均等；或更深入地說，兩者中的「被殖民國」只能扮演陪襯者的腳色，因它的主要功能，不過是用來凸顯出它的「殖民宗主國」所擁有的「文化霸權」地位而已。

（2）「東方」係因「西方」而存在

薩依德以「話語」的主導力量和「權力結構」的實質內涵兩種論述爲基，指出「東方」和「西方」並非自然形成的兩個對立的區域名詞。事實上，「東方」乃是因「西方人」在特定目的驅使下，製造出來與「西方」形成對比的名詞。換言之，這兩個名詞即使原來各具有自己的特定內涵，例如：自己的文化傳統、歷史流變、思想內涵、想像特色等等，但若證諸「東方」出現的原因和史實，則它顯然是因爲「西方」人爲了讓自己可以擁有更明確的面目，以及比「東方」更爲優越的且地位和內涵，才將它塑造出來的。

（3）「東方」的內涵

由於「東方」是歐洲與北美地區的國家以自己的「西方」經驗爲主，而對另一個世界（即「東方」──尤其是信仰伊斯蘭教的巴勒斯坦）的印象式理解，因此，它從一開始就具有和「西方」相對照的意象、理念、人格和經驗等寓意。不過，因它是被創造出來幫助「西方」人了解和宣示自我的，所以「西方」人乃刻意著眼於「東方」與它們不同之處，以至於形成他們對「東方」的了解內涵，不僅是印象的、片面的，而且他們進行了解的心態更是驕傲的。其結果，就是造成了「西方」人所謂的「東方」，乃是一個充滿偏執選擇的內容、惡意歪曲的事實、以及任意而主觀想像的名詞。它，

根本不是真實的「東方」。

（4）「東方主義」的目的

薩依德更進深入地揭露，「西方」所宣稱的「東方」，其實是歐美的物質文明、文化和意識形態中的一部份。它是一個以「殖民宗主國」的「西方」之政治、經濟、軍事、文化和科技為典範，同時選用了一系列比「西方」落後且封閉性的制度、想像、教義、學術和詞彙，而將它們編製成「東方」的結果。因此，「東方」乃是一個由「西方」所刻意塑造出來的意涵負面、與事實不符的「話語」；這就是「東方主義」。換言之，「東方主義」就是一套「西方」人所建構的關於「東方」的認識與話語系統。

總之，薩依德在《東方主義》中認為，「東方」與「西方」基本上是一種以權力的大小來決定何者位居支配地位，而何者為被支配者的關係；而「東方主義」則是一種以「西方」為本位所提出的「文化霸權」。它以地緣政治學為基，先建造出「歐美身分」的觀念，然後再將其轉化成一種權力意志，而滲透到學術領域與文化、文學的文本中。最後，使「西方」達成控制與操縱非西方世界的目的。

3.《文化與帝國主義》（Culture and Imperialism）
   中的文學批評

薩依德在《文化與帝國主義》這本著作中指出，不論是「歷史」、「民族」、或是「權力」，其實都是由「敘事」所決定的。換言之，如果將以「敘事」為作品的主要結構的「小說」，只看成作家個人的天才創作或脫離社會的純淨物，

那將是一種過於浮面與單純的認知，因它忽略了「小說是現實的反映」的根本性質。因此，他特別強調「小說並不等於社會現象」，或只是一種將美學、文化和政治視爲階級、意識形態或利益的次要形式。他明白主張，「小說」因具有創造出一種「感情結構」的能力，所以才會被有心者用來作爲一種支持、說明和鞏固歐美帝國主義在海外進行擴張政策的手段。因此，當我們在將「小說」視爲一種富有創造性和想像力的作品來閱讀時，更應該注意它乃是帝國主義及其文化的一部份，所以不要被它的「敘事」所誘導、改變。

（二）史碧瓦克（Gayatri Chakravorty Spivak, 1942- ）

史碧瓦克是知名的女性「後殖民主義」理論家，因早期曾翻譯法國解構理論家德希達的解構主義語言學，又因身爲女性而發表不少女性主義的論文，再加上出生於第三世界的印度之加爾各答，所以在她所提出的「後殖民主義」論述中，每每可看到解構理論、女性主義和馬克思主義等三種理論的影子。她的著作不少，譬如〈三個女性的文本與帝國主義批判〉（Three Women's Texts and a Critique of Imperialism, 1985）、〈庶民能說話嗎？〉（Can the Subaltern Speak? 1988）等都是深受矚目的論文。《在另一個世界裡：文化政治論文集》（ In Other World：Essays in Cultural Politics, 1988 ）也是非常有名的著作。但最有名的則是她將早期若干論文重新改寫，再彙集出版的《後殖民理由的批判：走向一個消失的

現代》（*A Critique of Postcolonial Reason：Toward a History of Vanishing Present, 1999*）。她的「後殖民主義」理論約以下列述兩點最爲重要：

1.對西方「女性主義」的批判

史碧瓦克在她的論文〈一個國際框架中的法國女性主義〉（French Feminism in an International Frame）中，以法國著名的女性主義者克莉斯蒂娃（Julia Kristeva）所出版的《關於中國婦女》（*About Chinese Woman，1974*）爲例指出，克莉斯蒂娃對中國文化和婦女的稱讚，亦即肯定中國自古傳承至今的「陰性」文化和儒家傳統的論點，其實是從西方人的優越感出發，而將中國婦女「他者化」的結果；因此，她基本上仍屬於西方殖民主義的共謀者。

她認爲，西方女權主義批評家往往不自覺地複製帝國主義主觀觀，使歷史上和文學裡的「第三世界」被她們打上父權化與殖民化的印記。換言之，西方女權主義者雖以「女性」的發言者自居，然而，若以她們所說的「第三世界的女性」爲立足點來看，她們其實可看作是一種雖然經過反省，但卻仍無法使自己真正擺脫以西方爲中心的自戀型、甚至是虛構出來的他者。

她在〈庶民能說話嗎？〉一文中，探討有關「底層的人民到底是以何種聲音來說話」的問題時，則敏銳地從「性別」的角度出發，說明了「女性的賤民」（gendered subaltern）之所以會消失，應該是因爲我們從來不曾注意或留心傾聽「她們」自己表達出自己心裏的意思，以至於使「女性的賤民們」

成為永遠只能表達其他人的慾望和意義的「文本」所致。

此外,史碧瓦克認為女性會位於邊緣人的位置而喪失言說的能力,也是因為她們一直不僅失落於歷史檔案與父權體制的夾縫中,同時又被含有霸權主義性質的女權主義隔絕之故。於是,女性乃成為內容「空白」或「不確定」的一種「符號」。她因此建議,西方女性主義者應該向正走在「語言、世界和自我意識」的「第三世界女性」學習,及不僅要替她們講話,而且必須真正尊重女性話語領域中的多元傾向,拋棄第一世界婦女的優越感。

2.清理「臣屬」的「歷史記憶」,重寫自己的「文化身分」

史碧瓦克認為,殖民地在獨立之後的主要工作之一,應該是趕緊重建真正屬於自己的「歷史敘述」。然而,人民因長期在殖民宗主國的文化主導下,已習慣於「臣屬式」的生活與思考,所以這並不是一件在短期內可輕易達成的工程。史碧瓦克因此提出,首先應該以「解構主義」的「去中心」方法,仔細解析殖民宗祖國對殖民地的內在傷害,並運用「西方馬克思主義」的「批判理論」,揭開帝國主義對殖民地歷史的歪曲和虛構,抹掉殖民國的色彩,從「歷史敘事」入手,採用使「異質文化復原」的方式,也就是建立一種與現存相悖的反敘述,讓歷史再顛倒過來,以恢復真正屬於自己民族的歷史記憶,重新書寫真正屬於自己傳統的文化身分。

(三) 霍米・巴巴 (Homi K. Bhabha, 1909 -1966)

霍米・巴巴是成長於印度的波斯人,現在是美國哈佛大

學教授。他的論著頗豐，在「後殖民主義」理論上，則以《民族與敘事》（*Nation and Narration,1990*）與《文化的地位》（*Locations of Culture: Discussing Post-Colonial Culture, 1996*）兩書最受矚目。大抵看來，他的理論應可區分為前、後兩期；前期側重於對殖民話語的分析，後期則從後殖民立場來析論西方的現代性與後現代性。

在薩伊德、法儂的後殖民理論，拉岡的心理分析理論，以及德希達的解構理論等啟發下，霍米・巴巴將「當代」與「殖民時代」視為一個「未曾中斷」的歷史延續，而提出了他的後殖民理論。他的理論雖有逐步調整的傾向，但仍可看出其中的三個關鍵術語，它們的內容如下：

1.「雜交」（hybridity）：「殖民者」與「被殖民者」在「文化」上的關係

霍米・巴巴深刻地指出，由於過去的研究者常將「殖民主義」與「反殖民主義」視為完全對立的兩造，所以多從兩者的「衝突」為立足點來申論。然而，這是有問題的，因為「後殖民」理論的重點之一乃是「模稜兩可」（ambivalence）的特性，也就是在「話語的實際進行」中，「殖民者」與「被殖民者」雙方所使用的「話語」其實是處於一種你裡面有我，而我裡面也有你的狀態，而這就是一種「雜交」的性質。因此，只有掌握「後殖民」話語的這種性質，才有可能擾亂、進而撼動「殖民話語」的穩定性。

2.「模擬」（mimicry）：「被殖民者」的最重要行為

霍米・巴巴認為，「被殖民者」與「殖民者」的關係其

實是以「模擬」的方式來呈現的；然而，因這是屬於「模仿者」的一種「模仿」行為，所以其結果只能是在外表上取得與「被模仿者近似」，而不可能與「被模仿的對象」完全相同。然而更重要的是，這種動作不但已在無形之中含有嘲弄之意，而且也造成了「殖民話語」模糊不清的情形。霍米‧巴巴即指出，這是因為「模擬」的性質只能做到部分的重複，但卻在同時已夾雜著若干顛覆的內涵所致；而這種情況所導致的結果，正好就是動搖了「殖民者」的穩定性。

3.「第三空間」（third space）：殖民話語的實踐狀況與結果

　　一般論述若非將「被殖民者」與「殖民者」視為「對立」的關係，便認為兩者之間可以有一個「客觀的中立者」存在。但霍米‧巴巴並不贊同這兩種觀點。他以文化領域為觀照面指出，這兩者的真正關係其實是彼此「互相滲透」的，也就是在接觸之後，兩者間乃出現一個「第三空間」。這個「空間」，因為是它們兩者自接觸之後所發生的一連串互動過程，所以才是最值得注意的現象。最後，霍米‧巴巴將這種現象總結為：首先，「殖民者」透過推動政治策略的機制，技巧地讓含有「殖民地」象徵意涵的文化結構與表現機制等，都轉化成由他（們）所主導的社會話語。其次，在經過一段時間之後，「殖民者」終於順利地推倒了「殖民地」的舊有規範，而建立起自己的威望和對自己有利的秩序規範。

　　總括來說，霍米‧巴巴認為「被殖民者」與「殖民者」之間的關係絕不單純，而是多元與複雜的。他曾以拉岡的精神分析學說為據指出，「被殖民者」在「殖民者」的強權壓

制下，先是因不得不接受控制而扭曲了自己的心理，然後，逐漸從被壓迫感、被屈辱感轉成已經適應，最後，竟然由被動轉爲主動，而將原先的屈辱感當作自己的新標準，甚至視爲自己身分認同的基礎。

在「文化地位」上，霍米‧巴巴認爲「殖民地的文化」既不應完全定位於殖民宗主國的主流文化上，也不應建立在抹平兩者間差異的多元文化話語上，而應以「處於中心之外」的非主流文化領域最爲重要。這個領域，是一個永不封閉的、不可能完全建構完成的文化構成物。在表面上，它雖然看來只像一種文化領域裡的日常話語，但若從主動積極的角度上來思考，由於它主要是以不同性質的文化之間必有衝突爲主要的認知，所以它的實質內涵爲：一直在試圖通過文化權力的運作，而滲入到經濟、政治等各種領域中發揮影響力。

由上可知，霍米‧巴巴的理論應可視爲一種文化研究，而其強調的重點是以差異性與邊緣性爲主的少數人話語。當他的理論被運用到文藝的領域時，則成爲一種重視文本、人物形象、藝術特性，以及民族差異性的文藝批評理論。事實上，霍米‧巴巴不但已經藉著精神分析理論而具體地揭露文化心理從被動轉爲主動的可能性與實際情況，同時也已清楚地明示「跨文化比較」這個新領域的重要。他這一理論的主要價值應是提醒了我們，如果忽視了不同文化間的差異，必會因忽略少數話語的立場，而讓帝國主義的政治與文化有機會復闢。於是，被殖民地方將因失去差異性而成爲缺少豐富內涵的平板式文化。

主要參考書目：

Bhabha, Homi K., *The Location of Culture,* London & New York: Routledge, 1994.

Fanon, Frantz, *A Dying Colonialism.* tr. Haakon Chevaliar. New York : Grove Press, 1965.

Fanon, Frantz, *Black Skin, White Masks,* tr. Charles Markmann, New York : Grove Press, 1965.

Gandi, L , *Postcolonial Theory,* Allen & Uniwin, 1998.

Said, Edward, *Orientalism,* London : Routledge & Kegan Paul, 1978.

Said, Edward, *Culture and Imperialism,* London: Chatto &Windus, 1993.

Said, Edward, *Representations of the Intellectual : The 1993 Reith Lecturess,* London : Vintage, 1994.

Spivak, Gayatri C., *About Chinese Women,* tr. A. Barrows, London : Marion Boyars, 1986.

Spivak, Gayatri C., *The Postcolonial Critics : Interviews Strategies, Dialogues,* ed. Sarah Harasym. New York & London : Routledges, 1990.

陶東風著：《後殖民主義》。臺北：揚智文化，2000。

羅剛等編：《後殖民主義文化理論》。北京：中國社會科學出版社，1999。

第六節 「新歷史主義」
（New Historicism）文學批評

一、「新歷史主義文學批評」產生的基礎

　　「新歷史主義」被視為一種人文學術的流派，大抵是由美國加州大學柏克萊分校的教授史蒂芬・格林布拉特（Stephen J. Greenblatt, 1943- ）在 1982 年所確立；而以此為基所形成的文學批評，便稱為「新歷史主義文學批評」。

　　以西洋文學批評的發展趨勢而言，佔有 20 世紀前半葉文學批評界主流地位的，可說是以「形式」（指「作品」）為重心的文學批評。由於這類「形式主義」式的文學批評所批判的主要對象，正是西方傳統的「歷史主義」文學批評，所以在 20 世紀 80 年代出現的「新歷史主義文學批評」，其主要色特色便是一方面直接批判各種「形式主義」文學批評，例如：批判「新批評」只把觀照面集中到文本的結構和語言的技巧上；指摘「結構主義」將作品的結構單一化實過於狹隘；質疑「解構主義」在全盤否定文本的地位與作者的權威性時，竟只以有關語言的討論為依據，實在有基礎過於薄弱之嫌等等；二方面則強調歷史對文學仍具有非常關鍵性的影響。

　　不過，這一以「新歷史主義」爲基的文學批評，其實並非想全然恢復西方傳統的「歷史主義」文學批評，因爲它並不贊成「傳統歷史主義文學批評」的許多重要觀點與做法，例如：將文學文本視爲客觀的歷史現象，因它以歷史爲主要的材料與背景，也因此使「文學文本」的完成時間、手稿、版本，甚至其內容等成爲文學批評的重要課題。又如：創造文學文本的「作家」是文學批評必要的研究對象，因爲他的特質、天分、學識和經驗等，都會在刻意或無意之中滲入文本之中，而使文學文本有如作者的傳記一般。又如：文學文本是在「歷史條件」下所產生的結果，所以可說是歷史與社會的一種反映。「新歷史主義文學批評」不贊成這些觀點，因爲它是站在 20 世紀後半葉的「後現代主義」思潮中，採取「跨學科」的立足點，尤其是融合新馬克斯主義、文化人類學、解構主義、新詮釋學和對話理論等許多理論而提出來的一種以「實踐」爲核心觀念的論述。

　　由於「新歷史主義文學批評」並非憑空出現，而是採納了其他理論的若干觀點，所以在說明這一新文學批評的具體內容之前，實有必要將直接影響它的重要理論來源稍加介紹：

（一）米契・傅柯（Michel Foucault, 1926-1984）

　　法國後現代主義學者傅柯是一位知識淵博、見解深刻的理論家。他曾提出的論述不僅觸角寬廣，而且內涵深邃，極具洞見。他最受矚目的學說之一，便是挑戰歐陸傳統的「總體歷史觀」（total history）。他認爲這一觀點的基礎與其所

建立的結論,即:某一時期的全部現象都具有共同的意義,其實是應該加以質疑的,因為它忽略了「歷史」的一些根本性質,如時間上的「不連續性」(discontinuity)、「斷裂」(rupture)、「差異」(difference)等,以及內容上有不少被刻意或無意「遺漏」的事情。因此,他乃提出「知識考古學」(archeology of knowledge)、「知識系譜學」(genealogy of knowledge)等理論,試圖將那些被總體歷史所抹煞的局部的、被貶低的、被視為不合法的知識加以運作,以反對、甚至顛覆所謂合法的、連續性的、統一的歷史觀點和論述。換句話說,他的目的是希望能拆毀一直主導西方文明傳統的「歷史纂修觀」(historiography)。

傅柯的著述非常豐富,而在他所提出的諸多論述中,應以下列三項曾對「新歷史主義文學批評」產生深遠的影響:

1.「話語」(discourse,或稱為「論述」)

傅柯認為,雖然人們無法否認「過去,乃是具體存在的客觀事實」這一說法,但「歷史」這一名詞的內容並無法等同於「過去」,因為所謂「歷史」乃是用「話語」所表述出來的。而由於「話語」是用語言的詞語所構成的一種表述形式,而「語言」又是建基於人類用來自我表達和與他人溝通的「語言」之上,所以用「語言」做為基礎的「話語」,當然是一種在特定的時間、空間與文化狀況之內所進行的社會實踐,也因此不但無法避免受到特定的時代、環境和文化氛圍的影響,更無法逃脫「話語」的表述者個人的「主觀」色彩。

2.「知識考古學」（archeology of knowledge）與
「不連續性」（discontinuity）

傅柯認為，傳統觀念上所指稱的「歷史」，其實是指一種不僅在理念上以「統一性」為基本認知，而且還具有時間上未曾中斷的「連續性」的「客觀事實」。因此，他以「考古學」（archeology）為比喻，主張「歷史」的形成與「考古學」知識的建構相類似。考古學的基本觀念是：古文化的建構正如同土地的本質一般，即土地是由一層層含有明顯「差異」（difference）的地質累疊而成的。因此，若以「知識考古學」的角度來描述，則整部「歷史」的結構也應該像不同地層的堆疊情形一樣，由很多段「話語」組合而成。重要的是這些組合成「歷史」的每一段「話語」，因都具有其特定的時間和空間範圍，也含有特定的文化氛圍，所以都是各自獨立的個體；故而即使是兩個被排在前、後位置的「話語」，它們兩者之間也並非密合無縫，而必會含有明顯的「不連續性」。據此，傳統上以「歷史」為兼具有「統一性」和「連續性」的客觀「事實」的觀念並非無可置疑。據此，所謂「歷史」，乃是用語言表述而成的，是一種由具有主觀色彩的「人」所進行的「歷史纂修」（historiography）。

3.「知識系譜學」（genealogy of knowledge）

相較於他的「知識考古學」以探討知識能夠形成的「話語規則」為主，是屬於在同時代裡的空間裡運作，傅柯所提出的「知識系譜學」則是以關注「權力」的運作為基，而更重視「話語史」的形成和變遷；說得更具體些，就是想了解

所謂的「知識」是如何形成的——尤其是使它形成的社會條件是什麼？而傅柯所提的答案即：「知識」爲「權力」運作中不可或缺的策略因素，因此，必須揭發並解構各種「知識」和權力之間互相勾串的關係。

在具體內容上，傅柯的「系譜學」（genealogy）主張將正統性的話語範圍之外的「冷僻知識」和「局部記憶」結合，強調以局部的微小話語分析，來反抗權威話語的整體性，使受壓制的話語有機會被釋放出來。因爲所謂「知識」，其實都含有特定的社會意識形態；「知識」能得到承認，進而形成體制，必定是依靠「權力」的運作而成的，不管其運作的方式和地點是在家庭，或學校、醫院、監獄等各類機構。因而，「知識」必然是一種反映了特定文化特徵的語言表述。因此，將「權力」的運作方式用到「冷僻知識」和「局部記憶」中，則「權力」將不必然是壓制現實社會中不同聲音的力量，而也會成爲一種積極的、富有創造力的，而且是根據自己的需求而創造出的反對聲音，並且可以納入整體秩序之中。

（二）克利佛・紀爾茲（Clifford Geertz, 1926-2006）

美國的文化人類學者紀爾茲是將文學研究導向文化研究的關鍵學者。他從詮釋文化人類學的角度出發，將「文化」解讀爲一個「文學文本」，而文學文本則是一個屬於文化範圍裡的事件。在他的論述中，至少有下列兩點對「新歷史主義文學批評」產生了實際的影響：

1.文化人類學的研究乃是一種「記錄和解釋」

　　紀爾茲認爲，若想真正了解一個民族的文化，首先必須做到的，就是避免該民族受到任何外來的影響，使它可以呈現出日常生活中的「正常狀態」，如此，才能讓人取得對它的正確理解而記錄下來 ── 尤其是那些本來就同時存在的各種不同聲音。其次，文化人類學的研究基本上乃是一種對記錄下來的資料所進行的一種「解釋」；不過，必須強調的是，這種解釋只有身爲該民族的人才有可能提出第一等級的解釋，所以其他人的解釋都只能算是第二等級、第三等級的解釋而已。而「解釋」，則是「新歷史主義文學批評」對「歷史」的基本認知和做法。

2.人類學的研究係建基於「微觀」上

　　紀爾茲認爲，人類學研究的目的既然是想依據遺留下來的古資料而將「過去的社會性話語」解放出來，同時，資料又是靜態的，所以研究者的觀察不僅必須周延，更需要細膩。事實上，標準的人類學方法正是從微小的地方入手，然後再進行細膩的分析，最後才提出普遍性的解釋。受到這一論述的影響，注意微小的地方－如歷史上的「軼聞瑣事」，也成爲「新歷史主義文學批評」的解釋重點。

（三）金 — 法蘭克佛‧李歐塔（Jean-francois Lyotard, 1924-1998）

　　金‧法蘭克佛‧李歐塔可說是法國「後現代理論」（post-modernism）的重要領導者。他所提出的眾多理論中，

以「後結構主義」爲重要基礎而主張的因「歷史」的「大敘述」（a grand narrative）已經崩解，所以應該重視「小敘述」（petis recits）的論點，便是影響「新歷史主義文學批評」的重要理論。他這一理論的主要內容是：「歷史」乃是「被人所闡釋出來」的，因此，若希望能將傳統上長期佔有主流地位的「大歷史」（History）真正解釋清楚，必要的作法便是將「大敘述」這一觀念拆解，將它化爲許多「小歷史」（histories），進而將它們視爲各式各樣的「小敘述」（petis recits）來進行解釋。換句話說，就是歷史研究者應該將觀察點廣泛地擴散到社會上的各個角落，重視長期被歷史與人類學研究者所忽略的小問題與平凡的事件，如此，才能確確實實地進入社會的各個角落和各個層面裡去了解，因爲只有如此，才可能將「歷史」真正說明清楚。

二、「新歷史主義文學批評」的代表人物及其主要理論

知名的「新歷史主義文學批評」家的人不少，而懷特、格林布拉特、蒙特洛斯、多利莫爾等四位則頗具代表性。茲將他們的主要論述分別略述如下：

（一）海登‧懷特（Hayden White, 1928-）

海登‧懷特是加州大學歷史教授，專攻 19 世紀歐洲史。他雖不曾認自己是「新歷史主義」者，卻因以下兩本著作而

被公認爲此一學派的理論家：

1.《後設歷史：十九世紀歐洲歷史的想像》（Metahistory： The History Imagination in Nineteenth-Century Europe）

　　「後設歷史」（Metahistory）也被譯爲「元歷史」，是一種用「思辨」來與「分析批判」區分的歷史哲學，嘗試建立一套闡釋原則的框架，以說明歷史發展的進程和規律。換言之，就是希望對「全體人類的歷史」提供一個解釋模式，既可藉其顯現「歷史」的意義，也可展示出「歷史」發展的總體方向。

　　在此書中，懷特以 18、19 世紀歐洲的八位歷史哲學家，即：黑格爾（G. W. F. Hegel, 1770-1831）、密契雷特（J. Michelet, 1798-1874）、蘭克（L. Ranke, 1795-1886）、托克維爾（A. Tocqueville, 1805-1859）、伯克哈特（C. Burckhardt, 1891-1974）、馬克思（K. Marx）、尼采（W. Nietzsche, 1844-1900）、克羅齊（B. Croce, 1899-1949）等爲對象，進行討論。最後，他推斷出：密契雷特的寫作採用的是傳奇史詩的模式，蘭克採用的是喜劇的模式，托克維爾採用的是悲劇的模式，而伯克哈特則是採用了反諷的模式，⋯⋯等等。由此可見，他們的表述方式其實都是文學的模式。

　　懷特進一步指出，每一部「歷史」都是一種「敘述話語的形式」，而在此形式之下其實更含有一個潛在的「深層結構」，一個以「詩性語言」在闡釋「歷史」究竟是怎麼一回事的「認知模式」（paradigm）。也就是說，所謂「歷史」，其本質乃是「詩性」的「語言」，所以既無法脫離「想像」

的性質，也無法避免「語言」的「解釋」框架。以此認知為
基礎，懷特指出：歷史根本是編撰、纂修出來的，它是在諸
多互相衝突的解釋策略中不斷做出選擇的結果；而其選擇的
標準，則常是道德或美學上的考慮壓過認識上的考慮。因此，
根本不可能有「真的」歷史，歷史是一種思辨哲學的編撰，它
是一種哲學型態，並且含有強烈的詩人的想像與虛構的性質。

2.《話語轉喻論》（Tropics of Discourse）

　　對懷特而言，歷史的深層結構既然是「詩性」的，當然
充滿想像和虛構。此外，歷史的纂述者又必須透過「語言」
才能完成，所以也無法避免修辭學的影響。因此，歷史的纂
述與文學創作顯然並沒有太大的差異。說得更具體些，就是
因為歷史並沒有專門屬於自己的表述工具，而只能藉助於其
他載體來呈現，因此，富有象徵意涵的轉喻性語言（figurative
language），包括：以「相似原則」為基的「隱喻」（metaphor）、
以「鄰接原則」為基的「換喻」（metonomy）、以「部分從
屬於整體的關係」為基的「提喻」（synecdoche）、和以「對
立性」為基的「諷諭」（irony）等，乃成為其用來表述的工
具；而「歷史話語」和「文學話語」之間便沒有甚麼不同了。
據此，「歷史」乃成為一種虛構的形式，它和「文學」中希
望以反映事實為目的之「小說」並無差別；而它們兩者所謂
的「真實」，其實就是「事實與人的觀念的結合」。

　　在此必須特別說明的是，懷特並非想藉此來把歷是推向
「不可信」的領域，而是希望能除掉歷史的神秘性，讓人看
到歷史在形成的過程中是如何受到歷史環境、認識條件和學

術體制等各種作用力所影響。換言之,歷史應該是一個可以不斷更新的認識和了解。

(二)史蒂分・格林布拉特(Stephen Greenblatt, 1943-)

「新歷史主義」(New Historicism)一詞,是曾獲得美國普立茲獎(Plitze Prize)的文學批評家格林布萊特在他於1982年出版的《在(英國)文藝復興中形式的力量》(*Power and the Power of Forms in the Renaissance*)一書中於描繪「文學與歷史的相互滲透」時所確立的。他的主要論述如下:

1.「社會能量」(social energy)與「流通」(circulation)

格林布萊特指出,傳統的歷史觀顯然認為人民全體的看法都是一致的,是一種以政治為基礎,採「單聲道」(monological)方式來呈現的「歷史」。然而,如果以英國文藝復興時代為例來考察,則所謂「歷史」,其本質乃是建立在許多不同的意識形態和價值觀念的鬥爭上,它的內部可說是充滿了各式各樣的矛盾和衝突,就像是文藝復興時期含有基督教神學和以人為主的啟蒙運動之衝突一樣。因此,若從動態情況來觀察,在「歷史現實」與「意識形態」之間,實有一種「社會能量」經由「協商」(negotiation)或「交換」(exchange)的方式在不停地流動著。以文學領域而言,便是這一「社會能量」在「流入與流出」文學作品的「流通」過程中,完成了其意識形態的功能。不過,這種情形的發生包含了「共時性」和「歷時性」兩類。在「共時性」上,譬如英國的莎士比亞戲劇,它們在當時便蘊含有如後的深義:

在英國文藝復興時期，先是非屬文學領域的社會能量流入莎翁的戲劇之中，化成了文學能量；然後是戲劇在劇場演出後，該文學能量又通過觀眾，流回社會，並形成了更強的社會意識形態。至於在「歷時性」上，譬如現當代學者在研究文藝復興時期的文學時，便可藉著兩者間因時間上的距離所產生的客觀和理性條件，而捨棄舊歷史主義的老路，轉而採取與研究對象直接對話的雙向流通方式，而將文學視爲歷史的組成部分。

2.「歷史」和「文學」都是「認識場」（episteme）

　　基於上述觀點，格林布萊特明確主張「歷史」絕非「文學」的「背景」，或是「文學」想要「反映的對象」，因爲「歷史」和「文學」一樣，都是一種「認識場」，一種它自己本身係在不斷地變化與更新的思維和認知活動，而非任何思維和認知活動的結果。換言之，「新歷史主義」所重視的乃是一個「循環往復的過程」：「歷史事件」如何被轉化爲「文學文本」，而「文學文本」又如何被轉化爲「社會大眾的普遍共識」，也就是「意識形態」（ideaology），以及這種「意識形態」又如何被轉化成「文學文本」的循環流程。

3.拆解「權威話語的權力」的「文化詩學」

　　在文學批評上，格林布萊先把「批評家」定位爲解釋者，是一位把文學視爲文化的組成部分，因而希望打破文學與社會、文學與歷史間的隔閡，而在作品、作家與讀者間架設出可以讓三者間彼此互相溝通、往返的橋梁的人。更具體地說，舊式批評家應將自己對文學文本的解釋工作放到歷史語境

中;如此,雖在一開始會使自己的意識形態消解於歷史的權
威性意識形態中,但相反的,也因不再執著於自我而能擁有
清醒與開放的心靈,進而有能力去拆解權威性意識形態,讓
被其壓抑下的各種弱勢意識形態有機會外顯出來,而呈現多
音共存的現象。此外,「作家」的情形也一樣,他的內心常
會產生人格與意識形態相衝突的情形;同時,他所創作的「文
學作品」與社會意識形態也時常會有不一致的狀況;而「文
學」正好借助這些情況將自己變成社會的「他者」,然後以
弱勢的抗議者身分對社會進行批判,因而成為有能力拆解「權
威話語的權力」之「文化詩學」(或在政治領域裡的擁有「政
治批判傾向」的「文化政治學」)。據此,「文學」乃擁有
了參與塑造歷史的力量。

4. 「軼事主義」(anecdotalism)

　　格林布萊特認為,傳統的「歷史纂修」(historiography)
因以連續性和統一性的觀念為基礎,故而含有專斷和暴力性
質。他因而極力主張,應該把向來被忽略的軼聞、不為人所
知的情事、或因屬於斷裂與變化性質而刻意被排除的特殊歷
史事件等,都納入所謂的「大歷史」之中,並強調它們的真
實存在性,於是形成一種反傳統歷史而重視逸聞、軼事的「軼
事主義」歷史觀。

(三) 路易斯・蒙特洛斯 (Louis Montrose, 1947-)

　　美國加州大學聖地牙哥校區英文系的蒙特洛斯教授也是
「新歷史主義」的中堅之一。他的名言:「文本的歷史性與

歷史的文本兩者，是相互指涉的關係」（a reciprocal concern with the historicity of texts and the textuality of history），即利用「文本的歷史性」與「歷史的文本性」這兩個術語，在理論上提供了「新歷史主義文學批評」強而有力的支持。這兩個術語的主要意涵如下：

1.「文本的歷史性」（the historicity of texts）

　　在「後結構主義」的理論裡，「文本」（text）雖是一種語文書寫的形式，但它和非常重視創作技巧的「文學作品」（work of literature）不同。它並不在意此一書寫形式中語文的藝術性，因為它只將語文視為表述的工具而已；它所重視的乃是該語文書寫形式到底承載了哪些內容。蒙特洛斯即以這一理論為基而進一步主張：由於任何「文本」的產生必在特定的歷史與社會之內，而且無法避免受到當時的文化和政治所影響，所以它必定具有社會歷史性。這一性質不但使「文本」成為「歷史」中的事件，也成為「歷史」的一個組成部分。另一項也需注意的特色是，文學因含有人們內心深處的矛盾，故而也擁有可以調節政治與經濟體制的能量而成為塑造歷史的動力之一。據此而論，所有的「文本」顯然都具有「歷史性」。

2.「歷史的文本性」（the textuality of history）

　　根據蒙特洛斯的說法，人們只有通過讓過去事蹟再次呈現的「文本」，才有可能接觸「歷史」，進而了解「歷史」，因為「歷史」就是用語文來描述與記載過去事蹟的「文本」。然而，人們卻忽略了該「文本」只不過是以前事蹟的一種「再

現」，而且也只是再現過去所有事蹟的「一部份」而已。此
外，該「文本」所描述與記載的事蹟，更是撰寫者基於某些
目的和立場所進行的選擇與抹掉等動作之後的結果，而由這
種方式所形成的「歷史」，顯然也充滿了人為的主觀因素。據
此，「歷史」其實含有太多可以從各層面和各角度來加以解釋
的空間。「歷史」，可說是一個具有各種可能解釋的「文本」。

（四）喬納森·多利莫爾（Jonathan Dollimore, 1948-）

英國的社會文化唯物論者多利莫爾主張，「文學」也是
一種意識形態；而這種意識型態係屬於「文化」的範圍內。
「文學」作為一種意識形態，在尚未產生真正影響力時，即
常以「顛覆」（subversion）的力量挑戰擁有社會主流意識形
態地位的「文化」。這種「顛覆」式的挑戰雖以衝撞文化為
主要手段，但卻常被文化所「包容」（containment），而使
「顛覆」與「包容」兩者並非屬於簡單而直接的對立關係，
而是彼此交互作用和影響的「悖論」性質（paradoxical）。
當意識型態的「顛覆」與「包容」產生實際效果時，社會所
呈現出來的就是一種多語交流、眾聲喧嘩的文化現象。多利
莫爾認為，這種產生「顛覆」與「包容」的情況，就是一種
歷史現象。

三、「新歷史主義文學批評」的反省

「新歷史主義文學批評」於 20 世紀 80 年代盛行之後，

到了 90 年代，也引起若干學者與批評家，如理查‧勒翰（Richard Lehan）與卡洛琳‧波特（Carolyn Porter, 1974-）等的批判。在這類批評中，最值得思考的觀點約有如下數項：

（一）「時間被空間化的危險」

「新歷史主義」雖然以「歷史」為稱號，但在實際論述上，卻借用了解構主義、女權主義、新馬克斯主義與後現代主義等理論，一方面割裂、拼湊「歷史」，反對「歷史」的時間性發展，同時強調「共時性」對「歷史」的重要。「新歷史主義文學批評」即以這種把時間空間化的觀念為基，將閱讀文本、理解世界和把握文學精神等不同的範疇兼容並蓄，然後把「歷史」裡面的實際事物之關係與秩序，解釋成一種：以人類的文字為載體而形成的「再現」事實。說得更極端些，就是人們可以運用自己的知識，對歷史事實進行任意的修飾、打扮，甚至是顛倒與重組，而使讀者在閱讀「歷史文本」時，出現一種不管事實究竟如何，而只注意到其內含有甚麼隱喻的情形。

（二）受到「政治意識形態」的嚴重影響

「新歷史主義」的性質具有濃厚的政治色彩，它不但對以時間為主軸的「歷史」的「方向性」嚴加批判，而且事事都以「權力意識」為主要考量，尤其在思考方式上幾乎以「二元對立」為主軸，而常出現顛覆與反顛覆、權力與反權力、歷史與反歷史、文學文本與社會文本、主流事件與軼聞軼事

等論述方式，而使它喪失了學術上的中立性。事實上，因它所關心的重點不是論述者與某種文化和學術之間的政治和權力關係，所以它所進行的實可形容爲一種抽象式的「虛構的虛構」。而以此爲理論基礎的「新歷史主義文學批評」，能夠達成的結果便是在文學史的虛構中，再度虛構出一種關於烏托邦、政治敘事、話語修辭等的虛構話語了。

（三）文學與其他領域的界限消失

「新歷史主義文學批評」的基本觀念是將「歷史」與「文學」都視爲「文本」，所以它們自己本身不但都沒有範圍上的限制，它們兩者之間也沒有任何明顯的界線。這一情形所造成的結果是：在內涵上，因沒有範圍與界線限制的「文本」乃是被「論述」或「閱讀」出來的，所以它不但含有極高的強制性，它所論述或閱讀出來的結果也與事實並不相同。在研究方法上，因「新歷史主義文學批評」係將許多不同的學門，如：歷史學、文學、哲學、文化學、政治學和後殖民理論等雜揉在一起，所以其思維也缺少統一性。此外，因它的研究對象時常在文本裡的人物、語境、權力、制度等之間游移不定，所以解釋出來的結果也常缺少深厚而札實的基礎。總之，「新歷史主義文學批評」不但造成了「歷史」的可靠性喪失殆盡的結果，也使「文學」失去它原本所擁有的意義與價值。

主要參考書目：

Dollimore, Jonathan and Sinfield, Alan, ed., *Political Shakespear : New Essays in Cultural Materialism,* Manchester: Manchester University Press, 1985.

Foucault, Michel, *The Archaeology of Knowledge,* tr. A. M. Sheridan Smith, London : Tavistock, 1972.

Geertz, Clifford J., *The Interpretation of Cultures : Selected Essays,* New York : Basic Books, 1973.

Greenblatt, Stephen, *Power and the Power of Forms in the Renaissance,* in *Genre,* vol.15, 1982.

Lyotard, Jean-Francois, *The Postmodern Condition : A Peport on Knowledge,* tr. Geoffrey Bennington and Brian Massumi : Manchester University Press, 1984.

Montrose, Louis,'Renaissance Literary Studies and the Subject of History'in *English Literary Renaissance 16*, 1986.

White, Hayden, *Metahistory : The History Imagination in Nineteenth-Century Europe*, Baltimore : Johns Hopkins University Press, 1973.

盛寧著：《新歷史主義》。臺北：揚智文化，1996 年。

張京媛主編：《新歷史主義與文學批評》。北京：北京大學出版社，1993 年。

黃建興著：《後現代主義與歷史學研究》。臺北：三民書局，2006 年。

第七節　「後現代主義」
（Post-Modernism）文學批評

一、「後現代」的時間跨域

　　在文字組合上，「Post-Modernism」這一術語的中文翻譯「後現代主義」應該是「後 —— 現代主義」，也就是在「一個具有特殊內涵的某時代的主義」——「現代主義」（Modernism）之「後」（Post）的新「主義」（-ism）。然而，因各界對「現代主義」到底結束於何時並沒有定論，所以在解釋「後現代主義」是甚麼時，一般多不以「時間」點來考量，而大都以「主義」的「內涵特色」為闡述的重點，然後將「後現代」與「現代」兩者並列，來比較它們的同異。換言之，這一術語多被當作「後現代 —— 主義」來理解。因此，「後現代」在內涵上的特色「後現代性」（post-modernity），與將要與它相互比較的「現代」之主要內涵 ——「現代性」（modernity）分別是甚麼，也就成為必須先解釋清楚的問題了。這一種解說路線，在法國學者李歐塔（Jean-Francois Lyotard, 1924-1998）的《後現代的條件：一個關於知識的報告》（*The Postmodern Condition: A Report on Knowledge*）書中清楚地列出「後現代」的條件後，更被普遍地接受了。

　　不過，即使運用比較的方式，並以內涵的特色為重點來解釋「後現代主義」，但若未能先說明「後現代主義」出現的原因，則所提出的解釋也將因缺少時空背景而顯得空泛。因此，底下便先扼要地說明「後現代」出現的大致過程。

　　從歷史的發展來看，歐洲於 18 世紀開始了「啟蒙運動」（Enlightenment）之後，在思想觀念上便以追求「理性」與崇尚「實證科學」（Positivism, empirical）為基本態度與認知。於是，一種持續進步、具有目的、不可逆轉的直線發展之時間觀念乃因而形成，而且成為全世界最具主宰力的認知體系。至於在實際生活上，因機器的使用而改變了生產工具，經濟的資本化與中產階級的興起也改變了原有的社會結構，再加上個人主義盛行、都市到處林立，媒體穿透力越來越強，市場與消費行為逐漸影響人民的生活等，在在都衝擊著原有的生活形態，也顛覆了原有的價值觀。到 20 世紀上半葉時，因這一趨勢已使人們陷入一種既陌生且冷酷的社會中，甚至是人們開始對自己的存在意義產生懷疑；而憂愁、焦慮、自私、悲觀等情緒與觀念乃佔據了人們的心靈；頹廢、縱欲、暴力、享樂等也主導了人們的生活。這些情況，也就是「現代性」的內涵特色。

　　雖然也有學者主張第二次世界大戰結束時為「後現代」的起點，但因大多數「後現代」性質濃厚的理論，如後結構主義、解構理論等，都出現、流行於 20 世紀下半葉，所以有較多學者將「後現代」的起點定在 20 世紀的 60 年代。不過，最符合事實的說法應該是「後現代」與「現代」之間含有一

段頗長的重疊時間；而當從「後現代性」的角度來看時，它的鮮明特色則包括了：跨國工商企業的普及、媒體傳播力的無遠弗屆、消費與服務業的盛行、資訊科技與網路的快速流通，以及知識經濟爲社會趨勢的主導力等。

二、「後現代主義」的特色

上述「後現代性」所呈現出的以科技、工商爲主的特色，對「人文」領域的影響甚鉅。從與「現代主義」區隔的角度來看，「後現代主義」最突出的特色至少應包括下列四項：

（一）「主體」（the subject）的消失不見

在「後現代」的社會環境中，不僅傳統的價值觀劇烈動搖，倫理秩序失去重要性，而且連前期的「現代主義」中具有核心意義的「個性」與「風格」也幾乎蕩然無存；也就是說，連在前一時期中佔有世界核心位置的「人」，也已逐漸被消解爲一種只不過是短暫存在的幻象；原本擁有「主體」地位的「人文」意涵，也逐漸消失不見了。

（二）「深度」（in-depth）的蕩然無存

在「後現代」時期裡，因不重視「人」的主體性，所以不僅人的「思想」被拋棄了，連人的「意義」何在也不再是探求的課題。「後現代主義」的內涵因而與「現代主義」的努力追求烏托邦式理想，以及經常將最高的真理標榜出來

等，出現了極大的差異。更具體地說，只追求「快感」而失卻「深度」，乃成爲「後現代主義」非常鮮明的特色。

（三）「歷史感」（memory and history）的全然缺席

「歷史」的主要特色，就是因其內涵與人們「記憶」中的事物密切相關，而蘊藏了豐富的「人」的意義。但因「記憶」必含有身爲記憶主體的「人」的個人體驗和感受，所以非常重視追求「深度」的「現代主義」，乃時常沉迷於歷史意識之中。但到了「後現代」時期，「歷史」對「人」而言，不但僅只剩下「懷舊」的功能，而且還以迎合商業的形象出現。換言之，「後現代」與「歷史感」已經全然無關了。

（四）「距離」（distance）的消失

在「現代主義」的創作理論中，「距離」是創作主體的「人」和其創作客體的「作品」之間的界線，也是生活和藝術之間的界線。而「現代主義」的閱讀或欣賞理論，也把「距離」視爲可以提供讀者空間，去對作品進行理性思考的設計。然而到了「後現代主義」中，由於擔任創作和閱讀「主體」的「人」已經消失，擔任「客體」的「作品」也失去了深度和歷史感，所以還能夠剩下來的便只有引起人們的感官刺激而已，任何啓發性的功能已全然失落。換言之，「後現代主義」的創作與閱讀因「距離」的消失，竟然使如何達到感官刺激，滿足慾望本身成爲其功能了。

三、「後現代主義文學批評」的特色

　　如前所述,「後現代主義」所觸及的範圍可說非常廣泛,舉凡社會、經濟、文化、文學、…等領域都包含在內。而因每個領域都有屬於自己的特殊現象,所以各個領域也都產生了專屬的理論。譬如在「社會」領域裡,因出現規律性與因果律已被偶然性和隨機性所取代,所以造成了「去中心論」成為其主要論述等;又如在「經濟」領域裡,因資本化、跨國化、消費化等的大行其道,也使「消費優於生產」成為其主流論述之一;又如在「文化」領域裡,因認為「現代性」仍不夠積極而提倡不斷批判,不停進步,永遠顛覆和突破當下情況的精神,也促使缺少穩定性的「創新」觀大為流行等等。總之,「後現代主義」顯然不可能匯合出「一套」適合整體而獨立的理論體系;因而,「多元化」一詞或可成為各領域間的共同特色!

　　至於「後現代主義文學批評」的特色是甚麼?如果採取將它和「現代主義文學批評」的特色相互比較的方式,應可顯現如下的重點:

(一)有關「作者」的價值觀

　　「現代主義文學批評」認為「作家」雖具有強烈的負面意識,但仍能以「理性」為立足點。此外,他也因擁有「精英主義」(elitism)的精神,所以當然是其作品世界的「創

造者」。但「後現代主義文學批評」不同，它認爲「作家」
應該要有「去中心」的文化觀，不必以「理性」爲奉行的圭
臬。作家應該崇尚的，應該是「兼容並蓄」（eclecticism）、
「多元主義」（pluralism）、「離散」（diaspora）的觀點等。

（二）對「語言文字」的態度

「現代主義文學批評」在反科技、反都市與不信任傳統
等基礎上，主張「作家」是作品世界的「創造者」（creator），
所以雖然認爲「語言文字」的義涵深具曖昧與模稜的特性，
但仍相信它們可以將意義表達出來，也因此認爲能夠「再現」
真相與真理。但「後現代主義文學批評」與此不同，它接受
了「解構主義」的論述，強烈質疑「語言文字」具有足以將
意思正確表達出來的能力，因而也不同意語言文字可以傳達
出普遍的真理，也因此反對代表正統的「大敘述」（grand
narrative）的觀點。

（三）對「文本」的認知

「現代主義文學批評」因以「理性」爲基，所以相信有
「先驗主體」（a priori subject）的存在；也就是說，「文本」
必有其原先早就存在的特定內涵。但是「後現代主義文學批
評」的主張不同，它認爲「文本」的意義是經由不斷的討論、
協商，最後再「論述」出來的。也就是說，「文本」只是一
個由語言文字所建構出來的位置，一個會因時空不同而有變
化的存在體，它的意義，是經由論述的過程所塑造出來的。

（四）對「創作文本」的看法

　　「現代主義文學批評」雖然反對傳統的文學形式，但仍主張可用意涵模稜的語文、斷裂的語法、以及意識流的方式來創作，可見其基本立場應該是「作品」仍有其意義。但「後現代主義文學批評」不同，它的基本態度已將「創作」視為一種遊戲，一種採用拼貼（pastiche）、諧擬（parody）與混雜（hybridity）的語文（hybridization）和寫法，不必已認真和嚴肅的態度去「創作」，而可用輕鬆的心情去「拼貼」出過去未曾出現，故而即使是戲耍的結果，也仍算具有「新」意的「文本」。

主要參考書目：

Bertens, Hans, *The Idea of the Postmodern : A History,* London and New York : Routledge, 1995.

Connor, Steven, *Postmodernist Culture : An Introduction to Theories of the Contemporary,* Cambridge : Basil Blackwell, 1997.

Hutcheon, Linda, *A Poetics of Postmodernism : History, Theory, Fiction,* New York, 1988.

Lyotard, Jean-Francois, *The Postmodern Condition : A Report on Knowledge,* tr. Geoffrey Bennington and Brian Massumi, Manchester : Manchester university Press, 1979.

Saussure, Ferdinand de, *Course in General Linguistics,* tr. Roy

Harris. Chicago : Open Court, 1986.

高宣揚著：《後現代論》。臺北：五南圖書公司，1999。

傅柯著，王德威譯：《知識的考掘》。臺北：麥田，1993。

詹明信著，唐小兵譯：《後現代主義與文化理論》。臺北：
　　合志文化公司，1989。

詹明信著，唐小兵譯：《後現代主義或晚期資本主義的文化
　　邏輯》。臺北：時報文化出版公司，1998。